ANTES QUE ANOCHEZCA

colección andanzas

Libros de Reinaldo Arenas
en Tusquets Editores

REINALDO ARENAS
ANTES QUE ANOCHEZCA
Autobiografía

1.ª edición: abril 1992
2.ª edición: julio 1992
3.ª edición: noviembre 1992
4.ª edición: marzo 1994
5.ª edición: septiembre 1995
6.ª edición: septiembre 2000
7.ª edición: febrero 2001
8.ª edición: marzo 2001

Diseño de la colección: Guillemot-Navares
Reservados todos los derechos de esta edición para
Tusquets Editores, S.A. - Cesare Cantù, 8 - 08023 Barcelona
www.tusquets-editores.es
ISBN: 84-7223-485-1
Depósito legal: B. 11.866-2001
Fotocomposición: Foinsa - Passatge Gaiolà, 13-15 - 08013 Barcelona
Impreso sobre papel Offset-F Crudo de Papelera del Leizarán, S.A.
Liberdúplex, S.L. - Constitución, 19 - 08014 Barcelona
Impreso en España

Índice

Antes que anochezca

Yo pensaba morirme en el invierno de 1987. Desde hacía meses tenía unas fiebres terribles. Consulté a un médico y el diagnóstico fue SIDA. Como cada día me sentía peor, compré un pasaje para Miami y decidí morir cerca del mar. No en Miami específicamente, sino en la playa. Pero todo lo que uno desea, parece que por un burocratismo diabólico, se demora, aun la muerte.

En realidad no voy a decir que quisiera morirme, pero considero que, cuando no hay otra opción que el sufrimiento y el dolor sin esperanzas, la muerte es mil veces mejor. Por otra parte, hacía unos meses había entrado en un urinario público, y no se había producido esa sensación de expectación y complicidad que siempre se había producido. Nadie me había hecho caso, y los que allí estaban habían seguido con sus juegos eróticos. Yo ya no existía. No era joven. Allí mismo pensé que lo mejor era la muerte. Siempre he considerado un acto miserable mendigar la vida como un favor. O se vive como uno desea, o es mejor no seguir viviendo. En Cuba había soportado miles de calamidades porque siempre me alentó la esperanza de la fuga y la posibilidad de salvar mis manuscritos. Ahora la única fuga que me quedaba era la muerte. Casi todos los manuscritos sacados de Cuba habían sido corregidos por mí, y estaban en manos de mis amigos o se habían publicado. Durante cinco años de exilio también había escrito un libro de ensayos sobre la realidad cubana, *Necesidad de libertad,* seis piezas de teatro publicadas bajo el título de *Persecución* y le había puesto punto final a la novela *El portero* y a *Viaje a La Habana,* aunque cuando escribí esta novela ya me sentía enfermo. Lamentaba sin embargo tener que morirme sin haber podido terminar la *Pentagonía,* un ciclo de cinco novelas de las cuales había publicado ya *Celestino antes del alba, El palacio de las blanquísimas mofetas* y *Otra vez el mar*. Lamentaba también dejar a algunos amigos como Lázaro, Jorge y Margarita. Lamentaba el dolor que a ellos y a mi madre les iba a causar mi muerte. Pero ahí estaba la muerte y no había otra actitud que asumirla.

Lázaro, sabiendo que yo me sentía muy mal, voló a Miami y me trajo inconsciente al New York Hospital. Fue un gran problema, según él mismo me contó, ingresarme, pues yo no tenía seguro médico. Lo único que tenía en el bolsillo era la copia del testamento que le había enviado a Jorge y Margarita. Mientras yo casi agonizaba, los médicos me negaban la admisión puesto que no tenía con qué pagar. Afortunadamente había allí un médico francés, a quien Jorge y Margarita conocían, que me ayudó a ingresar en el hospital. De todos modos, según me dijo otro médico, el doctor Gilman, tenía sólo un diez por ciento de sobrevida.

Fui ingresado en la sala de emergencias donde todos estábamos en estado de agonía. De todas partes me salían tubos: de la nariz, de la boca, de los brazos; en realidad parecía más un ser de otro mundo que un enfermo. No voy a contar todas las peripecias que padecí en el hospital. El caso es que no me morí en esos instantes como todos esperábamos. El mismo médico francés, el doctor Olivier Ameisen (un excelente compositor musical por lo demás), me propuso que yo le escribiese letras de algunas canciones para que él les pusiera música. Yo, con todos aquellos tubos y con un aparato de respiración artificial, garrapateé como pude el texto de dos canciones. Olivier iba a cada rato a la sala del hospital, donde todos nos estábamos muriendo, a cantar las canciones que yo había escrito y a las que él había puesto música. Iba acompañado de un sintetizador electrónico, un instrumento musical que producía todo tipo de notas e imitaba cualquier otro instrumento. La sala de emergencias se pobló de las notas del sintetizador y de la voz de Olivier. Considero que sus dotes como músico eran muy superiores a las de médico. Yo, desde luego, no podía hablar; tenía además en la boca un tubo conectado a los pulmones. En realidad estaba vivo porque aquella máquina respiraba por mí, pero pude, con un poco de esfuerzo, escribir mi opinión en una libreta acerca de las composiciones de Olivier. Me gustaban en verdad aquellas canciones. Una se titulaba *Una flor en la memoria* y la otra, *Himno.*

Lázaro me visitaba a cada rato. Iba con una antología de poesía, abría el libro al azar y me leía algún poema. Si el poema no me gustaba, yo movía los tubos instalados en mi cuerpo y él me leía otro. Jorge Camacho me llamaba desde París todas las semanas. Se estaba traduciendo *El portero* al francés y Jorge me pedía consejo sobre algunas palabras difíciles. Al principio yo sólo podía responder con balbuceos. Después mejoré un poco y me trasladaron a una habitación privada. Aunque no podía moverme, era una suerte estar en una habitación; por lo menos tenía un poco de paz. Además, ahora ya me habían quitado el tubo de la boca y podía hablar. Así se terminó la traducción de *El portero.*

Al cabo de tres meses y medio me dieron de alta. Casi no podía caminar, y Lázaro me ayudó a subir a mi apartamento, que por desgracia está en un sexto piso sin ascensor. Llegué con trabajo hasta allá arriba. Lázaro se marchó con una inmensa tristeza. Ya en la casa, comencé como pude a sacudir el polvo. De pronto, sobre la mesa de noche me tropecé con un sobre que contenía un veneno para ratas llamado *Troquemichel.* Aquello me llenó de coraje, pues obviamente alguien había puesto aquel veneno para que yo me lo tomara. Allí mismo decidí que el suicidio que yo en silencio había planificado tenía que ser aplazado por el momento. No podía darle ese gusto al que me había dejado en el cuarto aquel sobre.

Los dolores eran terribles y el cansancio inmenso. A los pocos minutos, llegó René Cifuentes y me ayudó a limpiar la casa y a comprar algo de comer. Después me quedé solo. Como no tenía fuerzas para sentarme a la máquina, comencé a dictar en una grabadora la historia de mi propia vida. Hablaba un rato, descansaba y seguía. Había empezado ya, como se verá más adelante, mi autobiografía en Cuba. La había titulado *Antes que anochezca,* pues la tenía que escribir antes de que llegara la noche ya que vivía prófugo en un bosque. Ahora la noche avanzaba de nuevo en forma más inminente. Era la noche de la muerte. Ahora sí que tenía que terminar mi autobiografía antes de que anocheciera. Lo tomé como un reto. Y seguí así trabajando en mis memorias. Yo grababa un casete y se lo daba a un amigo, Antonio Valle, para que lo mecanografiara.

Había grabado ya más de veinte casetes y aún no anochecía.

En la primavera de 1988 salió *El portero* en Francia. Fue un éxito de crítica y de publicidad. La novela había quedado finalista, junto con otras dos, en el premio Médicis a la mejor novela extranjera. La editorial me mandó un pasaje de avión, pues yo había sido invitado a participar en el programa *Apostrophes* en la televisión francesa. Era el programa cultural de más audiencia en Francia y se transmitía en vivo por toda Europa. Acepté la invitación sin siquiera saber si podría o no bajar las escaleras de mi casa y llegar al avión. Pero el estímulo de mis amigos Jorge y Margarita creo que me ayudó. Llegué a París y me presenté al programa. Casi nadie sabía que mientras yo hablaba en aquel programa que duraba una hora o más, en realidad yo estaba al borde de la muerte. Me pasé unos días en París y regresé a mi autobiografía. Mientras trabajaba en ella, revisaba la excelente traducción que Liliane Hasson me hacía de *La Loma del Angel*, una parodia sarcástica y amorosa de la *Cecilia Valdés* de Cirilo Villaverde.

Pero las calamidades físicas no se detenían; por el contrario, avanzaban rápidamente. Volví a contraer una clase de neumonía denominada PCP, que era la misma que había contraído antes. Ahora las posibilidades de escapar con vida eran menores, pues el cuerpo estaba más debilitado. Sobreviví a la pulmonía, pero allí mismo, en el hospital, contraje otras enfermedades terribles, como cáncer, sarcoma de Kaposi, flebitis y algo horrible llamado toxoplasmosis, que consiste en un envenenamiento de la sangre en el cerebro. El mismo médico que me atendía, el doctor Harman, creo que me miraba con tanta pena que yo a veces trataba de consolarlo. De todos modos sobreviví entonces a aquellas enfermedades o por lo menos al estado de mayor gravedad. Tenía que terminar la *Pentagonía*. En el hospital comencé a escribir la novela *El color del verano*. Tenía en las manos distintas agujas con sueros, por lo que me era un poco difícil escribir, pero me prometí llegar hasta donde pudiera. No comencé esta novela (para mí fundamental del ciclo) por el principio, sino por un capítulo titulado «Las tortiguaguas». Cuando salí del hospital terminé mi autobiografía (con excepción, desde luego, de esta introducción) y continué trabajando en *El color del verano*. También trabajaba conjuntamente con Roberto Valero y María Badías en la revisión de la quinta novela de la *Pentagonía, El asalto*. En realidad se trataba de un manuscrito escrito en Cuba atropelladamente para poder sacarlo del país. Lo que Roberto y María hicieron fue una labor de traducción de un idioma casi ininteligible al español. El caso es que la novela se terminó de pasar en limpio y engrosó mis originales en la biblioteca Firestone de la Universidad de Princeton, donde pueden ser consultados.

En esos días llegó mi madre de Cuba, con esos permisos taimados que da Castro a las personas mayores para recaudar dólares. No me quedó más remedio que viajar a Miami. Mi madre no notó que me estaba en verdad muriendo y yo la acompañé a que hiciera todas sus compras. No le dije nada de mi enfermedad, y ni siquiera a estas alturas (mediados de 1990), le he dicho nada. Contraje de nuevo en Miami otra pulmonía. Llegué a Nueva York directo para el hospital. Salí y me fui a España, a la casa de campo de Jorge y Margarita. Allí podía respirar aire puro.

Recuerdo que, estando en casa de Jorge en la finca Los Pajares (era entonces el otoño de 1988), se nos ocurrió la idea de hacer una carta abierta a Fidel Castro solicitándole un plebiscito, más o menos como el que se le había hecho a Pinochet. Jorge me dijo que redactara la carta y los dos nos dimos a la tarea. Luego la firmamos él y yo: aunque no consiguiéramos más firmas, se la enviaríamos con nuestras dos modestas firmas. No fue así; conseguimos miles de firmas, incluyendo las de ocho personas que habían recibido el Premio Nobel.* Desatamos una labor tremenda en aquella finca donde no había ni agua corriente ni luz eléctrica. La carta se publicó en los periódicos y fue un golpe terrible para Castro, pues puso en evidencia que su dictadura era aún peor que la de Pinochet, pues él jamás iba a hacer elecciones libres. Los que todavía ingenuamente pretenden sostener un diálogo con Castro deberían recordar su reacción a esta carta, pues llamó a sus firmantes «agentes de la CIA» primero, y luego «hijos de puta». Obviamente Castro sólo tiene ahora una salida, el diálogo con el exilio para seguir en el poder. Lo increíble es que muchas personas del exilio, consideradas intelectuales, están

---

* Cf. *Un plebiscito a Fidel Castro*, R. Arenas y J. Camacho, Betania, Madrid, 1990. *(N. del E.)*

a favor del diálogo. Eso es desconocer completamente la personalidad de Castro y sus ambiciones. Claro está que Castro desde Cuba ha creado comités pro-diálogo, y esas personas se hacen pasar hasta por presidentes de comités de derechos humanos. De una parte están los agentes de Castro, fuera y dentro de Cuba, trabajando en su favor; de otra, los ambiciosos con ansias de figurar; y de otra aún, los canallas que piensan «sacarle alguna lasca» al negocio del diálogo.

Algún día, desde luego, el pueblo derrocará a Castro y lo menos que hará será ajusticiar a los que impunemente colaboraron con el tirano. Las personas que promueven un diálogo con Castro, a sabiendas (como lo saben todos) de que Castro no abandonará el poder por las buenas y lo que necesita es una tregua y una ayuda económica para fortalecerse, son tan culpables como los esbirros que torturan y asesinan al pueblo, o tal vez más, pues en Cuba se vive bajo el terror absoluto. Fuera, por lo menos se puede optar por cierta dignidad política. Todos estos figurones que sueñan con aparecer en las pantallas de televisión dándole la mano a Fidel Castro y en convertirse en figuras políticas relevantes, deben tener sueños más objetivos: deben soñar con una cuerda de la cual se balancearán en el Parque Central de La Habana, pues el pueblo de Cuba, en su generosidad, cuando llegue el momento de la verdad, los ahorcará. Así morirán a gusto, pues no habrá habido al menos con ellos ningún derramamiento de sangre. Tal vez ese acto de justicia sirva de ejemplo para el futuro, pues Cuba es un país que produce canallas, delincuentes, demagogos y cobardes en relación desproporcionada a su población.

Volviendo al plebiscito: lo firmaron varios presidentes constitucionales y numerosos intelectuales de todas las tendencias políticas. Eso físicamente me trajo más problemas, pues mi apartamento se llenó de fotógrafos y periodistas. Casi no podía hablar, pues el cáncer ya se había posesionado de mi garganta, aunque tuve que aparecer hasta en la televisión. Por otra parte, aún no había terminado *El color del verano*, novela que resume gran parte de mi vida, especialmente mi juventud, todo desde luego en forma imaginativa y desenfadada. También es una obra que cuenta la historia de un dictador envejecido y enloquecido, y que toca descarnadamente el tema homosexual, tema tabú para casi todos los cubanos y para casi todo el género humano. La obra se desarrolla en un gran carnaval en el que el pueblo logra desprender la Isla de su plataforma insular y marcharse con ella como si fuera un bote. Ya en alta mar, nadie se pone de acuerdo sobre el paradero y el tipo de gobierno a elegir. Se desata un enorme guirigay al estilo cubano y la Isla, en medio de aquel pataleo, como no tiene plataforma, se hunde en el mar.

En medio todavía de esta novela de más de seiscientas páginas, también revisé la trilogía poética *Leprosorio,* que ya está en impresión, y la excelente traducción al inglés que hizo Dolores M. Koch de *El portero,* que saldrá próximamente.

Veo que llego casi al fin de esta presentación, que es en realidad mi fin, y no he hablado mucho del SIDA. No puedo hacerlo, no sé qué es. Nadie lo sabe realmente. He visitado decenas de médicos y para todos es un enigma. Se atienden las enfermedades relativas al SIDA, pero el SIDA parece más bien un secreto de Estado. Sí puedo asegurar que, de ser una enfermedad, no es una enfermedad al estilo de todas las conocidas. Las enfermedades son producto de la naturaleza y, por lo tanto, como todo lo natural no es perfecto, se pueden combatir y hasta eliminar. El SIDA es un mal perfecto porque está fuera de la naturaleza humana y su función es acabar con el ser humano de la manera más cruel y sistemática posible. Realmente jamás se ha conocido una calamidad tan invulnerable. Esta perfección diabólica es la que hace pensar a veces en la posibilidad de la mano del hombre. Los gobernantes del mundo entero, la clase reaccionaria siempre en el poder y los poderosos bajo cualquier sistema, tienen que sentirse muy contentos con el SIDA, pues gran parte de la población marginal que no aspira más que a vivir y, por lo tanto, es enemiga de todo dogma e hipocresía política, desaparecerá con esta calamidad.

Pero la humanidad, la pobre humanidad, no parece que pueda ser destruida fácilmente. Ha valido la pena haber padecido todo esto, pues por lo menos he podido asistir a la caída de uno de los imperios más siniestros de la historia, el imperio estalinista.

Además, me voy sin tener que pasar primero por el insulto de la vejez.

Cuando yo llegué del hospital a mi apartamento, me arrastré hasta una foto que tengo en la pared de Virgilio Piñera, muerto en 1979, y le hablé de este modo: «Oyeme lo que te voy a decir, necesito tres años más de vida para terminar mi obra, que es mi venganza contra casi todo el género humano». Creo que el rostro de Virgilio se ensombreció como si lo que le pedí hubiera sido algo desmesurado. Han pasado ya casi tres años de aquella petición desesperada. Mi fin es inminente. Espero mantener la ecuanimidad hasta el último instante.

Gracias, Virgilio.

Nueva York, agosto de 1990

Las piedras

Yo tenía dos años. Estaba desnudo, de pie; me inclinaba sobre el suelo y pasaba la lengua por la tierra. El primer sabor que recuerdo es el sabor de la tierra. Comía tierra con mi prima Dulce Ofelia, quien también tenía dos años. Era un niño flaco, pero con una barriga muy grande debido a las lombrices que me habían crecido en el estómago de comer tanta tierra. La tierra la comíamos en el rancho de la casa; el rancho era el lugar donde dormían las bestias; es decir, los caballos, las vacas, los cerdos, las gallinas, las ovejas. El rancho estaba a un costado de la casa.

Alguien nos regañaba porque comíamos tierra. ¿Quién era esa persona que nos regañaba? ¿Mi madre, mi abuela, una de mis tías, mi abuelo? Un día sentí un dolor de barriga terrible; no me dio tiempo a ir al excusado, que quedaba fuera de la casa, y utilicé el orinal que estaba debajo de la cama donde yo dormía con mi madre. Lo primero que solté fue una lombriz enorme; era un animal rojo con muchas patas, como un ciempiés, que daba saltos dentro del orinal; sin duda, estaba enfurecido por haber sido expulsado de su elemento de una manera tan violenta. Yo le cogí mucho miedo a aquella lombriz, que se me aparecía ahora todas las noches y trataba de entrar en mi barriga, mientras yo me abrazaba a mi madre.

Mi madre era una mujer muy bella, muy sola. Conoció sólo a un hombre: a mi padre. Disfrutó de su amor sólo unos meses. Mi padre era un aventurero: se enamoró de mi madre, se la «pidió» a mi abuelo y a los tres meses la dejó. Mi madre vivió entonces en la casa de sus suegros; allí esperó durante un año, pero mi padre nunca regresó. Cuando yo tenía tres meses, mi madre volvió para la casa de mis abuelos; iba conmigo; el fruto de su fracaso. No recuerdo el lugar donde nací; nunca conocí a la familia de mi padre, pero creo que ese lugar estaba por la parte

17

norte de la provincia de Oriente, en el campo. Mi abuela y todos en la casa trataron de educarme siempre dentro de un gran odio hacia mi padre, porque había engañado —ésa era la palabra— a mi madre. Recuerdo que me enseñaron una canción que contaba la historia de un hijo que, en venganza, mataba a su padre para desagraviar a su madre abandonada. Yo cantaba esa canción en presencia de toda mi familia, que escuchaba arrobada. La canción por aquella época era muy popular y contaba las peripecias de una mujer que había sido ultrajada por su amante quien, luego de hacerle un hijo, había desaparecido. La canción terminaba de este modo:

> El muchacho creció y se hizo un hombre
> y a la guerra se fue a pelear
> y en venganza mató a su padre.
> Así hacen los hijos que saben amar.

Un día mi madre y yo íbamos caminando hacia la casa de una de mis tías. Al bajar al río vimos a un hombre que venía hacia nosotros; era un hombre apuesto, alto, trigueño. Mi madre se enfureció súbitamente; empezó a coger piedras del río y a tirárselas por la cabeza a aquel hombre que, a pesar del torrente de piedras, siguió acercándose a nosotros. Llegó hasta donde yo estaba, metió la mano en el bolsillo, me dio dos pesos, me pasó la mano por la cabeza y salió corriendo, antes de que alguna pedrada lo descalabrase. Durante el resto del camino mi madre fue llorando y, cuando llegamos a la casa de mi tía, yo me enteré de que aquel hombre era mi padre. No lo volví a ver más, ni tampoco los dos pesos; mi tía se los pidió prestados a mi madre y no sé si se los habrá pagado.

Mi madre era una mujer «abandonada», como se decía en aquellos tiempos. Difícil era que pudiera volver a encontrar un marido; el matrimonio era para las señoritas y ella había sido engañada. Si algún hombre se le acercaba era, como se decía en aquella época, para «abusar» de ella. Por lo tanto, mi madre tenía que ser muy desconfiada. Ibamos juntos a los bailes; ella siempre me llevaba, aunque yo entonces tendría unos cuatro años. Cuando un hombre la sacaba a bailar, yo me sentaba en un banco; al terminar de bailar la pieza, mi madre venía y se sentaba a mi lado. Cuando alguien invitaba a mi madre a tomar cerveza, ella me llevaba también a mí; yo no tomaba cerveza, pero el pretendiente de mi madre tenía que pagarme muchos «rallados», como les decíamos en el campo a unos helados que se hacían raspando un pedazo de hielo con unos cepillos. Mi madre tal vez pensaba encontrar en aquellos bailes a un hombre serio que se casara con ella; no lo encontró o no quiso encontrarlo. Creo que mi madre fue siempre fiel a la infidelidad de mi padre y eligió la castidad; una castidad amarga y, desde luego, antinatural y cruel, pues en aquellos momentos tenía solamente veinte años. La castidad de mi madre era peor que la de una virgen, porque ella había conocido el placer durante unos meses y luego renunció a él para toda la vida. Todo eso le provocó una gran frustración.

Una noche, cuando estaba ya en la cama, mi madre me hizo una pregunta que, en aquel momento, me desconcertó. Me preguntó si yo no me sentiría muy triste en el caso de que ella se muriera. Yo me abracé a ella y empecé a llorar; creo que ella lloró también y me dijo que olvidase la pregunta. Más tarde, o quizás en aquel mismo momento, me di cuenta que mi madre pensaba suicidarse y yo le frustré ese plan.

Yo seguía siendo un niño feo, barrigón y con una cabeza muy grande. Por entonces, no creo que mi madre tuviese un sentido práctico para cuidar a un hijo; joven, sin experiencia y viviendo en la casa de mi abuela, era ésta quien ejercía las funciones de ama de casa; para decirlo con sus propias palabras, era mi abuela la que «llevaba el timón de la casa». Mi madre era una mujer soltera, con un hijo y que vivía, además, agregada. Ella no podía tomar ninguna decisión, ni siquiera sobre mí mismo. No sé si por entonces mi madre me quería; recuerdo que, cuando yo empezaba a llorar, ella me cargaba, pero siempre lo hacía con tanta violencia que yo resbalaba por detrás de sus hombros e iba a dar de cabeza en el suelo. Otras veces, me mecía en una hamaca de saco, pero eran tan rápidos los movimientos con los que impulsaba aquella hamaca que yo también iba a dar al suelo. Creo que por eso mi cabeza se llenó de ñáñaras y chichones, pero sobreviví a aquellas caídas; por suerte, el piso de la casa, que era un enorme bohío, era de tierra.

En aquella casa vivían también otras mujeres; tías solteras que eran tan jóvenes como mi madre; otras, consideradas solteronas porque tenían ya más de treinta años. También vivía allí una nuera, abandonada por un hijo de mis abuelos; ésa era la madre de Dulce Ofelia. Las tías casadas también venían a la casa y se pasaban largas temporadas; ésas venían con sus hijos, que eran más grandes que yo y a los cuales miraba con envidia porque tenían un padre conocido y eso les daba un aire de desenvoltura y seguridad que yo nunca llegué a poseer. Casi todos estos familiares vivían cerca de la casa de mi abuelo. A veces visitaban la casa y mi abuela hacía un dulce, y aquello se convertía en una fiesta. En aquella casa también vivía mi bisabuela, que era una anciana que ya casi no se movía y se pasaba gran parte del tiempo recostada en un taburete, cerca de un radio de oído que ella nunca oía.

El centro de la casa era mi abuela, que orinaba de pie y hablaba con Dios; siempre le pedía cuentas a Dios y a la Virgen por todas las desgracias que nos acechaban o que padecíamos: las sequías, los rayos que fulminaban una palma o mataban un caballo, las vacas que se morían de algún mal contra el cual no se podía hacer nada; las borracheras de mi abuelo, que llegaba y le caía a golpes. Mi abuela tenía por entonces once hijas solteras y tres hijos casados; con el tiempo aquellas hijas fueron encontrando maridos provisionales, que se las llevaban y, al igual que a mi madre, a los pocos meses las abandonaban. Eran mujeres atractivas pero, por alguna razón fatal, no podían retener a ningún hombre. La casa de mis abuelos se llenaba de sus hijas barrigonas o de niños llorones como yo. El mundo de mi infancia fue un mundo poblado de mujeres abandonadas; el único hombre que había en aquella casa era mi abuelo. Mi abuelo había sido un don Juan, pero ahora era un viejo calvo. A diferencia de mi abuela, mi abuelo no hablaba con Dios, sino solo; pero a veces miraba al cielo y lanzaba alguna maldición. Había tenido varios hijos con otras mujeres del barrio, que con el tiempo vinieron también a vivir a la casa de mi abuela. Desde entonces, mi abuela decidió no acostarse más con mi abuelo; de modo que mi abuela también practicaba la abstinencia y estaba tan desesperada como sus hijas.

Mi abuelo tenía sus rachas de furia; entonces, dejaba de hablar y se volvía mudo, desaparecía de la casa y se iba para el monte, pasando semanas enteras durmiendo debajo de los árboles. Decía ser ateo y, a la vez, se pasaba la vida cagándose en la madre de Dios; quizás hacía todo eso para mortificar a mi abuela, quien siempre estaba cayendo de rodillas en medio del campo y pidiéndole alguna gracia al cielo; gracia que, generalmente, no se le concedía.

La arboleda

Creo que el esplendor de mi infancia fue único, porque se desarrolló en la absoluta miseria, pero también en la absoluta libertad; en el monte, rodeado de árboles, de animales, de apariciones y de personas a las cuales yo les era indiferente. Mi existencia ni siquiera estaba justificada y a nadie le interesaba; eso me ofrecía un enorme margen para escaparme sin que nadie se preocupase por saber dónde estaba, ni la hora a que regresaba. Andaba por los árboles; las cosas parecían desde allí mucho más bellas y la realidad se abarcaba de una manera total; se percibía una armonía que era imposible disfrutar cuando se estaba allá abajo, entre la algazara de mis tías, las maldiciones de mi abuelo o el cacareo de las gallinas... Los árboles tienen una vida secreta que sólo les es dado descifrar a los que se trepan a ellos; subirse a un árbol es ir descubriendo todo un mundo único, rítmico, mágico y armonioso; gusanos, insectos, pájaros, alimañas, todos seres aparentemente insignificantes, nos van comunicando sus secretos.

Una vez, caminando entre aquellos árboles, descubrí el feto de un niño; sin duda, había sido abandonado en la hierba por una de mis tías que había malparido o que, sencillamente, no quería tener otro hijo. Ahora tengo mis dudas y no sé si aquel cuerpo pequeño y lleno de moscas era un feto o el cadáver de un niño recién nacido. De todos modos, pienso que se trataba de un primo con el cual yo ya no iba a poder jugar.

La casa de mi abuela se llenaba a veces de mis primos que iban con sus madres a pasar el fin de año todos juntos. En otras ocasiones alguna de mis tías venía huyendo de su marido, porque éste le había propinado alguna paliza descomunal; luego, cuando regresaba a la casa del marido, dejaba algún hijo al cuidado de mi abuela. Casi siempre en aquella casa había algún primo más o menos de mi edad. En la casa había una incesante actividad; mis tías lavaban la ropa, barrían el piso, sacudían el polvo, planchaban, en medio de un escándalo incesante. Mi abuela reinaba en la cocina; ninguna de mis tías aprendió nunca a cocinar; mi abuela no se lo permitió. La cocina era el sitio sagrado donde ella oficiaba ante un fogón que alimentaba con leñas secas, que yo le ayudaba a recoger. Aunque en la casa había siempre mucha gente, yo me las arreglaba para escaparme solo al monte, a la arboleda o al arroyo. Creo que la época más fecunda de mi creación fue la infancia; mi infancia fue el mundo de la creatividad. Para llenar aquella soledad tan profunda que sentía en medio del ruido, poblé todo aquel campo, bastante raquítico por cierto, de personajes y apariciones casi míticos y sobrenaturales. Uno de los personajes que veía con enorme claridad todas las noches era el de un viejo dándole vuelta a un aro, debajo de la inmensa mata de higuillos que crecía prodigiosamente frente a la casa. ¿Quién era aquel viejo? ¿Por qué le daba vueltas a aquel aro que parecía ser la rueda de una bicicleta? ¿Era el horror que me aguardaba? ¿El horror que aguarda a toda vida humana? ¿Era la muerte? La muerte siempre ha estado muy cerca de mí; ha sido siempre para mí una compañera tan fiel, que a veces lamento morirme solamente porque entonces tal vez la muerte me abandone.

Cuando tenía cinco años contraje una enfermedad mortal por aquella época: la meningitis. Casi nadie podía sobrevivir a esa enfermedad; se me hincharon los ganglios de la cabeza, no podía mover el cuello y me daban unas fiebres terribles. ¿Cómo curar o al menos combatir aquella enfermedad en el campo, sin atención médica, sin ningún tipo de medidas sanitarias? Mi abuela me llevó a un templo donde oficiaba un famoso espiritista del barrio de Guayacán; el hombre se llamaba Arcadio Reyes. Me dio unos despojos y una botella de agua que se llamaba Agua Medicinal, porque él la santiguaba, y me recetó unas medicinas que hubo que ir a comprar al pueblo. También me dio, mientras me santiguaba, unos ramalazos en la espalda y en todo el cuerpo con unas hierbas y, luego, con esas mismas hierbas me hizo un cocimiento que yo debía tomar en ayunas. Me salvé. También me salvé cuando se partió el gajo más alto de la mata de ciruelas en el que yo estaba encaramado y me vine al suelo entre los gritos de mi madre que me daba por muerto. Salí ileso también cuando me caí del potrico cerrero que intentaba domar y fui a dar con mi cabeza entre las piedras; incluso me salvé también cuando rodé por el brocal del pozo, que no era más que unos pedazos de madera cruzados, y fui a dar al fondo que, por suerte, estaba lleno de agua.

Mi mundo seguía siendo el de la arboleda, el de los techos de la casa, donde yo también me encaramaba a riesgo de descalabrarme; más allá estaba el río, pero llegar a él no era cosa fácil; había que atravesar todo el monte y aventurarse por lugares para mí entonces desconocidos. Yo siempre tenía miedo, no a los animales salvajes ni a los peligros reales que pudiesen agredirme, sino a aquellos fantasmas que a cada rato se me aparecían: aquel viejo con el aro bajo la mata de higuillos y otras apariciones; como una vieja con un sombrero enorme y unos dientes gigantescos que avanzaba no sé de qué manera por los dos extremos, mientras yo me encontraba en el centro. También se contaba que por un lado del río salía un perro blanco y que quien lo viera, moría.

El río

Con el tiempo el río se transformó para mí en el lugar de los misterios mayores. Aquellas aguas fluían atravesando los más intrincados recovecos, despeñándose, formando oscuros charcos que llegaban hasta el mar; aquellas aguas no iban a volver. Cuando llovía y llegaba el temporal, el río retumbaba y su estruendo llegaba hasta la casa; era un río enfurecido y a la vez acompasado que lo arrastraba todo. Más adelante pude acercarme y nadar en sus aguas; su nombre era el Río Lirio, aunque nunca vi crecer ni un solo lirio en sus orillas. Fue ese río el que me regaló una imagen que nunca podré olvidar; era el día de San Juan, fecha en que todo el mundo en el campo debe ir a bañarse al río. La antigua ceremonia del bautismo se convertía en una fiesta para los nadadores. Yo iba caminando por la orilla acompañado por mi abuela y otros primos de mi edad cuando descubrí a más de treinta hombres bañándose desnudos. Todos los jóvenes del barrio estaban allí, lanzándose al agua desde una piedra. Ver aquellos cuerpos, aquellos sexos, fue para mí una revelación: indiscutiblemente, me gustaban los hombres; me gustaba verlos salir del agua, correr por entre los troncos, subir a las piedras y lanzarse; me gustaba ver aquellos cuerpos chorreando, empapados, con los sexos relucientes. Aquellos jóvenes retozaban en el agua y volvían a emerger y se lanzaban despreocupados al río. Con mis seis años, yo los contemplaba embelesado y permanecía extático ante el misterio glorioso de la belleza. Al día siguiente, descubrí el «misterio» de la masturbación; desde luego, con seis años yo no podía eyacular; pero, pensando en aquellos muchachos desnudos, comencé a frotarme el sexo hasta el espasmo. El goce y la sorpresa fueron tan intensos que pensé que me iba a morir; yo desconocía la masturbación y pensaba que aquello no era normal. Pero, aunque creía que de un momento a otro podía morirme, seguí practicándola hasta llegar casi al desmayo.

En aquella época uno de mis juegos solitarios era el de los pomos: un grupo de botellas vacías de todos los tamaños representaba a una familia, es decir, a mi madre, mis tías, mis abuelos. Aquellos pomos se convirtieron súbitamente en jóvenes nadadores que se tiraban al río mientras yo me masturbaba; por último, uno de aquellos jóvenes me descubría, se enamoraba de mí y me llevaba a los matorrales; el paraíso era entonces total y mis espasmos se hicieron tan frecuentes que me salieron enormes ojeras, me puse muy pálido y mi tía Mercedita temía que yo hubiese contraído de nuevo la meningitis.

La escuela

A los seis años comencé a ir a la escuela; era la escuela rural número noventa y uno del barrio de Perronales, donde nosotros vivíamos. Aquel barrio lo formaban unas sabanas y unas lomas bastante despobladas; todo él era atravesado por un camino real que no era más que una explanada de tierra que iba a desembocar al pueblo de Holguín, situado a unas cuatro o cinco leguas de distancia. Perronales estaba entre Holguín y Gibara, un pueblo que era puerto de mar y que yo todavía no había visitado. La escuela estaba lejos de la casa y yo tenía que ir a caballo. La primera vez que fui me llevó mi madre. La escuela era una casa grande de yaguas con techo de guano, igual que el bohío en que nosotros vivíamos. La maestra era de Holguín. Tenía que tomar un ómnibus o una guagua, como se dice en Cuba, y luego caminar varios kilómetros a pie; en el primer paso del Río Lirio uno de los alumnos mayores iba a recogerla a caballo y la llevaba hasta la escuela. Era una mujer dotada de una sabiduría y de un candor innatos; tenía ese don, que no sé si todavía existe en las maestras actuales, de comunicarse con cada alumno y enseñarles a todos las asignaturas desde el primero hasta el sexto grado. Las clases duraban más de seis horas y los fines de semana había una especie de velada literaria que entonces se llamaba «El Beso a la Patria». Luego de saludar a la bandera, cada alumno tenía que recitar un poema que había aprendido de memoria. Yo tomaba mucho interés en recitar mi poema, aunque siempre me equivocaba. Una vez el aula se vino abajo por el estruendo de la risa, cuando recitando el poema «Los dos príncipes», de José Martí, en vez de decir el verso «entra y sale un perro triste», dije: «entra y sale un perro flaco». La solemnidad de aquel poema, que hablaba de los funerales de dos príncipes, no admitía un perro flaco; seguramente mi subconsciente me traicionó y yo trastoqué el perro de Martí por Vigilante, el perro flaco y huevero de nuestra casa.

Desde luego, yo me enamoré de algunos de mis condiscípulos. Recuerdo a uno, Guillermo, violento, guapo, altanero, un poco enloquecido, que se sentaba detrás de mí y me pinchaba con su lápiz. Nunca llegamos a tener relaciones eróticas, sólo miradas y juegos de mano; los típicos retozos de la infancia detrás de los cuales se oculta el deseo, el capricho y a veces hasta el amor; pero, en la práctica, a lo más que se llegaba era a que uno le enseñara el sexo al otro, así como por casualidad, mientras se orinaba. El más atrevido era Darío, un muchacho de doce años; cuando regresábamos del colegio, él, desde su caballo, se sacaba su miembro, por cierto bastante considerable, y lo exhibía a todo el que quisiese contemplar aquella maravilla.

Aunque yo no tuve relaciones con aquellos muchachos, por lo menos su amistad me sirvió para comprender que las masturbaciones solitarias que yo practicaba no eran algo insólito ni iban a causarme la muerte. Todos aquellos muchachos se pasaban la vida hablando de la última «paja» que se habían hecho y gozaban de una magnífica salud.

Mis relaciones sexuales de por entonces fueron con los animales. Primero, las gallinas, las chivas, las puercas. Cuando crecí un poco más, las yeguas; templarse una yegua era un acto generalmente colectivo. Todos los muchachos nos subíamos a una piedra para poder estar a la altura del animal y disfrutábamos de aquel placer; era un hueco caliente y, para nosotros, infinito.

No sé si el verdadero placer consistía en hacer el acto sexual con la yegua o si la verdadera excitación provenía de ver a los demás haciéndolo. El caso es que, uno por uno, todos los muchachos de la escuela, algunos de mis primos y algunos incluso de aquellos jóvenes que se bañaban desnudos en el río, hacíamos el amor con la yegua.

Sin embargo, mi primera relación sexual con otra persona no fue con uno de aquellos muchachos, sino con Dulce Ofelia, mi prima, que también comía tierra igual que yo. Debo adelantarme a aclarar que eso de comer tierra no es nada literario ni sensacional; en el campo todos los muchachos lo hacían; no pertenece a la categoría del realismo mágico, ni nada por el estilo; había que comer algo y como lo que había era tierra, tal vez por eso se comía... Mi prima y yo jugábamos a los médicos detrás de la cama y no recuerdo por qué extraña prescripción facultativa, terminábamos siempre desnudos y abrazados; aunque aquellos juegos se prolongaron durante meses, nunca llegamos a practicar la penetración, ni el acto consumado. Quizá todo se debía a una torpeza de nuestra precocidad.

El acto consumado, en este caso, la penetración recíproca, se realizó con mi primo Orlando. Yo tenía unos ocho años y él tenía doce. Me fascinaba el sexo de Orlando y él se complacía en mostrármelo cada vez que le era posible; era algo grande, oscuro, cuya piel, una vez erecto, se descorría y mostraba un glande rosado que pedía, con pequeños saltos, ser acariciado. Una vez, mientras estábamos encaramados en una mata de ciruela, Orlando me mostraba su hermoso glande cuando se le cayó el sombrero; todos éramos guajiros con sombrero. Yo me apoderé del suyo, eché a correr y me escondí detrás de una planta, en un lugar apartado; él comprendió exactamente lo que yo quería; nos bajamos los pantalones y empezamos a masturbarnos. La cosa consistió en que él me la metió y después, a petición suya, yo se la metí a él; todo esto entre un vuelo de moscas y otros insectos que, al parecer, también querían participar en el festín.

Cuando terminamos, yo me sentía absolutamente culpable, pero no completamente satisfecho; sentía un enorme miedo y me parecía que habíamos hecho algo terrible, que de alguna forma me había condenado para el resto de mi vida. Orlando se tiró en la hierba y a los pocos minutos los dos estábamos de nuevo retozando. «Ahora sí que no tengo escapatoria», pensé o creo que pensé, mientras, agachado, Orlando me cogía por detrás. Mientras Orlando me la metía, yo pensaba en mi madre, en todo aquello que ella durante tantos años jamás había hecho con un hombre y yo hacía allí mismo, en la arboleda, al alcance de su voz que ya me llamaba para comer. Corriendo me desenganché de Orlando y corrí para la casa. Desde luego, ninguno de los dos habíamos eyaculado. En realidad, creo que lo único que había satisfecho era mi curiosidad.

El templo

Al otro día fuimos al templo de Arcadio Reyes, y, mientras las mediumnidades dirigidas por Arcadio nos «despojaban» a mi madre y a mí, girando a nuestro alrededor, yo sentí un miedo terrible. Pensé que una de aquellas médiums, entre las cuales se encontraba una de mis once tías, caería poseída por un espíritu y éste revelaría allí, ante todo el barrio, lo que Orlando y yo habíamos hecho en los matorrales.

Cayó mi tía Mercedita con el espíritu y yo me di por muerto. Al caer se dio varios cabezazos contra la pared, por suerte de madera, del templo. Pero mi tía no dijo nada de lo que me preocupaba; estaba envuelta en llamas y pedía muchas oraciones para que aquel fuego que la abrasaba, o que nos abrasaba a nosotros, desapareciera. Quizás era un espíritu discreto y no quería hacer alusiones muy directas a mis relaciones con Orlando.

Yo, aunque seguía sintiéndome culpable, me sentí más tranquilo; los espíritus no habían revelado claramente mi pecado; pecado que, por otra parte, yo tenía muchos deseos de seguir cometiendo. Con el tiempo, Orlando se convirtió en un joven hermoso y llegó a tener hasta una bicicleta, cosa insólita en el lugar donde nosotros vivíamos. Se casó y ahora tiene muchos hijos y nietos.

El pozo

Una tarde fui al pozo, que no quedaba muy cerca de la casa, a buscar agua. Nunca me he podido explicar por qué las casas en el campo no se construyen cerca de los pozos. El caso es que una de mis labores era ir regularmente al pozo a buscar agua: para regar las matas del jardín, para bañarse, para los animales, para los barriles, para las tinajas.

Detrás del pozo estaba mi abuelo; se bañaba desnudo tirándose cubos de agua en la cabeza. Mi abuelo se volvió de pronto y entonces comprendí que tenía unos cojones inmensos; nunca había visto nada semejante. Era un hombre con un sexo prominente y, sobre todo, con testículos gigantescos y peludos. Regresé a la casa sin el agua; aquella imagen de mi abuelo desnudo me perturbó. Durante mucho tiempo sentí celos de mi madre con mi abuelo; en mi imaginación la veía poseída por él; lo veía violándola con su enorme sexo y sus inmensos testículos; yo quería hacer algo, pero me era imposible. En realidad, no sabía si sentía celos de mi madre o de mi abuelo; tal vez eran celos múltiples. Después supe que mi abuelo era quebrado. Sentía también celos de mis tías, y qué decir de los celos que sentía de mi abuela que, aunque dormía en una cama separada, tenía más derecho que nadie a disfrutar de aquellos huevos. Aunque todo aquello era producto de mi imaginación, durante mucho tiempo la imagen de mi abuelo desnudo fue para mí una gran obsesión.

Nochebuena

En el campo había otras ceremonias que me llenaban de alegría y me hacían olvidar mis obsesiones eróticas. Una de ellas, con la llegada de la Navidad, era la Nochebuena. Toda la familia se reunía en la casa de mi abuelo. Se asaban lechones, se fabricaban turrones de Navidad, se abrían botellas de vino, se preparaban bateas llenas de dulce de naranja, se abrían papeles de brillantes colores con manzanas rojas dentro que para mí venían del fin del mundo, se cascaban nueces y avellanas, y todo el mundo se emborrachaba. Se reía y se bailaba. A veces, hasta se improvisaba una orquesta con un órgano de manigueta, un guayo y unos tambores; aquel campo se transformaba en un lugar mágico. Ese era uno de los momentos que yo más disfrutaba, trepado a un árbol mirando a la gente divertirse en los patios y caminar por la arboleda. En la casa, Vidal, uno de mis tíos, que era un verdadero inventor, fabricaba helados amarillos en un barril provisto de una manigueta. Para lograr aquel producto insólito, mi tío había traído un enorme pedazo de hielo desde la fábrica de Holguín; aquel pedazo de hielo, que después se convertía en una nieve amarilla y deliciosa, era el símbolo más glorioso de que allí se estaba celebrando la Navidad.

Yo me bajaba de los árboles cuando en varias mesas, unidas unas a otras, ya se iba a servir la comida. El lechón se presentaba sobre enormes yaguas que se depositaban en las mesas, junto con plátanos hervidos y grandes cantidades de lechuga. Mi abuela oficiaba en aquella ceremonia cortando la carne, ofreciendo las botellas de vino, cuidando de que a nadie le faltase nada. Como la comida se prolongaba por horas, se traían «quinqueses» y candiles; bajo aquellas luces la fiesta adquiría un fulgor de leyenda. Todos estaban contentos y aun cuando discutiesen, cosa que ocurría con frecuencia, todo terminaba de una manera amistosa.

En medio de aquello yo tomaba la bicicleta de Orlando, subía una loma que estaba al frente de la casa y bajaba a toda velocidad, frenando o destarrándome, junto al mismo estruendo.

La cosecha

Otra ceremonia, otra plenitud que marcó mi infancia, fue la recogida de la cosecha. Mi abuelo cosechaba, sobre todo, maíz. Para la recolección había que convocar a casi todo el vecindario. Desde luego, mi abuela, mis tías, mi madre y yo, también trabajábamos en la recogida del maíz. Después había que trasladar las mazorcas en carretas hasta la despensa (o prensa, como le decíamos), que era un rancho detrás de la casa. Una noche se invitaba al vecindario para el deshoje y desgrane del maíz; era otra fiesta. Enormes telones cubrían el piso; yo me revolcaba en ellos como si estuviera en la playa, que por entonces aún no había visitado. Mi abuela, esas noches, hacía un turrón de coco, hecho con azúcar prieta y coco rallado, que olía como jamás he vuelto a oler un dulce. Se repartía el dulce a media noche, mientras las lonas seguían siendo llenadas de granos y yo me revolcaba en ellas.

El aguacero

Tal vez el acontecimiento más extraordinario que yo haya disfrutado durante mi infancia fue el que venía del cielo. No era un aguacero común; era un aguacero de primavera tropical que se anunciaba con gran estruendo, con golpes orquestales cósmicos, truenos que repercuten por todo el campo, relámpagos que trazan rayas enloquecidas, palmas que de pronto eran fulminadas por el rayo y se encendían y achicharraban como fósforos. Y, al momento, llegaba la lluvia como un inmenso ejército que caminara sobre los árboles. En el corredor cubierto de zinc, el agua retumbaba como una balacera; sobre el techo de guano de la sala eran como pisadas de mucha gente que marchasen sobre mi cabeza; en las canales el agua corría con rumor de arroyos desbordados y caía sobre los barriles con un estruendo de cascada; en los árboles del patio, desde las hojas más altas hasta el suelo, el agua se convertía en un concierto de tambores de diferentes tonos e insólitos repiqueteos; era una sonoridad fragante. Yo corría de uno a otro extremo del corredor, entraba en la sala, me asomaba hasta la ventana, iba hasta la cocina y veía los pinos del patio que silbaban enloquecidos y empapados y, finalmente, desprovisto de toda ropa, me lanzaba hacia afuera y dejaba que la lluvia me fuese calando. Me abrazaba a los árboles, me revolcaba en la hierba, construía pequeñas presas de fango, donde se estancaba el agua y, en aquellos pequeños estanques, nadaba, me zambullía, chapaleaba; llegaba hasta el pozo y veía el agua cayendo sobre el agua; miraba hacia el cielo y veía bandadas de querequeteses verdes que también celebraban la llegada del aguacero. Yo quería no sólo revolcarme por la hierba, sino alzarme, elevarme como aquellos pájaros, solo con el aguacero. Llegaba hasta el río que bramaba poseído del hechizo incontrolable de la violencia. La fuerza de aquella corriente desbordándose lo arrastraba casi todo, llevándose árboles, piedras, animales, casas; era el misterio de la ley de la destrucción y también de la vida. Yo no sabía bien entonces hasta dónde iba aquel río, hasta dónde llegaría aquella carrera frenética, pero algo me decía que yo tenía que irme también con aquel estruendo, que yo tenía que lanzarme también a aquellas aguas y perderme; que solamente en medio de aquel torrente, partiendo siempre, iba a encontrar un poco de paz. Pero no me atrevía a lanzarme; siempre he sido cobarde. Llegaba hasta la orilla donde las aguas bramaban llamándome; un paso más y el torbellino me engullía. ¡Cuántas cosas pudieron haberse evitado si lo hubiera hecho! Eran unas aguas amarillentas y revueltas; unas aguas poderosas y solitarias. Yo no tenía nada más que aquellas aguas, aquel río, aquella naturaleza que me había acogido y que ahora me llamaba en el preciso momento de su mayor apoteosis. ¿Por qué no lanzarme a esas aguas? ¿Por qué no perderme, difuminarme en ellas y hallar la paz en medio de aquel estruendo que amaba? ¡Qué felicidad hubiera sido haberlo hecho entonces! Pero regresaba a la casa empapado; ya era de noche. Mi abuela preparaba la comida. Había escampado. Yo tiritaba mientras mis tías y mi madre ponían los platos sin preocuparse demasiado por mí. Siempre he creído que mi familia, incluyendo a mi madre, me consideraba un ser extraño, inútil, atolondrado, chiflado o enloquecido; fuera del contexto de sus vidas. Seguramente, tenían razón.

El espectáculo

Tal vez por ser solitario y atolondrado, y querer a la vez jugar un papel estelar para satisfacerme a mí mismo, comencé yo solo a ofrecerme espectáculos completamente distintos a los que todos los días presenciaba. Consistieron, entre otros, en una serie de infinitas canciones que yo mismo inventaba y escenificaba por todo el campo. Tenían una letra cursi y siempre delirante; además, yo mismo las interpretaba como piezas teatrales en medio de escenografías solitarias. Esas actuaciones consistían en saltos, clamores, golpes de pecho, patadas a las piedras, chillidos, carreras entre los árboles, maldiciones, palos y hojas secas al aire. Y todo eso mientras cantaba aquellas canciones que, prácticamente, no terminaban nunca y que ahuyentaban a todos los que las escuchaban. Una vez, el escándalo que armé fue tal, que mi propia madre y mi abuela, que deshierbaban un maizal, salieron huyendo sin poder explicarse el origen de aquellos alaridos.

Desde luego, yo no escribía los textos de aquellos cantos; entonces apenas sabía escribir. Más bien, concebía espontáneamente aquellas canciones operáticas (o quién sabe qué) que yo para entonces interpretaba en pleno monte. Seguramente, letra, música y voz eran horrorosas; pero, después de haber realizado aquella descomunal «cantata», sentía una sensación de paz y podía regresar a la casa; estaba más tranquilo con mi mundo y me acostaba temprano junto a mi madre, en el cuarto más pequeño de aquella casa destartalada. La casa tenía cinco cuartos.

Mis abuelos ocupaban un cuarto donde había dos enormes camas de hierro y un inmenso escaparate que llegaba al techo. En otro cuarto dormían las tías abandonadas por sus maridos y varios primos; en otra habitación, un tío que había tenido varias mujeres y, finalmente, se había quedado solo y compartía el espacio con mi bisabuela; en otro cuarto dormía mi tío abuelo, un solterón que terminó ahorcándose con un bejuco. Mi madre y yo dormíamos en aquel pequeño cuarto que daba a un corredor. Al otro lado del corredor, junto a la pared de yagua, dormían los cerdos que gruñían toda la noche. Cuando me llené de niguas, como no podía dormir, me pasé la noche rascándome los pies contra el bastidor de la cama.

El erotismo

Creo que siempre tuve una gran voracidad sexual. No solamente las yeguas, las puercas, las gallinas o las guanajas, sino casi todos los animales fueron objeto de mi pasión sexual, incluyendo los perros. Había un perro que me proporcionaba un gran placer; yo me escondía con él detrás del jardín que cuidaban mis tías y allí lo obligaba a que me mamara la pinga; el perro se acostumbró y con el tiempo lo hacía voluntariamente.

Aquella etapa entre los siete y los diez años fue para mí de gran erotismo, de una voracidad sexual que, como ya dije, casi lo abarcaba todo. Abarcaba la naturaleza en general, pues también abarcaba a los árboles. Por ejemplo, a los árboles de tallo blando, como la fruta bomba, yo les abría un hueco y en él introducía el pene. Era un gran placer templarse a un árbol; mis primos también lo hacían; se lo hacían a los melones, a las calabazas, a las guanábanas. Uno de mis primos, Javier, me confesaba que el mayor placer lo experimentaba cuando se templaba un gallo. Un día el gallo amaneció muerto; no creo que haya sido por el tamaño del sexo de mi primo que era, por cierto, bastante pequeño; creo que el pobre gallo se murió de vergüenza por haber sido él el templado cuando era él el que se templaba a todas las gallinas del patio.

De todos modos, hay que tener en cuenta que, cuando se vive en el campo, se está en contacto directo con el mundo de la naturaleza y, por lo tanto, con el mundo erótico. El mundo de los animales es un mundo incesantemente dominado por el erotismo y por los deseos sexuales. Las gallinas se pasan el día entero cubiertas por el gallo, las yeguas por el caballo, la puerca por el verraco; los pájaros tiemplan en el aire; las palomas, después de un gran estruendo y grandes murumacas, terminan ensartándose con cierta violencia; las lagartijas se traban durante horas unas con otras; las moscas fornican sobre la mesa en que comemos; los curieles paren todos los meses; las perras, al ser ensartadas, arman tal algarabía que son capaces de excitar a las monjas más pías; las gatas en celo aúllan por las noches con tal vehemencia que despiertan los deseos eróticos más recónditos... Es falsa esa teoría sostenida por algunos acerca de la inocencia sexual de los campesinos; en los medios campesinos hay una fuerza erótica que, generalmente, supera todos los prejuicios, represiones y castigos. Esa fuerza, la fuerza de la naturaleza, se impone. Creo que en el campo son pocos los hombres que no han tenido relaciones con otros hombres; en ellos los deseos del cuerpo están por encima de todos los sentimientos machistas que nuestros padres se encargaron de inculcarnos.

Un ejemplo de esto es el caso de mi tío Rigoberto, el mayor de mis tíos; hombre casado y muy serio. Yo iba a veces al pueblo con mi tío Rigoberto. Yo tendría entonces unos ocho años e iba sentado con él en la misma montura; inmediatamente que montábamos a caballo, el sexo de mi tío empezaba a crecer. A lo mejor una parte de mi tío no quería que fuese así, pero no podía evitarlo; me acomodaba de la mejor manera, me levantaba y ponía mis nalgas encima de su sexo y, al trote del caballo, durante un viaje que duraba una hora o más, yo iba saltando sobre aquel enorme sexo que yo cabalgaba, viajando así como si fuese transportado por dos animales a la vez. Creo que, finalmente, Rigoberto eyaculaba. Cuando regresábamos por la tarde, volvía a repetirse la misma ceremonia. Desde luego todo esto sucedía como si ninguno de los dos nos enteráramos; él silbaba o resoplaba mientras el caballo seguía trotando. Al llegar a la casa, Coralina, su esposa, lo recibía con los brazos abiertos y le daba un beso. En aquel momento, todos éramos muy felices.

El medio campesino en el cual pasé mi infancia no era solamente el mundo de las relaciones sexuales, era también un mundo conminado por una incesante violencia. Las ovejas se colgaban vivas por las patas y se degollaban; luego, se les desangraba y, medio vivas todavía, se descuartizaban. Los cerdos eran apuñalados con un largo cuchillo que les atravesaba el corazón; antes aún de que expiraran se les echaba alcohol y se les prendía fuego para eliminarles todos los pelos antes de ser asados. A las vacas jóvenes, a las novillas, se les clavaba una enorme puntilla en la cabeza para que la muerte fuera instantánea, y luego se las descuartizaba. Su carne era colgada en bandas debajo de algún árbol o en el rancho de la casa, donde las moscas también participaban del festín. Los toros destinados al trabajo eran castrados, igual que los caballos. Castrar a un toro fue uno de los actos más violentos y crueles que yo presencié; al toro se le amarraban los testículos con un grueso alambre; esos testículos se depositaban sobre una especie de yunque de hierro encima de una piedra y, con un martillo o una mandarria comenzaban a golpearle los testículos hasta desprenderlos de los tendones y de las conexiones con el resto del cuerpo; así le quedaban las bolsas separadas, colgando, y se consumían. El dolor que padecían aquellos animales era tan intenso que se sabía cuándo los testículos habían sido extirpados porque se les aflojaban las muelas a los toros. Muchos se morían, pero otros sobrevivían y ya no eran toros sino bueyes, es decir, bestias mansas y castradas que se dedicaban a tirar de un arado, mientras mi abuelo, detrás, les propinaba maldiciones y garrochazos.

Pero la violencia se extendía por todo aquel mundo en que yo me crié; los toros que no habían sido castrados se rompían la crisma a cornadas para imponer su primacía sexual dentro de la manada; los caballos se reventaban a patadas ante la vista o el olor de una yegua.

Una vez que mi madre y yo íbamos para el templo de Arcadio Reyes sobre una yegua que pertenecía a mi tía Olga (las mujeres en el campo viajaban en yegua y los hombres a caballo), apareció de pronto un caballo en medio del campo; nos cayó detrás dando muestras de un erotismo inaplazable. Todavía estábamos nosotros montados en la yegua cuando el caballo ya intentaba poseerla. Mi madre espoleaba a la yegua, pero ésta no dio un paso más; evidentemente, prefería que la desgarraran las espuelas antes de perder la posibilidad de ser poseída por aquella bestia formidable; ya abría las patas y levantaba la cola. Nosotros tuvimos que tirarnos al suelo y dejar que allí, en nuestra presencia, se realizara el acto sexual; acto sexual poderoso, violento y realmente tan bello que erotizaba a cualquiera.

Después de aquel combate, mi madre y yo cabalgamos en silencio hacia el templo. Seguramente, tanto ella como yo, hubiéramos querido ser aquella yegua que marchaba ahora a trote ligero por los predios de Arcadio Reyes.

La violencia también se manifestaba en la lucha por la vida. De noche se oían los gritos de las ranas que eran tragadas lentamente por el jubo; se oía el chillido de un ratón que era despedazado por un sijú; el desesperado cacarear de una gallina que era asfixiada y tragada por un majá; el patalear y los quejidos ahogados de un conejo que era descuartizado en el aire por una lechuza; y los berridos de una oveja que era destrozada por los perros jíbaros. Esos ruidos, esos estruendos desesperados, esos sordos pataleos, eran normales en el campo donde yo vivía.

La neblina

Pero también había una serenidad, una quietud, que no he encontrado en ningún otro sitio. De entre esos estados de plenitud uno de las más inefables e intensos se daba cuando llegaba la neblina; esas mañanas en que todo parecía envuelto en una gran nube blanca que difuminaba todos los contornos. No había figuras, no había cuerpos que pudieran distinguirse; los árboles eran inmensas siluetas blancas; la misma figura de mi abuelo, que caminaba delante de mí rumbo al corral donde tenía que ir a ordeñar las vacas, era un fantasma blanco. La neblina cubría de prestigio toda aquella zona, más bien raquítica y desolada, porque la envolvía y camuflaba. Los cerros y las lomas se volvían enormes montañas de nieve y toda la tierra era una extensión humeante y fresca donde uno parecía flotar.

La noche, mi abuela

Pero tal vez más impresionante y misteriosa que la neblina era la noche. Quien no haya vivido las noches en el campo es muy difícil que pueda tener una idea completa del esplendor del mundo y, sobre todo, de su misterio. La noche no solamente era un espacio infinito que se desarrollaba en lo alto; la noche en el campo donde yo me crié (ese campo ya desaparecido y que sólo queda en estas memorias) era también un espacio sonoro; una descomunal y mágica orquesta que retumbaba por todos los sitios con una gama de infinitos tintineos. Y el cielo no era un resplandor fijo, sino un incesante fulgor de matices cambiantes, rayas luminosas, estrellas que estallaban y desaparecían (después de haber existido por millones de años) sólo para que nosotros quedáramos extasiados unos segundos.

Mi abuela podía encontrar a cualquier hora de la noche las estrellas más notables y hasta las menos conocidas. Ella, por puro instinto o por los años que llevaba escrutando el cielo, podía señalar rápidamente la posición de aquellas estrellas y sabía nombrarlas familiarmente con nombres que, seguramente, no eran los que manejan los astrónomos: eran, por ejemplo, la Cruz de Mayo, el Arado, las Siete Cabrillas... Allí estaban en aquella inmensa noche, brillando para mi abuela, que me las señalaba y no solamente las enumeraba, sino que, de acuerdo con su posición y brillo, podía predecir el estado del tiempo presente y futuro: si llovería o no al día siguiente; si sería buena o mala la cosecha dentro de dos o tres meses; si caería alguna granizada; si vendrían o no los terribles ciclones. Mi abuela intentaba conjurar los ciclones con cruces de ceniza; cuando el mal tiempo era ya inminente, ella salía con un cubo lleno de ceniza que había cogido del fogón y empezaba a dispersarla por las cuatro esquinas de la casa; lanzaba puñados de ceniza al aire, hacía cruces en el corredor y cerca de los horcones principales de la casa. Así trataba de conjurar las potencias de la naturaleza.

¿Cuál fue la influencia literaria que tuve yo en mi infancia? Ningún libro, ninguna enseñanza, si se exceptúan las tertulias llamadas «El Beso a la Patria». Desde el punto de vista de la escritura, apenas hubo influencia literaria en mi infancia; pero desde el punto de vista mágico, desde el punto de vista del misterio, que es imprescindible para toda formación, mi infancia fue el momento más literario de toda mi vida. Y eso, se lo debo en gran medida a ese personaje mítico que fue mi abuela, quien interrumpía sus labores domésticas y tiraba el mazo de leña en el monte para ponerse a conversar con Dios.

Mi abuela conocía las propiedades de casi todas las hierbas y preparaba cocimientos y brebajes para todo tipo de enfermedades; con un diente de ajo sobaba el empacho de la barriga, dando masajes no en la barriga sino en una pierna. Gracias a un sistema que ella llamaba Las Cabañuelas, que consistía en doce misteriosos montones de sal que destapaba el primero en enero, ella predecía las épocas de lluvia y de seca del año por venir.

La noche entraba en los dominios de mi abuela; ella reinaba en la noche. Comprendía que por la noche una reunión familiar tenía una trascendencia que no podía explicarse de inmediato, por lo que convidaba a toda la familia con cualquier pretexto: un dulce, un café, una oración. Así, bajo el círculo de luz del candil, oficiaba mi abuela; más allá se extendía la infinita noche del campo, pero ella había instalado un cuartel contra las tinieblas y no parecía estar dispuesta a rendirse fácilmente.

Mi abuela me hacía historias de aparecidos, de hombres que caminaban con la cabeza bajo el brazo, de tesoros custodiados por muertos que incesantemente rondaban el sitio donde estaban escondidos. Ella, desde luego, creía en las brujas, si bien nunca se consideró parte de su familia; las brujas llegaban llorando o maldiciendo por las noches, y se posaban en el techo de la casa; algo pedían y había que darles. Algún conjuro conocía mi abuela para evitar que las brujas le hiciesen demasiado daño. Mi abuela sabía que el monte era un sitio sagrado, lleno de criaturas y animales misteriosos que no sólo eran aquellos que se utilizaban para el trabajo o para comer; había algo más allá de lo que a simple vista veían nuestros ojos; cada planta, cada árbol, podía exhalar un misterio que ella conocía. Cuando salía a caminar también interrogaba a los árboles; a veces, en momentos de ira, los abofeteaba. Yo recuerdo a mi abuela, bajo una tormenta, dándole bofetadas a una palmera. ¿Qué le había hecho aquel árbol? Alguna traición, algún olvido. Y ella se vengaba dándole bofetadas. Mi abuela también conocía canciones tal vez ancestrales; ella me sentaba en sus piernas y me las cantaba; no recuerdo tanta ternura por parte de mi madre. Mi abuela podía darse el lujo de ser tierna, tal vez porque yo no era para ella la imagen de alguna frustración, ni el recuerdo de un fracaso; ella podía entregarme un cariño sin resentimientos ni vergüenza. Para mi madre yo era el producto de un amor frustrado; para mi abuela yo era un niño más al cual había que entretener con una aventura, con un cuento o con una canción, como ella había entretenido a sus hijos. Mi abuela indiscutiblemente era sabia; tenía la sabiduría de una campesina que ha parido catorce hijos, de los cuales ninguno se había muerto; había soportado los golpes y las groserías de un marido borracho e infiel; se había levantado durante más de cincuenta años para preparar el desayuno y luego trabajar todo el día, mudando los animales de sitio para que el sol no los asfixiase y para que no se murieran de hambre, cargando leña para preparar la comida, sacando viandas de debajo de la tierra. Era sabia mi abuela; por eso conocía la noche y no me hacía muchas preguntas; sabía que nadie es perfecto. Seguramente, alguna vez me vio trasteándole el trasero a alguna puerca y hasta a la misma perra Diana, perra hurañísima, a la que nunca pude hacerle nada. Pero nunca mi abuela me recriminó; sabía que eso en el campo era normal; quizá sus hijos y hasta su propio marido lo habían hecho. Mi abuela era analfabeta; sin embargo, obligó a todos sus hijos a que fueran a la escuela y, cuando no querían ir, ella arrancaba una rama de cualquier árbol espinoso y, a fuetazos, los llevaba a la escuela; todos sus hijos sabían leer y escribir. Fue mi madre quien realmente me enseñó a escribir: debajo del quinqué ella escribía largas oraciones con letra muy suave; yo las repasaba con letra más fuerte.

El mundo de mi abuela era mucho más complejo que el de mi abuelo. Mi abuelo decía ser ateo y al parecer no creía en nada; por lo tanto no tenía grandes obsesiones metafísicas. Mi abuela creía en Dios y a la vez se veía estafada por ese Dios; lo asediaba con preguntas y súplicas. Su mundo eran el desasosiego y la impotencia. Y todo eso coincidía en una mujer analfabeta, que interpretaba las estrellas mientras tenía, a la vez, que escarbar la tierra todos los días para encontrar algo de comer. La cocina y el fogón eran también el centro de su vida; y todos al levantarnos desayunábamos junto al calor de aquella leña encendida por ella.

La tierra

Con el tiempo, mis tías se fueron convenciendo de que no iban a poder atraer a ningún otro hombre; mi madre también se había convencido del imposible regreso de su amante, quizás antes que mis tías. Entonces, todas se volvieron más beatas, se hicieron médiums e iban todas las semanas al templo de Arcadio Reyes, acabando poseídas por violentos espíritus que las conmocionaban. La misma casa de mi abuelo se convirtió en una especie de sucursal del templo espiritista de Arcadio Reyes; allí acudían vecinos de todos los barrios cercanos y algunos remotos para ser despojados espiritualmente por mis tías. Todas mis tías se ponían alrededor de la persona que iba a ser despojada; a veces esas personas eran libradas de su mal con una visita, pero otras veces el mal era tan terrible que tenían que ir varias veces a la casa y hacerse varios despojos.

Una noche mi prima Dulce Ofelia y yo, en medio de una de aquellas sesiones espirituales, cogimos un puñado de tierra y lo tiramos contra la pared; inmediatamente, una de mis tías cayó en trance. Recientemente se habían muerto los padres de mi abuela y los herederos tenían una guerra familiar por la repartición de la tierra; aquel puñado de tierra era, sin duda, según decía la posesa, el reclamo de un espíritu que pedía la repartición justa entre los herederos porque, de lo contrario, iban a acaecer terribles desastres a toda la familia. En aquel momento mi prima y yo nos reímos de los vaticinios de aquel espíritu; sin embargo, más adelante sucedieron ciertamente muchas calamidades y se perdieron aquellas tierras. Tal vez nuestras manos fueron instrumento de algún espíritu profético y burlón. De todos modos, vuelvo a la tierra: mi infancia comenzó comiendo tierra, mi primera cuna fue un hueco de tierra hecho por mi abuela; metido en aquel hoyo, que me daba más arriba de la cintura, aprendí a ponerme de pie. Esa misma técnica la había utilizado mi abuela con todos sus hijos; yo, metido en el hueco, palmoteaba en el piso de tierra. Después, tiraba tierra contra la pared y una de mis diversiones solitarias era construir castillos de fango; amasaba la tierra con agua que traía desde el pozo lejano; uno de mis juegos favoritos, con mis primos, era lanzarnos tierra; escarbar la tierra era descubrir insólitos tesoros en forma de vidrios de colores, caracoles, trozos de cerámica. Regar la tierra y ver cómo absorbe el agua que le ofrendamos es también un acto único; caminar por la tierra, después de un aguacero, es ponernos en contacto con la plenitud absoluta; la tierra, satisfecha, nos impregna con su alegría, mientras todos sus olores llenan el aire y nos colman de una ansiedad germinativa.

Cuando nacíamos, la comadrona rural que nos cortaba el cordón umbilical tenía por costumbre frotar el ombligo con tierra; muchos niños morían a causa de la infección, pero sin duda los que se salvaban habían sabido aceptar la tierra y estaban listos para soportar casi todas las calamidades por venir. En el campo estábamos unidos a la tierra de una manera ancestral; no podíamos prescindir de ella. Ella estaba presente en el momento de nuestro nacimiento, en el de nuestros juegos, en el trabajo y, desde luego, en el momento de la muerte. El cadáver, dentro de una caja de madera, se entregaba directamente a la tierra; pronto el ataúd se pudría y el cuerpo tenía el privilegio de diluirse en aquella tierra y hacerse parte vital de ella, enriqueciéndola. El cadáver renacía como árbol, como flor o como algún tipo de planta que tal vez alguien como mi abuela algún día olería, pudiendo vaticinar sus propiedades medicinales.

El mar

Mi abuela fue también la que me llevó a conocer el mar. Una de sus hijas había logrado encontrar un marido fijo y éste trabajaba en Gibara, el puerto de mar más cercano a donde nosotros vivíamos. Por primera vez tomé un ómnibus; creo que para mi abuela, con sus sesenta años, era también la primera vez que cogía una guagua. Nos fuimos a Gibara. Mi abuela y el resto de mi familia desconocían el mar, a pesar de que no vivían a más de treinta o cuarenta kilómetros de él. Recuerdo a mi tía Coralina llegar llorando un día a la casa de mi abuela y decir: «¿Ustedes saben lo que es que ya tengo cuarenta años y nunca he visto el mar? Ahorita me voy a morir de vieja y nunca lo voy a ver». Desde entonces, yo no hacía más que pensar en el mar.

«El mar se traga a un hombre todos los días», decía mi abuela. Y yo sentí entonces una necesidad irresistible de llegar al mar.

¡Qué decir de cuando por primera vez me vi junto al mar! Sería imposible describir ese instante; hay sólo una palabra: el mar.

La política

Mi abuelo tenía aspiraciones políticas (o por lo menos intentaba participar en la política) sin que los políticos le hicieran mucho caso. Pertenecía al Partido Ortodoxo, que por aquella época dirigía Eduardo Chibás. Una vez, para la Navidad, alguien quiso hacerle una foto a toda la familia; mi abuelo sacó un enorme cartel con la imagen de Chibás; aquel cartel era tan grande que fue lo único que salió en la fotografía.

Mi abuelo era antirreligioso, liberal y anticomunista. Era un hombre que sabía leer de corrido, lo cual dentro de aquel mundo campesino era un privilegio. Iba todas las semanas a Holguín y compraba la revista *Bohemia* que, dirigida por Miguel Angel Quevedo, era algo así como la ilustración política de todos nosotros. Mi abuelo se recostaba a un horcón de la casa y comenzaba a leer la revista en voz alta; si alguien chistaba, mi abuelo armaba tal escándalo que hasta los animales cuando él la abría se recogían en silencio. En aquellos tiempos, aquella revista era una de las mejores de América Latina; tenía de todo: literatura, política, deportes, noticias; estaba en contra de todas las dictaduras, incluyendo, desde luego, las comunistas.

¿Por qué tenía mi abuelo aquella intuición de que el comunismo no iba a resolver los problemas de Cuba, si en realidad él nunca había padecido aquel sistema y padecía, sin embargo, casi todas las calamidades del capitalismo? Yo diría que era su intuición campesina. Me imagino también que aquellos reportajes en que se veían los fusilamientos de los campesinos en los países comunistas influyeron en mi abuelo, haciéndole rechazar el comunismo, a la vez que odiaba también de manera apasionada las dictaduras de derecha que nosotros en aquel momento padecíamos, habíamos padecido y seguiríamos padeciendo por varios años. Para mi abuelo, todos los gobernantes anteriores a Batista también habían sido unos delincuentes; por eso sentía un gran respeto por Chibás, quien denunciaba la corrupción y tenía como lema: «Vergüenza contra Dinero». El héroe de mi abuelo no llegó a ser presidente de la República: unos meses antes de las elecciones se pegó un tiro. Los motivos de aquel suicidio, según varios comentaristas, estaban relacionados con el hecho de que Chibás había denunciado la corrupción de un alto funcionario del gobierno, llamado Aureliano Sánchez Arango, pero no pudo presentar pruebas concluyentes en el momento en que se las pidieron.

El mismo día en que murió Chibás murió mi bisabuela; murió súbitamente, de un rayo. En aquella zona donde yo vivía, eran muy frecuentes los rayos. Se decía que era porque la tierra contenía una enorme cantidad de níquel. En el velorio de mi bisabuela todo el mundo lloraba a mares. Yo me acerqué a mi madre, que lloraba agachada en la cocina junto al fogón, y ella me dijo: «No lloro por la muerte de mi abuela, sino por la de Chibás». Creo que el resto de mi familia lloraba por lo mismo.

Por cierto que las causas de la muerte de mi bisabuela estaban de algún modo vinculadas a la de Chibás. Desde hacía años, mi abuelo había instalado en la casa una radio de oído para poder oír el discurso de Chibás; aquel aparato tenía una enorme antena de alambre que salía fuera de la casa, alzándose sobre unos palos de bambú. Esa antena, actuando como pararrayos fulminó a mi bisabuela, que en ese momento estaba cerca de la radio, donde nos reuníamos todos, pues el aparato sólo tenía un auricular por el que, generalmente, era mi abuelo quien escuchaba y nos transmitía las noticias al mismo tiempo que las escuchaba. A veces, cuando mi abuelo estaba disgustado con mi abuela, él intercalaba frases que no decía la radio; eran diatribas contra las mujeres e insultos que mi abuela escuchaba en silencio porque ella pensaba que venían de la radio.

Una de mis tías tenía el privilegio de poder escuchar alguna novela radial; a la vez que la iba escuchando se la iba contando a sus hermanas. Resumía las aventuras amorosas de la mujer de una novela que se transmitía a las doce del día y que se llamaba *Divorciada*. El título y la historia en general tenía mucho que ver con la vida de mis tías y de mi madre, pues eran todas mujeres abandonadas que, según decía el narrador al comienzo de la novela, «soñaban con un matrimonio ideal o habían gozado de la felicidad». Yo recuerdo que, sentado en las rodillas de mi madre, mi tía contaba las escenas eróticas que escuchaba; las piernas de mi madre se estremecían y yo, sobre ella, recibía aquellos reflejos eróticos, que mi madre, joven y seguramente ansiosa de tener una relación sexual, me transmitía.

Parte de la casa se quemó con el rayo que mató a mi bisabuela, y nosotros seguimos llorando, no por aquellas yaguas que podían reponerse sino por la muerte del hombre que había prometido «Vergüenza contra Dinero».

Después de la muerte de Chibás, todo fue más fácil para los delincuentes políticos, que siempre de una manera u otra han controlado la isla de Cuba. En 1952 se produjo el golpe militar de Fulgencio Batista y con ello la imposibilidad de que el Partido Ortodoxo, ni ningún otro, pudiese ganar las elecciones. La dictadura de Batista se inició desde el principio con una gran represión que no sólo tenía un carácter político, sino también un carácter moral.

Un día estábamos picando ñames que iban a servir de semillas para sembrar en la finca, cuando vimos llegar una pareja de guardias rurales. Aquello nos llenó de temor; ningún guardia nos iba a visitar por una razón amistosa. Venían a arrestar a mi tío Argelio, que había tenido relaciones con una campesina menor de edad y el padre de la muchacha le había denunciado. Mi tío fue arrestado y conducido a la cárcel; por último, se descubrió que la muchacha había tenido varios amantes antes que mi tío y éste salió en libertad; pero de todos modos decidió emigrar a Estados Unidos, como ya tenía pensado. En aquella época de enorme miseria, el sueño de todos los que se morían de hambre en Cuba era irse a trabajar al Norte. Mi tío Argelio se fue para Estados Unidos y, desde allá, nos enviaba fotos en las que aparecía manejando una lujosa lancha, con los cabellos impecablemente peinados a pesar de que la lancha parecía ir a una gran velocidad. Muchos años después descubrí que todo aquello no era más que un truco; la persona iba a un estudio preparado para el caso, se sentaba en una lancha de cartón, con un mar también de cartón, y se hacía una foto. En Cuba todos pensaban que mi tío estaba manejando su propia lancha de motor.

Con el tiempo, algunos de mis familiares decidieron ser reclamados por mi tío e irse a Estados Unidos. Aquello no era fácil; eran miles los que querían emigrar, y conseguir una visa era muy difícil. Mi tía Mercedita dio más de veinte viajes al consulado de Santiago de Cuba, solicitando una visa que por años le negaron. Pero, finalmente, pudo irse con Dulce; nuestros juegos de «enfermeros», detrás de la cama, terminaron. Más adelante, emigró mi madre. Se iba, aparentemente, como turista y no tenía autorización para trabajar, pero lo hacía clandestinamente cuidando a los hijos de las personas que tenían el privilegio de poder trabajar en alguna fábrica. Me imagino a mi madre en algún apartamento pobre de Miami, en los años cincuenta, cuidando a niños llorones tal vez más insoportables que yo. Me la imagino también tratando de consolarlos y acunarlos; de darles un cariño y amor que a mí casi nunca tuvo tiempo de mostrarme o que tal vez le avergonzaba mostrar.

Holguín

A medida que la dictadura de Batista continuaba en el poder, la situación económica se hacía peor, al menos para los campesinos pobres como mi abuelo o para mis tíos, que ya casi nunca encontraban trabajo en los centrales azucareros a los que iban a cortar caña. Mi tío Rigoberto se pasó más de cuatro meses fuera de casa y todos pensábamos que había encontrado trabajo en algún central azucarero; al cabo de ese tiempo volvió sin un centavo y con unas fiebres terribles; había deambulado por casi toda la provincia de Oriente sin encontrar ningún lugar donde lo admitieran como cortador de caña. Mi abuela lo curó con unos cocimientos.

La situación económica se hizo tan difícil que mi abuelo decidió vender la finca —unas tres caballerías de tierra— y mudarse para Holguín, donde pensaba abrir una pequeña tienda para vender viandas y frutas. Desde hacía años mi abuelo y mi abuela querían vender la finca, pero nunca se ponían de acuerdo. El caso es que, finalmente, vendieron la finca; se la vendieron a uno de los yernos de mi abuelo, que en aquel momento era batistiano y tenía cierta posición económica.

Vino un camión del pueblo y allí se echaron todas las cosas: los bastidores, los taburetes, los balances de la sala. ¡Cómo lloraban mi abuela, mi abuelo, mis tías, mi madre, yo mismo! Sin duda, en aquella casa de yagua y guano, donde tanta hambre habíamos pasado, también habíamos vivido los mejores momentos de nuestra vida; terminaba tal vez una época de absoluta miseria y aislamiento, pero también de un encanto, una expansión, un misterio y una libertad, que ya no íbamos a encontrar en ninguna parte y mucho menos en un pueblo como Holguín.

Holguín era para mí —ya por entonces un adolescente— el tedio absoluto. Pueblo chato, comercial, cuadrado, absolutamente carente de misterio y de personalidad; pueblo calenturiento y sin un recodo donde se pudiera tomar un poco de sombra o un sitio donde uno pudiera dejar libre la imaginación. El pueblo se levanta en medio de una explanada desoladora, coronado al final por una loma pelada, la Loma de la Cruz, llamada así porque al final se erguía una enorme cruz de concreto; la loma tiene numerosas escaleras de concreto que conducen a la cruz. Holguín, dominado por aquella cruz, a mí me parecía un cementerio; en aquella cruz apareció una vez un hombre ahorcado. Yo veía Holguín como una inmensa tumba; sus casas bajas similaban panteones castigados por el sol.

Una vez, por puro aburrimiento, fui al cementerio de Holguín; descubrí que era una réplica de la ciudad entera; los panteones eran iguales que las casas, aunque más pequeños, chatos y desnudos; eran cajones de cemento. Yo pensé en todos los habitantes de aquel pueblo y en mi propia familia, viviendo tantos años en aquellas casas-cajones para luego ir a parar a aquellos cajones menores. Creo que allí mismo me prometí irme de aquel pueblo cuando pudiera, y, si fuera posible, no regresar nunca; morir bien lejos era mi sueño, pero no era fácil de realizar. ¿Dónde ir sin dinero? Y, por otra parte, el pueblo, como todo sitio siniestro, ejercía cierta atracción fatal; inculcaba ciertos desánimos y una resignación que le impedía a la gente marcharse.

Yo trabajaba en una fábrica de dulces de guayaba; me levantaba por la mañana y empezaba a hacer cajas de madera donde luego se depositaba la mermelada hirviente, que luego se endurecía y formaba aquellas barras que tenían una etiqueta que decía «Dulce de Guayaba La Caridad», donde figuraba una Virgen de la Caridad. No creo que hubiese mucha caridad por parte del dueño de la fábrica, que nos hacía trabajar hasta doce horas por un peso al día. El día del cobro yo me iba para el cine, que era el único lugar mágico de Holguín; el único lugar al que uno podía entrar y escapar de la ciudad, al menos por unas horas. Por entonces iba solo al cine, pues me gustaba disfrutar de aquel espectáculo sin compartirlo con nadie. Me sentaba en el gallinero, que era el lugar más barato, y veía a veces hasta tres películas por cinco centavos. Era un enorme placer ver a aquellas gentes cabalgando praderas, lanzándose por unos ríos enormes o matándose a tiros, mientras yo me moría de aburrimiento en aquel pueblo sin mar, sin ríos, ni praderas, ni bosques, ni nada que pudiera ofrecerme algún interés.

Quizás influido por aquellas películas, casi siempre norteamericanas o mexicanas, o quién sabe por qué, comencé a escribir novelas. Cuando no iba al cine, yo me iba para mi casa y al son de los ronquidos de mis abuelos comenzaba a escribir; así llegaba a veces la madrugada y de la máquina de escribir —que me había vendido en diecisiete pesos mi primo Renán— iba para la fábrica de dulces de guayaba donde, mientras hacía las cajas de madera, seguía pensando en mis novelas; a veces me daba un martillazo en un dedo y no me quedaba más remedio que volver a la realidad. Las cajas que yo hacía eran cada vez peores y escribía enormes y horribles novelas con títulos como *¡Qué dura es la vida!* y *Adiós, mundo cruel.* Por cierto, creo que mi madre aún conserva esas novelas en Holguín y dice que son lo mejor que yo he escrito.

Mis tías y mi madre, ya en Holguín, pudieron tener una radio eléctrica y ahora podían escuchar todas a la vez la misma novela que oían en el campo. Creo que esas novelas radiales, que yo también escuchaba, influyeron en mis novelas escritas hacia los trece años.

El Repello

En Holguín se respiraba un ambiente machista que mi familia compartía y en el cual yo había sido educado. Mis amores a los trece años eran, sin embargo, un poco ambiguos. Me enamoré de Carlos, un muchacho de la fábrica con el que tenía muchas cosas en común, incluso nos parecíamos físicamente; ambos habíamos sido abandonados por nuestros padres y éramos hijos únicos apegados a nuestras madres. Ahora yo iba al cine con Carlos; nuestras relaciones se limitaban a sentarnos juntos en el cine y juntar nuestras rodillas, como por casualidad; así, con las rodillas muy pegadas, veíamos desfilar indios feroces o cantar a Pedro Infante, durante horas. Tenía también novias, tal vez influido por el ambiente del pueblo: Irene, Irma, Lourdes, Marlene. También sostenía batallas con los enamorados de aquellas novias o con los novios a los cuales yo les quitaba la muchacha; me recuerdo trincándome a trompadas con un joven guapísimo llamado Pombo, quien por cierto me propinó un tremendo piñazo en la cara; con el tiempo yo creo que me sentí más enamorado de Pombo que de Lourdes, que era la novia que yo le había «levantado»; pero quizá, precisamente para mortificarlo, seguía con ella.

Mientras todo esto sucedía, yo seguía deseando a Carlos; él fue el que me llevó al Repello de Eufrasia, que era un enorme burdel con un gran salón de baile. Estaba situado en la cumbre de la loma de tierra colorada que se llamaba La Frontera; el nombre era muy apropiado, pues, una vez que se atravesaba aquel barrio, se había traspuesto la barrera de la civilización o de la hipocresía y cualquier cosa podía suceder; casi todos los que allí vivían eran delincuentes y prostitutas. Para mí fue una gran revelación y una indiscutible atracción visitar aquel lugar. Lo llamaban Repello porque las mujeres que allí bailaban movían de tal manera la cintura, que más que bailar era como una frotación contra el sexo del hombre. El repello es un movimiento circular que va pegando algo que después resulta muy difícil de despegar; en este caso el sexo de la mujer repellaba el sexo del hombre y, una vez terminada la pieza, el hombre invitaba a la mujer a hacer el amor, cosa que por dos o tres pesos se realizaba en la casa que quedaba en frente. Por cierto, cada pieza costaba cinco centavos; el bailador tenía que pagar cinco centavos por bailar con la mujer que lo repellaba; el órgano comenzaba a tocar, y Eufrasia, la dueña del Repello, vestida de rojo y provista de una enorme cartera blanca, le daba un golpecito a cada bailador en la espalda en señal de que le diera los cinco centavos. De aquellos cinco centavos, dos pertenecían a la bailadora; Eufrasia llevaba en la mente la cuenta de las piezas que había bailado cada una de las putas y les daba su parte. Yo bailé con Lolín, una mulata joven de unos muslos poderosísimos; al fin, por embullo de algunos amigos, entre ellos Carlos, fui a la casa de enfrente a templar con Lolín. Recuerdo que lo hicimos a la luz de un quinqué y recordé a mi madre en el campo; yo estaba nervioso y no se me paraba, pero Lolín se las arregló de tal modo que, finalmente, me eroticé. ¿O fui yo el que me las arreglé pensando en el rostro de Carlos, que me esperaba afuera? De todos modos, fue la primera vez que eyaculé en el sexo de una mujer.

La casa de mis abuelos no era ni siquiera de ellos; se la había semicomprado Osaida, una de sus hijas, que tenía pensado irse para Estados Unidos con su marido. A Osaida se le había muerto una de sus hijas y nunca volvió a recuperarse completamente; quizá Florentino, su esposo, esperaba que marchándose para el Norte pudiera sentirse mejor. No creo que fuera así; dentro de la soledad y el horror de los pantanos de Miami, Osaida creo que, con el tiempo, se volvió un poco más desdichada.

La casa siguió siendo pequeña para nosotros; había solamente dos cuartos para diez personas, por lo que yo a veces iba a dormir a la casa de mi tía Ofelia. Desde luego, nadie podía tener el privilegio de dormir separado, sino de dos en dos o de tres en tres. Mis abuelos en el campo podían dormir separados y odiarse a cierta distancia y con cierto respeto; ahora tenían que dormir juntos; tal vez por eso reiniciaron sus relaciones sexuales. A veces yo, mientras escribía, los sentía en la cama en combates sexuales que eran bastante escandalosos; yo aprovechaba aquellas circunstancias para deslizarme debajo de la cama en que fornicaban y sustraer algún dinero de la caja de madera de la tienda, que mi abuelo todas las noches depositaba debajo de la cama; ésa era, por decirlo así, la caja contadora.

Pero, generalmente, iba a dormir a la casa de mi tía y compartía la cama con mi primo Renán, un adolescente de unos dieciséis años, un don Juan, según decían. Renán, después de tener unas semiaventuras eróticas, llegaba a la casa y se masturbaba en la misma cama donde yo dormía; yo disfrutaba de aquellas masturbaciones y, a veces, como si estuviera dormido, creo que lo ayudaba.

Cuando tenía tiempo, iba a una escuela que llamaban Primaria Superior, donde tenía una maestra de anatomía que nos obligaba a recitar con puntos y comas todo el texto de un terrible libro de anatomía, fisiología e higiene; quien no lo recitara de memoria, no pasaba el curso. Allí también me enamoré de mi profesor de gramática, un hombre de unos setenta años. Así, mis amores platónicos de entonces se dividían entre Carlos, que tenía unos catorce años, y el viejo profesor de setenta. De ese modo, cuando mi primo se masturbaba pensando en alguna de las muchachas a las que quizás había besado en uno de los pocos y raquíticos parques del pueblo, yo también lo hacía pensando en el profesor de gramática, que nunca se había fijado en mí para nada, aunque los alumnos decían que era homosexual y muchos hasta hacían alardes de habérselo templado.

En 1957 mi prima Dulce Ofelia y su madre vinieron de Miami a pasarse una temporada en Holguín. Dulce se había convertido en una muchacha bellísima. Era el momento en que mi amistad con Carlos estaba en pleno apogeo; íbamos todas las noches juntos al cine. Mi prima captó algo extraño en aquellas relaciones y, tal vez por eso, se enamoró de Carlos. Las cosas cambiaron para mí; ya no éramos Carlos y yo los que íbamos al cine, sino ellos dos, y yo de chaperón; se sentaban junto a mí en el cine y yo los veía besarse. Lo que tantas veces yo hubiera deseado hacer con Carlos lo hacía ahora mi prima delante de mí y yo tenía que cuidarlos para que no pasara nada «malo», según me orientaba mi abuela. El romance duró un mes, hasta que mi prima regresó a Miami. Carlos intentó otra vez salir conmigo, pero yo no quise saber nada más de él; secretamente, me había traicionado y no tenía que explicarle más nada; él comprendía. Carlos se sentaba en el portal y empezaba a hablar con mis abuelos esperando que yo saliese; pero yo me enclaustraba en el comedor; había comenzado a escribir otra novela terrible, *El caníbal,* que, afortunadamente, se perdió. Nunca más volví a ir al cine con Carlos.

Por aquella época yo engolé la voz, puse cara de guapo y aumenté el número de mis novias; creo que hasta yo mismo llegué a pensar que alguna de aquellas muchachas me gustaba. En la escuela cortejaba a todas las alumnas y me cuidaba mucho de que alguien pudiera imaginar que a mí no me atraían las mujeres. Pero un día, mientras la maestra de anatomía repetía su mamotreto, un compañero de mi clase se sentó junto a mi pupitre y con un diabolismo absolutamente sincero me dijo: «Mira, Reinaldo, tú eres pájaro. ¿Tú sabes lo que es un pájaro? Es un hombre al que le gustan los otros hombres. Pájaro; eso es lo que tú eres».

Pascuas

Una de mis mayores alegrías cuando era un muchacho era oír a mi abuelo decir la palabra «Pascuas». Al decir esta palabra lo pronunciaba con tal sonoridad, que ya parecía como si uno estuviera en la fiesta de Navidad. Cuando pronunciaba aquella palabra lo hacía con una risa nada frecuente en él y en aquella palabra estaba contenida toda la alegría del mundo.

En las Navidades de 1957 mi abuelo no dijo Pascuas; no hubo Pascuas. Las únicas que hubo fueron las Pascuas Sangrientas como dijo la revista *Bohemia,* debido a la cantidad de asesinatos políticos que en aquel mes cometió el gobierno. Se oían tiroteos; el terror ya era una cosa cotidiana. Casi toda la provincia de Oriente estaba contra Batista y había rebeldes en los montes. A veces atacaban de lejos al ejército de Batista, que salía huyendo porque los soldados eran, casi siempre, pobre gente que se moría también de hambre y no quería perder la vida por tan poca cosa. Pero tampoco se puede hablar de una guerra frontal entre los guerrilleros de Fidel Castro y las tropas de Batista; casi todos los muertos fueron los que mataron los esbirros de Batista: estudiantes, miembros del Movimiento 26 de Julio o simples simpatizantes de Castro que eran capturados en las ciudades, torturados y asesinados y luego tirados en una cuneta para amedrentar a la población y, sobre todo, a los conspiradores. Pero entre los soldados de Castro no hubo muchas bajas, como tampoco las hubo en el ejército de Batista. Cuando triunfó la Revolución, Castro habló de veinte mil muertos y esa cifra se convirtió en algo mítico, simbólico; sin embargo, nunca se han publicado los nombres de esos veinte mil muertos, ni nunca se van a publicar, porque no los hubo en esa guerra. En realidad, tampoco hubo una guerra, sino la reacción casi unánime de un pueblo contra un dictador; el pueblo se encargaba de hacer sabotajes y, sobre todo, de difundir la noticia de que los rebeldes eran miles y estaban por todas partes; lo que estaba por todas partes era el desprecio al régimen de Batista y, por eso, dondequiera aparecía una bandera del 26 de Julio; yo mismo una vez puse una de esas banderas. Batista era además un dictador torpe que tampoco ejercía el control absoluto y fue perdiendo el poder debido a la incesante corrupción entre sus propios aliados y las deserciones de los más honestos. También hay que reconocer que había una campaña popular contra Batista que a veces llegaba a los medios publicitarios. La revista *Bohemia* publicaba fotos y entrevistas de los rebeldes en la Sierra Maestra y también publicaba las fotos de los jóvenes asesinados por Batista. El *New York Times* apoyó desde el principio a Fidel Castro y, en general, era en Estados Unidos donde Castro y casi todos sus agentes podían conspirar libremente. Además, la burguesía cubana detestaba también a Batista, que era de raza negra, y apoyaba a Castro, el blanco, hijo de un hacendado español que había estudiado en una escuela de jesuitas. Fue precisamente el obispo más importante de toda Cuba quien le salvó la vida una vez a Fidel Castro. Antes de renunciar y largarse definitivamente del país, Batista ya estaba desmoralizado. Era un vividor y lo que más le interesaba salvar eran sus millones; la misma noche antes de partir dio una fiesta en el cabaret Tropicana. Unos años después, en París, Batista hizo unas declaraciones contundentes y muy irónicas refiriéndose a sus últimos años en el poder en Cuba; se dice que dijo: «Yo entré por la posta, salí por la pista y dejé la peste».

Rebelde

Hacia 1958 la vida en Holguín se fue haciendo cada vez más insoportable; casi sin comida, sin electricidad; si antes vivir allí era aburrido, ahora era sencillamente imposible. Yo, desde hacía algún tiempo, tenía deseos de irme de la casa, alzarme, unirme a los rebeldes; tenía catorce años y no tenía otra solución. Tenía que alzarme; tal vez podía hasta irme con Carlos, participar juntos en alguna batalla y perder la vida o ganarla; pero hacer algo. Le hice la proposición del alzamiento a Carlos y me dijo que sí; que lo despertara de madrugada; que nos iríamos juntos hasta un pueblo llamado Velasco que, según se comentaba, ya estaba tomado por los rebeldes.

Yo me levanté de madrugada, fui para la casa de Carlos y llamé varias veces frente a la ventana de su cuarto, pero Carlos no respondió; evidentemente, no quería responder. Pero como yo ya estaba decidido a dejarlo todo, eché a caminar rumbo a Velasco; me pasé un día caminando hasta que llegué al pueblo. Pensé que allí me iba a encontrar con muchos rebeldes que me iban a aceptar con júbilo, pero en Velasco no había rebeldes, ni tampoco soldados batistianos; había un pueblo que se moría de hambre, compuesto en su mayoría por mujeres. Yo sólo tenía cuarenta y siete centavos. Compré unos panqués de la región, me senté en un banco y me los comí. Estuve horas sentado en aquel banco; no tenía deseos de regresar a Holguín ni fuerzas para hacer la misma jornada caminando. Al oscurecer, un hombre que hacía rato me observaba se me acercó y me preguntó si yo venía a alzarme. Yo le dije que sí y él me dijo llamarse Cuco Sánchez; tendría unos cuarenta años. Todos sus hermanos —siete— estaban alzados; él era el único que se había quedado en el pueblo para atender a su madre y a su esposa. Me llevó a su casa; su esposa era una mujer desolada, tal vez porque sólo

tenía un plato de frijoles que ofrecerme y de aquel plato ellos
tenían también que comer; comí avergonzado, pero con apetito.
La madre de Cuco Sánchez me alentaba para que me quedara
con ellos; le decía a Cuco que tenía que llevarme hasta la Sierra
de Gibara, donde estaban los rebeldes. Ella tenía una tienda mixta
que había sido saqueada, primero por los rebeldes y luego por
los soldados de Batista. Hacía una semana que había pasado
por allí uno de los más notables esbirros de Batista, Sosa Blanco; había asolado al pueblo, había quemado vivo a un hombre y
se había llevado lo poco que le quedaba en la tienda a la madre de
Cuco Sánchez. Luego le rompió la vidriera a tiros; allí no quedaba ya más que una báscula que también había sido hecha pedazos. «Mira cómo me la descuarejingaron», me decía la madre de
Cuco, entre furiosa y aterrada. Sí, yo tenía que alzarme, según
ella; como si yo fuera el encargado de vengar su báscula rota.
Los hermanos de Cuco Sánchez estaban por aquella zona y a
Cuco no le sería difícil llevarme hasta ellos; él mismo se encargaba de fabricar balas para los alzados; mientras estuve en su
casa lo ayudé a fabricar aquellas municiones. Finalmente, fuimos
hasta el cuartel de los rebeldes en la Sierra de Gibara.
   Yo me entrevisté con el capitán de los rebeldes; se llamaba
Eddy Suñol y estaba herido; había recibido un tiro cuando llegó
Sosa Blanco, según me explicó. Todavía llevaba una enorme y
rústica venda a un costado de la cintura; creo que tenía rota una
costilla. Aquel hombre era un campesino de Velasco; me miró
con cierto aprecio, pero no me aceptó; yo era muy joven y no
tenía arma. «Lo que nos sobran son guerrilleros, lo que nos fal-
tan son armas», me dijo. Hice todo lo posible por quedarme, y
Cuco también me ayudó; así convencimos a Suñol, quien me
dijo que podía quedarme allí una semana hasta que partiera un
contingente para la Sierra Maestra y yo pudiera irme con ellos;
si allá me aceptaban o no, ya no era su responsabilidad; pero
podría quedarme allí durante una semana, ayudando en lo que
fuera: cocinando, cargando agua, buscando leña.
   Al cabo de unos diez días de estar esperando la orden de
partir para la Sierra Maestra, llegaron de allá cuarenta y cinco
hombres y siete mujeres que Suñol había enviado como guerrilleros, pero fueron rechazados porque no llevaban armas largas
y Castro no los necesitaba. Yo no podía seguir allí; tenía que

regresar a Holguín, matar a un guardia, quitarle el rifle y regresar. «Si traes un arma larga te aceptamos al instante», me dijo Suñol. Uno de los rebeldes, un joven de unos dieciocho años, me regaló el único cuchillo que tenía; me dijo que no podía irme sin armas, que le clavara el cuchillo por la espalda a un guardia de Batista y regresara. «Yo te voy a estar esperando aquí», me dijo el joven. Lo dijo tal vez para estimularme, para que me fuera con alguna ilusión; así regresé a Holguín.

Ahora iba en un camión con varias personas que tenían autorización para viajar hasta Aguas Claras, un barrio cercano a Holguín. Aquellas personas eran conocidas por los soldados de Batista, pero yo no; el chofer me había advertido que era un gran riesgo llevarme, porque, si descubrían que era un alzado o que no era de por allí, los matarían a todos. Finalmente llegamos a Aguas Claras sin ningún problema; allí, a unos diez kilómetros de Holguín, nos despedimos, me escondí hasta el anochecer, en que eché a caminar rumbo al pueblo.

A medianoche llegué a la casa; toqué a la puerta y mi abuela abrió, soltando un alarido que mi abuelo, inmediatamente, silenció de una trompada. «Si te cogen aquí te matan al momento y nos llevan presos a todos en la casa», dijo mi abuelo.

Cometí la imprudencia de dejar un papel sobre la cama donde decía que me iba con los rebeldes, pero que no le dijeran nada a nadie. Dando gritos, las diez mujeres que había en la casa divulgaron la noticia por todo el barrio. Ahora la policía de Batista me buscaba. Tenía que regresar a Velasco y, por supuesto, ni soñando iría a matar a ningún policía por la espalda con aquel cuchillo que traía. De todos modos, la noche en que me iba me acerqué a un policía; lo miré, él me miró también y la única señal que hizo fue cogerse los huevos, que se le marcaban por encima del uniforme y eran casi tan grandes como los de mi abuelo. Me alejé lo más rápido que pude de aquel lugar, mientras él seguía sobándose sus magníficos testículos.

Regresé por entre los matorrales a Velasco, llegué al campamento, y tuvieron que aceptarme; no podían dejarme volver a Holguín. Así me quedé ayudando en lo que me pedían. A unas cuantas leguas de allí vivía la tía que había comprado la finca de mi abuelo; atravesando montes, de vez en cuando la visitaba; ella me daba algo de comer y, como su marido no sim-

66

patizaba con los rebeldes, les convenía que yo, un rebelde, los visitase.

Nunca participé en un combate; ni siquiera vi un combate de lejos durante todo el tiempo que estuve con los rebeldes; esos combates fueron más míticos que reales. La guerra fue más bien de palabras. La prensa y casi todo el pueblo decían que el campo estaba tomado por miles y miles de rebeldes armados hasta los dientes. Era falso; las pocas armas que tenían eran las que le habían quitado a los casquitos —los soldados de Batista— o escopetas viejas, amarradas con alambres, que habían sido fabricadas en el siglo pasado y utilizadas por los mambises.

Estando con los rebeldes vi cometer algunos actos de injusticia que, hasta cierto punto, me hicieron dudar de la buena voluntad de aquella gente. Una vez un grupo de rebeldes fue a arrestar a un campesino que vivía con su madre; la madre daba unos gritos enormes. Su hijo había sido denunciado por «chivato», es decir, por delator. Se lo llevaron y lo fusilaron; esto es, antes de que Fidel Castro tomara el poder, ya habían comenzado los fusilamientos de las personas contrarias al régimen o que conspiraban contra él; se les llamaba «traidores»; ésa era y es aún la palabra.

Eddy Suñol, quien ordenaba los fusilamientos en aquella zona, acabó, quince años después, pegándose él mismo un tiro en la cabeza. La muerte de Suñol no fue sino un suicidio más en nuestra historia política, que es la historia del suicidio incesante.

La mayoría de los que estábamos alzados no pensábamos que la dictadura de Batista se fuera a caer tan rápidamente. Cuando se divulgó la noticia de que Batista se había marchado, muchos no la creímos. Hasta el mismo Castro fue uno de los más sorprendidos; había ganado una guerra sin que la misma se hubiese llevado a cabo. Castro tenía que estarle más bien agradecido a Batista; el dictador se había marchado, dejándole la isla intacta, y sin que Castro recibiera ni un solo rasguño. Por otra parte, Fidel Castro tampoco intentó nunca hacerle ningún atentado a Batista; se lo hizo un grupo de estudiantes casi desarmados, que murieron allí mismo, y los que se salvaron nunca llegaron al poder bajo Castro. También es oportuno recordar que el cuñado de Fidel Castro era un famosísimo batistiano; nada menos que un ministro. Aunque Batista había huido desde el 31 de diciembre de 1958, Castro se tomó bastantes días en bajar de la Sierra Maestra y llegar a La Habana; después vino la leyenda. Se encaramó a unos enormes tanques de guerra, que no le pertenecían, y llegó a La Habana rodeado de toda una enorme tropa que lo vitoreaba y del pueblo que ya estaba cansado de Batista.

Los rebeldes eran, por lo demás, guapos, jóvenes y viriles; al menos aparentemente. Toda la prensa mundial quedó fascinada con aquellos hermosos barbudos, muchos de los cuales tenían además una espléndida melena.

Bajamos de las lomas y nos recibieron como héroes; en mi barrio de Holguín, me dieron una bandera del 26 de Julio y yo recorrí la cuadra con aquella enorme bandera en la mano. Me sentí un poco ridículo, pero había alegría, resonaban los himnos y todo el pueblo se había lanzado a la calle. Seguían llegando los rebeldes con crucifijos y cadenas hechos de semillas; eran los héroes. En realidad, algunos sólo llevaban cuatro o cinco meses alzados, pero en general las mujeres y también muchos hombres de la ciudad se volvían locos por aquellos peludos; todos querían llevarse algún barbudo a su casa. A mí aún no me había salido barba, porque sólo tenía quince años.

La Revolución

La Revolución castrista comenzó después de 1959.

Y, con ella, comenzaba el gran entusiasmo, el gran estruendo y un nuevo terror. Comenzaba una verdadera cacería contra los soldados de Batista, contra los supuestos delatores, contra los militares del régimen en desgracia y contra los «tigres» de Masferrer. Masferrer era un político cubano y a la vez un gánster; términos que no se excluyen. En los últimos años se había hecho de un ejército particular; casi todos sus soldados fueron ultimados en plena calle o en las casas o en la Loma de la Cruz, a donde subían desesperados tratando de abandonar el pueblo. Todo eso sucedía mientras Masferrer huía en una lancha hacia Estados Unidos. En los primeros días, muchas personas fueron asesinadas sin que se les celebrase juicio alguno. Después se crearon los llamados «tribunales revolucionarios» y se fusilaba a la gente rápidamente: bastaba con la delación de alguien ante algún juez improvisado por el nuevo régimen. Los juicios eran representaciones teatrales donde la gente se divertía viendo cómo condenaban al paredón a un pobre diablo, que tal vez sólo le había dado una bofetada a alguien que ahora aprovechaba para vengarse; morían inocentes y culpables. Ahora morían muchas más gentes que las que murieron en aquella guerra que nunca se celebró.

A pesar de la euforia, muchos no estaban de acuerdo con aquellos fusilamientos. Recuerdo particularmente esta imagen: un hombre era conducido al paredón por haber matado a un joven revolucionario; el hombre marchaba por la carretera escoltado por soldados rebeldes que impedían que la muchedumbre lo despedazase para que, al menos, llegase vivo al paredón. De pronto apareció en la calle una mujer vestida de negro que detuvo la manifestación. Comenzó a gritar que lo castigaran, pero que no lo mataran; era la madre del joven asesinado. No le hicieron caso a aquella mujer; su petición de clemencia no contaba, sólo el nuevo orden y la necesidad de venganza tanto tiempo reprimida; el hombre fue conducido fuera de la ciudad y allí se le fusiló. Esos fusilamientos eran cotidianos.

En Holguín los juicios se celebraban en el teatro de La Pantoja, que era una enorme escuela militar creada por Batista y que ahora estaba en manos de los rebeldes. Eran juicios orales, espectaculares y fulminantes. Muchas veces se transmitían por televisión.

Han pasado más de treinta años y todavía Fidel Castro sigue celebrando esos juicios teatrales y, desde luego, de vez en cuando, también los televisa. Pero ahora Castro ya no fusila a los esbirros de Batista, fusila a sus propios soldados y a veces hasta a sus propios generales.

¿Por qué la inmensa mayoría del pueblo y los intelectuales no nos dimos cuenta de que comenzaba otra vez una nueva tiranía, aún más sangrienta que la anterior? Quizá nos dimos cuenta, pero el entusiasmo de saber que se vivía ahora en una revolución, que se había derrocado una dictadura y que había llegado el momento de la venganza eran superiores a las injusticias y a los crímenes que se estaban cometiendo. Además, no solamente se cometían injusticias. Los fusilamientos se realizaban en nombre de la justicia y de la libertad y, sobre todo, en nombre del pueblo.

El año 1960 fue todavía un año de júbilo colectivo; se seguían fusilando a los llamados «esbirros», pero la inmensa mayoría de la población, en medio de aquella euforia —hay que confesarlo— apoyaba los fusilamientos. No es posible olvidar a aquellas multitudes enardecidas, de más de un millón de personas, desfilando ante la Plaza de la Revolución —que, por cierto, no había sido construida por la Revolución sino por la tiranía derrocada— gritando la palabra «paredón». En aquel momento yo estaba integrado a la Revolución; no tenía nada que perder, y entonces parecía que había mucho que ganar; podía estudiar, salir de mi casa en Holguín, comenzar otra vida.

Obtuve una beca en lo que antes era el campamento militar de Batista llamado La Pantoja, que ahora se había convertido en una escuela politécnica. Yo tenía dieciséis años cuando comenzaron las clases; era un curso en el cual nos graduaríamos para ser contadores agrícolas. Era una nueva disciplina que el Gobierno —que ya tenía planes secretos de confiscar todas las tierras— necesitaba impartir. Creo que fue una de las primeras becas que el gobierno de Castro creó porque era un centro para formar a jóvenes comunistas. La mayoría de los que allí entramos no nos dimos cuenta, en aquel primer momento, del objetivo fundamental de aquel curso. Fuimos «captados» por toda la isla.

Yo era un adolescente encerrado en un campamento con más de dos mil jóvenes a los cuales no se nos permitía salir a la calle. Podría pensarse —yo mismo lo pienso ahora— que aquel momento era el más apropiado para que yo desarrollase mis tendencias homosexuales y tuviese múltiples relaciones eróticas; no tuve ninguna. Entonces, yo padecía todos los prejuicios típicos de una sociedad machista, exaltados por la Revolución; en aquella escuela desbordada de una virilidad militante no parecía haber espacio para el homosexualismo que, ya desde entonces, era severamente castigado con la expulsión y hasta con el encarcelamiento. Sin embargo, entre aquellos jóvenes se practicó de todos modos el homosexualismo, aunque de una manera muy velada. Los muchachos que eran sorprendidos en esos actos tenían que desfilar con sus camas y todas sus pertenencias rumbo al almacén, donde, por orden de la dirección, tenían que devolverlo todo; los demás compañeros debían salir de sus albergues, tirarles piedras y caerles a golpes. Era una expulsión siniestra, por cuanto conllevaba también un expediente que perseguiría a esa persona durante toda su vida y le impediría estudiar en otra escuela del

Estado —y el Estado ya empezaba a controlarlo todo. Muchos de aquellos jóvenes con sus camas a cuestas parecían muy varoniles. Al ver aquel espectáculo me sentía avergonzado y aterrorizado. «Pájaro, eso es lo que tú eres», volvía a escuchar la voz de mi compañero de estudios cuando estaba en la escuela secundaria y comprendía que ser «pájaro» en Cuba era una de las calamidades más grandes que le podía ocurrir a un ser humano.

Además de las depuraciones morales también se realizaban ya depuraciones políticas; todos los profesores eran comunistas y, desde luego, una de las clases más importantes era la del marxismo-leninismo. Teníamos que aprendernos al dedillo el *Manual de la Academia de Ciencias* de la URSS; el *Manual de economía política*, de Nikitin; y *Los fundamentos del socialismo en Cuba*, de Blas Roca. Desde luego, también recibíamos clases de contabilidad y, como parte del curso, teníamos que subir periódicamente al Pico Turquino en la Sierra Maestra; la Sierra Maestra era como el santuario que en peregrinación debíamos visitar cada cierto tiempo; era, y creo que lo sigue siendo, como una especie de desfile a la Meca o al Santo Sepulcro. La Sierra Maestra había sido el lugar donde se había escondido Fidel Castro hasta la fuga de Batista. Para graduarse de contador agrícola había que subir al Pico Turquino seis veces y quien no pudiera subirlo, por impedimento físico o por lo que fuese, era considerado un flojo y no podía graduarse. En realidad, era un privilegio subir solamente seis veces al Pico Turquino para graduarse de contador agrícola; recuerdo que mientras subía yo una vez, tropecé con un joven que iba casi a rastras; estaba estudiando la carrera diplomática, y para graduarse, tenía que subir el Pico Turquino veinticinco veces. No sé si llegó a ser un buen diplomático, pues no tenía muchas dotes como alpinista.

Para mí, un guajiro criado entre los matorrales y las lomas, subir aquellos montes con todos aquellos muchachos, dormir al aire libre en hamacas y bañarnos en los ríos, era una aventura. Cuando subíamos aquellas montañas cantando, nadie sospechaba que detrás de aquellas excursiones se ocultaban planes sórdidos, pero así era. A los pocos meses se nos dijo que no éramos simples estudiantes, sino la vanguardia de la Revolución y, por lo tanto, jóvenes comunistas y soldados del ejército. En las últimas excursiones ya no cantábamos lo que queríamos, sino que teníamos que cantar *La Internacional* y otros himnos comunistas. El director de la escuela era Alfredo Sarabia, un viejo militante del Partido Comunista; así, en el año 1960, mientras Castro le aseguraba al mundo que no era comunista y que la Revolución cubana era «tan verde como las palmas», ya se estaba preparando en Cuba a la juventud dentro de la doctrina comunista y además instruyéndonos militarmente, porque también recibíamos clases militares y hasta nos enseñaban a manipular armas de largo alcance.

Uno de los profesores compuso un himno a los contadores agrícolas que comenzaba diciendo que éramos «la vanguardia de la Revolución». En realidad nosotros, y los maestros voluntarios que estaban en la misma Sierra Maestra, éramos los primeros «cuadros de la Revolución», como se decía entonces. Nosotros seríamos los encargados de llevar la contabilidad y la administración en las granjas del pueblo; es decir, las granjas estatales, porque jamás pertenecieron al pueblo. Muchos de aquellos compañeros llegaron después a ser dirigentes del régimen de Castro, otros se suicidaron. Recuerdo a uno de mis amigos de Holguín que se descargó su ametralladora en la cabeza. Los que persistíamos éramos los hombres nuevos, los jóvenes comunistas que controlaríamos la economía del país.

No era fácil sobrevivir a todas aquellas depuraciones que tenían un carácter moral, político, religioso y hasta físico, además de tener que pasar todos los exámenes técnicos. De los dos mil alumnos quedamos menos de mil; desde luego, no fui yo solo quien supo ocultar su homosexualidad y su rechazo al comunismo; muchos alumnos que eran homosexuales se las arreglaron para sobrevivir; otros, sencillamente, se negaron a sí mismos. Los anticomunistas, como yo mismo, recitábamos de carretilla los manuales de marxismo; tuvimos desde temprano que aprender a ocultar nuestros deseos y tragarnos cualquier tipo de protesta. En una asamblea en el gran teatro de la escuela —el mismo donde se celebraban los juicios para fusilar a los contrarrevolucionarios— alguien le dijo al director que entre los granos del arroz se descubrían gorgojos y gusanos; el director se paró rojo de furia y llamó flojo y contrarrevolucionario a aquel joven que carecía, para él, de espíritu de sacrificio. Sarabia terminó su discurso diciendo que pronto tendríamos que aprender a comernos los gusanos y olvidarnos del arroz. El que protestó era un joven de raza china y fue expulsado de la escuela. Pero las expulsiones también tenían carácter selectivo y algunas personas eran intocables.

Sin embargo, hay que reconocer que el entusiasmo estaba todavía por encima del desencanto.

Algunos profesores, por no decir la mayoría, tenían sus relaciones sexuales con los alumnos; había uno, llamado Juan, que había tenido relaciones con un centenar de estudiantes. A veces, frente a su cuarto, los jóvenes hacían cola para templárselo; todo eso yo lo vi. Además, uno de mis compañeros, famoso por tener uno de los falos más grandes de toda la escuela, me contaba que era uno de los preferidos de aquel profesor de marxismo.

Yo creo que muchos de los jóvenes que estaban allí becados eran «bugarrones», es decir, homosexuales activos. Para ellos templarse a otro joven no era signo de homosexualidad; el maricón era el templado. Una vez hubo un escándalo enorme cuando se descubrió que más de cien becados brincaban el muro de la escuela para templarse a un maricón que venía todas las noches caminando desde Holguín a recibir a sus pretendientes. Cuando llegó Sarabia, con el ejército de sus profesores más fieles, el muchacho desnudo echó a correr y se perdió por las lomas de Holguín; los becados, aprovechando la oscuridad, desaparecieron en sus albergues. Esa noche Sarabia convocó a todos los estudiantes al teatro y pronunció un enorme discurso lleno de consignas y amenazas. Luego, se proyectó una película rusa que era nada menos que *La vida de Lenín*. Casi todas las noches íbamos al teatro a ver alguna película rusa; también comíamos mucha carne rusa. Indiscutiblemente nos adoctrinaban, pero también nos alimentaban y estábamos estudiando gratis; el gobierno nos vestía, nos educaba a su modo y disponía de nuestro destino.

En 1960 fui a La Habana. El 26 de julio Fidel Castro pronunciaba un enorme discurso y necesitaba público para llenar la Plaza de la Revolución. A nosotros, más de mil jóvenes, nos metieron en un tren cañero y llegamos a La Habana después de un viaje que duró más de tres días. Casi todos íbamos erotizados en aquel tren; los cuerpos sudorosos y pegados unos a otros. Yo también me erotizaba, pero seguía empecinado en mi absurdo machismo al que me era muy difícil renunciar por problemas de prejuicios.

Yo tenía entonces dos novias: Irene, a la que había conocido antes de entrar a la beca, y Marlene, que era ya como mi novia clásica. Se turnaban y me visitaban en la beca los domingos, que eran los días de visita. Yo entonces era muy «macho»; trataba de serlo y, aunque a veces tenía relaciones platónicas con otros muchachos, eran relaciones varoniles, relaciones de fuerza; simulacros de lucha y juegos de manos.

Llegamos a La Habana. Me fascinó la ciudad; una ciudad, por primera vez en mi vida; una ciudad donde nadie se conocía, donde uno podía perderse, donde hasta cierto punto a nadie le importaba quién fuera quién. Nos alojamos en el hotel Habana Libre, es decir, el hotel Habana Hilton, súbitamente convertido en hotel Habana Libre. Dormíamos seis o siete jóvenes en cada habitación.

Desde luego, las «locas» de La Habana se dieron banquete con aquellos becados, que llevábamos como seis meses sin tener ninguna relación sexual y que de repente llegábamos al centro mismo de La Habana. Un amigo mío, que se llamaba Monzón, me dijo que en una misma noche se templó a más de veinte locas, a diez pesos por cabeza; hizo casi una pequeña fortuna durante su estancia con aquel desfile revolucionario. Era un hombre guapísimo, bellísimo, que después ocupó varios cargos en la Revolución. Una vez tropecé con él en la calle, hace más de diez años, y me dijo que dirigía no sé qué empresa y que viajaba casi constantemente a Bulgaria y a otros países socialistas.

El caso es que aquel primer viaje a La Habana fue mi primer contacto con otro mundo; un mundo hasta cierto punto multitudinario, inmenso, fascinante. Yo sentí que aquella ciudad era mi ciudad y que de alguna manera tenía que arreglármelas para volver a ella. De todos modos, en el poco tiempo que estuvimos allí, nuestra función fue desfilar y desde luego, desfilamos frente a la Plaza de la Revolución durante todo un día; aplaudiendo, coreando las consignas típicas del momento, entusiasmados hasta cierto punto. Yo me eché una novia de paso; una muchacha de La Habana, la cual desde luego estaba desesperada por conquistar un becado, un rebelde o un campesino. Después me mandó varias cartas a la beca, a las cuales no respondí. En su última carta se mostraba insultada y decía que iba a ir a buscarme a la misma beca. Yo le di la carta a varios amigos míos y la leyeron riéndose, pero estaba aterrado de pensar que aquella mujer se apareciese a buscarme allí y fuera a darme un escándalo. Me decía que estaba en estado y que iba a tener un hijo mío, cosa insólita porque sólo habíamos frotado nuestros sexos en plena plaza pública; podía ser tan mío como de Fidel Castro.

Fidel Castro

Por cierto, hablando de Fidel Castro, esa noche después del mítin o a la noche siguiente, fue a hablar con nosotros al hotel Habana Libre. Se apareció, súbitamente, como él acostumbra a hacerlo. Estábamos en una especie de seminario político en uno de los salones más grandes del hotel y él llegó en medio de un estruendo de aplausos. Todos estábamos entusiasmadísimos con su presencia; era un honor que el Comandante en Jefe nos fuera a visitar a nosotros, simples contadores agrícolas. Nos dijo que éramos la vanguardia de la Revolución, que teníamos una enorme responsabilidad, porque nosotros íbamos a conducir las primeras granjas del pueblo. Dijo que teníamos que estar muy honrados y absolutamente politizados y revolucionarios. El discurso terminó con un aplauso enorme; desde luego, yo también aplaudí. Después me enteré de que esos discursos los hacía casi todos los días; algunos amigos míos de Holguín padecieron discursos parecidos de Fidel Castro u otros líderes enviados por él. Algunos de esos discursos eran para enviar jóvenes a pelear a Santo Domingo contra la dictadura de Trujillo; muchos murieron en esos combates.

Antes de entrar en la beca yo me había enrolado, nada menos que con mi novia Irene, en una de esas expediciones a Santo Domingo para matar a Trujillo. Pero Trujillo mató a casi todo el que fue allí con la intención de matarlo a él. Los estaba esperando en la playa misma y allí mismo aniquiló a casi toda la expedición. Me escapé de esa muerte, como había escapado también de la posibilidad de ser asesinado cuando me acerqué con un cuchillo a un casquito y éste lo que hizo fue sobarse los testículos. Me escapé también cuando estaba con los rebeldes y las tropas de Sosa Blanco rondaban aquella zona. Hasta cierto punto, hasta ahora, siempre me he escapado de la muerte, digamos que por unos pocos milímetros; ahora la cosa es diferente. De todos modos, cómo iba a pensar en la muerte entonces, si yo tenía dieciséis años y estaba rodeado de mil jóvenes tan vitales y guapos como yo, o mucho más.

Himnos

Regresamos a Holguín otra vez, entonando los himnos que habíamos cantado en la Plaza de la Revolución. Algunos con cartas o fotos de las novias que habíamos encontrado, súbitamente, en aquel desfile. Y volvíamos otra vez a subir la Sierra Maestra con nuestra hamaca, con nuestras mochilas, nuestras barras de chocolate, nuestros himnos. Nos bañábamos en el río cerca del Pico Turquino, escalábamos el Pico Turquino, disfrutábamos de aquella temperatura, para nosotros casi polar, y descendíamos corriendo, como cabras en una montaña, llenos de júbilo y de alegría. Indiscutiblemente, le habíamos encontrado un sentido a la vida, teníamos un plan, un proyecto, un futuro, bellas amistades, grandes promesas, una inmensa tarea que realizar. Eramos nobles, puros, jóvenes, y no teníamos ningún cargo de conciencia. Era extremadamente grato respirar aquel aire de las montañas, aquel olor a pino, a tierra fresca, a comida preparada al aire libre. Casi siempre nos deteníamos a descansar en un campamento llamado Minas del Frío. Era un campamento para formar maestros voluntarios. Creo que ése fue uno de los pocos campamentos de reclutamiento comunista que se hizo antes del campamento de La Pantoja, donde nosotros estudiábamos contabilidad agrícola. Aquellos jóvenes se hacían maestros voluntarios, pero en realidad lo que recibían era un adoctrinamiento comunista. Recuerdo un joven que lloraba en aquella montaña, solo; tenía una larga barba, pero sentía frío y miedo. Me dijo que en realidad no estaba aprendiendo ninguna materia pedagógica, que lo estaban adoctrinando, que tenía miedo de rajarse. «Rajarse» significaba no reunir las condiciones para sufrir aquel clima o aquel tratamiento que allí se llevaba y ser, por lo tanto, expulsado del campamento. No se rajó; lo vi una vez cuando bajaron de la Sierra y se albergaron en La Pantoja, donde yo estaba. Ya no supe qué fue de él, pero comencé a notar cierto desencanto en algunas personas, entre ellas mi propia madre.

Mi madre había regresado de Miami, cansada ya de cuidar a niños ajenos, cagones y llorones. Cuando regresó a Holguín aún era bella y joven mi madre; seguía practicando la castidad absoluta. Me fue a ver a la beca y me contó que ya prácticamente todos los productos habían desaparecido del mercado: no había jabón, no había comida, no había ropa. Yo estaba dentro de la beca y utilizaba un uniforme que me daba el gobierno revolucionario; no necesitaba otra ropa, y no le hice mucho caso a las quejas de mi madre.

Por aquellos tiempos ya habíamos aprendido un poco de contabilidad y el gobierno de Fidel Castro decidió hacer un cambio de la moneda, es decir, toda la moneda que había sido acuñada hasta esa fecha fue devaluada y se imprimieron nuevos billetes. Fue, desde luego, un golpe político magistral, pues al recaudar toda la moneda antigua se recaudaba prácticamente todo el poder que podía ejercer el dinero en manos ajenas a la Revolución y se entregaban a cambio otros papeles que tenían un valor limitado, que no servían para cambios internacionales. Además, al que tenía mucho dinero se le entregaba solamente una pequeña cantidad. Para suplir la otra parte se les daba un bono o comprobante por el que, supuestamente, se le reembolsaría mensualmente.

A mí, por una de esas cuestiones que podríamos llamar truculencias del azar, me tocó ir como uno de los empleados que debía cambiar el dinero viejo por billetes nuevos a un banco del pueblo de Velasco. Naturalmente, lo primero que hice al llegar allí fue preguntar por Cuco Sánchez y su familia. La gente no quería hablarme de eso, hasta que, finalmente, alguien me dijo que estaba preso, que a la familia le habían intervenido la bodega y que casi todos sus hijos eran «desafectos» al régimen y algunos estaban alzados. Estábamos a principios del año 1961 y ya había gente alzada. Entre ellos estaban hombres como Cuco Sánchez.

Al principio yo tenía diecisiete años y cantaba los himnos de la Revolución y estudiaba, indiscutiblemente, el marxismo; llegué a ser uno de los directores de los círculos de estudios marxistas y, desde luego, joven comunista. Yo pensaba que todos aquellos hombres que se alzaban contra Fidel estaban equivocados o locos. Creía o quería creer que la Revolución era algo noble y bello. No podía pensar que aquella Revolución que me daba una educación gratuita pudiera ser algo siniestro. Pensaba que seguramente habría elecciones y Fidel Castro sería elegido por vía democrática. Pero, si había algo seguro, era que nos estaban adoctrinando y todavía no habían comenzado las verdaderas agresiones de Estados Unidos; es decir, aquella revolución fue comunista desde el principio. Tengo que confesarlo porque yo fui una de las personas a las que se entregaron textos comunistas para que los estudiara y los divulgara. Ya habían intervenido gran parte de las propiedades privadas; sencillamente, el comunismo estaba poniéndose en práctica aunque no podía declararse oficialmente, pero todos nuestros profesores eran comunistas, los cuadros de mando eran comunistas, toda la escuela no era más que un centro comunista, como lo era el centro de maestros voluntarios de Minas del Frío; los mismos textos de alfabetización de los campesinos también lo eran. Pero estábamos tan entusiasmados que no podíamos pensar que nada grave fuera a suceder; o no queríamos pensarlo. Es casi imposible para el ser humano concebir tantas calamidades de golpe; veníamos de incesantes dictaduras, de incesantes abusos, de incesantes atropellos por parte de los poderosos y ahora era nuestro momento; el momento de los humildes.

Yo no me había olvidado de mis pretensiones literarias, a pesar de estar en aquel ambiente tan poco literario y tan sumamente politizado. Escribía grandes poemas, no sé en nombre de quién; tal vez del tiempo, de la lluvia o de la neblina, cuando la había o cuando la recordaba. Yo seguía siendo, en el fondo, aquel muchacho solitario que se paseaba por el campo, medio desnudo, cantando grandes canciones casi operáticas. Ahora las escribía en unos cuadernos que después perdí.

Finalmente me gradué como contador agrícola. Pero algo sucedió antes de mi graduación que me llenó de una enorme tristeza y que me recordó las palabras de mi abuelo. El decía siempre que el comunismo era el fin de la civilización, que era algo monstruoso. Su día más feliz fue cuando murió Stalin. «Al fin se murió ese cabrón», dijo con alegría.

La Candela

Cuando en abril de 1961 se produjo el ataque a Playa Girón, a nosotros nos reclutaron inmediatamente y nos montaron en camiones para ir a pelear, desde luego, al lado de Fidel Castro. No llegamos a ir porque mientras nos reclutaban y avanzábamos en los camiones, los invasores habían sido derrotados. Volvimos pues para nuestra beca y en el gran teatro donde se realizaban todos los espectáculos y todas las noches veíamos una película soviética, se proyectó en un televisor la imagen de Fidel Castro y desde luego escuchamos su discurso. Escuché allí aquella afirmación que él antes había negado; escuché decir que habíamos hecho una revolución socialista, que éramos socialistas. Súbitamente, lo que se había escondido durante dos años se revelaba de golpe; éramos socialistas, éramos sencillamente comunistas.

Lo que más me impresionó fue la reacción de los que estábamos en aquel teatro. Los mil jóvenes, los cientos de profesores y empleados de aquel local, todos, se lanzaron a la explanada y a la calle central de los edificios de la beca, y empezaron a gritar consignas comunistas. La más popular fue aquella que decía: «Somos socialistas pa'lante y pa'lante y al que no le guste, que tome purgante».

Indiscutiblemente, todo aquello se había venido planificando casi desde el principio de la Revolución; las consignas comunistas, los textos comunistas, el momento más propicio para lanzar públicamente la declaración del carácter comunista de la Revolución. Y de pronto, en medio de aquella ola de jóvenes que gritaban consignas, yo me vi envuelto, arrastrado, marchando y cantando como los demás. Al principio no lo hice, pero tampoco protesté. Creo que algunos amigos míos de Holguín tenían también en su rostro la misma angustia o el mismo desencanto que yo, pero, desde luego, no nos dijimos nada. A los pocos minutos ya estábamos en medio del desfile, repitiendo aquellas consignas que se hacían cada vez más vulgares y ofensivas contra el «imperialismo norteamericano», y contra no se sabe cuántos miles de enemigos súbitamente descubiertos. Aquello, poco a poco, se fue convirtiendo en una especie de conga, en un carnaval grotesco donde todos, mientras movían las nalgas, hacían los gestos más eróticos y groseros. De manera insólita, toda aquella multitud había pasado en menos de un minuto del socialismo al comunismo.

Al frente de aquella comitiva estaban los profesores, los reeducadores, los guías ideológicos y Alfredo Sarabia. Comprendí que en realidad habíamos pasado un año encerrados como en un monasterio, donde imperaban nuevas ideas religiosas y, por lo tanto, nuevas ideas fanáticas. Habíamos sido adoctrinados en una nueva religión y, una vez graduados, saldríamos a esparcir aquella nueva religión por toda la Isla; éramos los guías ideológicos de una nueva forma de represión; seríamos los frailes que diseminarían por todas las granjas estatales de la Isla la nueva ideología oficial. La nueva Iglesia tendría en nosotros sus nuevos monjes y sacerdotes, además de su policía secreta.

El ambiente de la Revolución no permitía discrepancias; imperaban el fanatismo y la fe en un futuro «luminoso», como repetían incesantemente sus líderes. Este fanatismo llegó a la cúspide con el desarrollo de lo que se llamó la ORI, es decir, Organizaciones Revolucionarias Integradas. La chusmería y la vulgaridad, que fueron elementos estimulados por la Revolución, estuvieron presentes, lógicamente, en aquellas organizaciones. Una consigna decía: «La ORI es la candela; no le diga ORI, dígale Candela». Y al son de aquellas canciones, de aquellos gritos, todo el mundo movía las nalgas, giraba y cantaba.

En realidad, detrás de la ORI lo que estaba era el Partido Comunista, como es natural, y Fidel Castro se dio cuenta de que estas organizaciones integradas querían eliminarlo a él mismo y tomar el poder; es decir, los viejos comunistas querían desplazar a Castro y ser ellos los líderes. Pero, si alguna fidelidad le ha tenido Fidel Castro a alguien, es a Fidel Castro. Más adelante se celebraron juicios y se condenaron a algunos de esos señores a treinta años de prisión. Y Castro se declaró marxista, y dijo que siempre había sido comunista; que su formación había sido marxista-leninista y pasó él a ser «la Candela», pasó a ser la ORI, el jefe de todas las «organizaciones integradas».

Terminé mi curso de contador agrícola y, antes de ir para la granja que me habían señalado, la William Soler, cerca de Manzanillo, en el extremo sur de la provincia de Oriente, pasé unos días en la casa de mi abuelo.

El teatro y la granja

A mi abuelo ya le habían intervenido la pequeña bodega con la cual sobrevivía, y ahora se pasaba el tiempo recostado en un taburete contra la venduta cerrada, hablando solo. No leía ya el periódico, ni tampoco la revista *Bohemia,* que ya no era tampoco aquella revista liberal, desenfadada, crítica, que mi abuelo nos leía allá en el monte. Para esta fecha no era otra cosa que un instrumento más en manos de Castro y de su nuevo régimen. La prensa ya estaba casi completamente controlada. La libertad era una cosa de la que se hablaba casi incesantemente pero que no se ejercía; había libertad para decir que había libertad o para ensalzar al régimen, pero jamás para criticarlo.

Uno de los acontecimientos quizá más monstruosos que sucedió por aquella época fue el famoso juicio contra Marcos Rodríguez; un joven que de pronto se vio acusado de haber sido delator cuando Batista. En este juicio se vieron involucrados varios dirigentes de la Revolución que, para «limpiarse», atacaron violentamente a Marcos Rodríguez. Nunca se sabrá si fue cierto o no que Marcos Rodríguez delató a unos estudiantes de la Universidad de La Habana a quienes la policía de Batista había asesinado. Lo que sí fue obvio fue la grandilocuencia y teatralidad, tan características de Fidel Castro, en medio del juicio. Aquellos juicios donde se condenaba a muerte a una persona eran, realmente, espectáculos teatrales. Habíamos vuelto a la época de Nerón; a la época en que las multitudes se saciaban viendo cómo se condenaba a muerte o se asesinaba a un ser humano ante sus ojos.

Fidel Castro no sólo era y es el Máximo Líder, sino también el Fiscal general. En una ocasión en que un tribunal honesto no quiso condenar a una serie de aviadores que habían sido acusados de bombardear la ciudad de Santiago de Cuba, cosa que en realidad nunca hicieron, Fidel se erigió como fiscal y los condenó a veinte y treinta años de prisión. El juez barbudo que los había declarado inocentes se suicidó. Todo esto ya nos daba la medida de lo que era aquel nuevo régimen. Sin embargo, todavía había ciertas esperanzas; siempre hay ciertas esperanzas, sobre todo para los cobardes. Yo era uno de ellos; uno de esos jóvenes cobardes o esperanzados que aún pensaban que aquel gobierno podía ofrecerles algo.

A finales de 1961 yo fui para mi primera granja a contar pollos, a inventariar las nuevas propiedades que el Estado había intervenido y llevar una contabilidad donde nunca se sabía el precio de nada, ni de dónde habían salido ninguna de aquellas propiedades. Por otra parte, el hurto que incesantemente realizaban los mismos funcionarios de la granja hacía imposible mantener al día aquellos libros donde nunca cuadraban las cifras y donde sólo se reflejaba una cosa: que las pérdidas eran mucho mayores que las ganancias.

La granja era un territorio vasto y aburrido donde, en medio de gallinas ponedoras y el estruendo incesante de los gallos, imperaba el tedio de gente que trabajaba por un sueldo miserable. Era hasta cierto punto patético ver a los campesinos trabajar ahora en una tierra que ya no les pertenecía; ya no eran campesinos y mucho menos propietarios, eran jornaleros a los que no les importaba el rendimiento de su trabajo ni la calidad del mismo. También venían obreros que después del trabajo se iban en camiones hacia los pueblos donde vivían. Pero era imposible realizar un trabajo agrícola o la cría de animales con personas ajenas a esa especie de misterio que es la reproducción o el cultivo de las plantas. La planta sabe quién la ama o quién la desconoce; no crece y fructifica cuando es una persona inexperta la que la tiene bajo su cuidado. Sólo las personas que han vivido en el campo y aman la naturaleza y conocen sus secretos están capacitadas para cultivar la tierra. Cultivar la tierra es un acto de amor, es una acción legendaria; la planta y la semilla requieren una complicidad tácita con quien las cultiva.

En aquella granja yo ganaba setenta y nueve pesos, y le daba parte a mi madre. La situación económica en mi casa seguía siendo grave, más ahora con la intervención de la bodega de mi abuelo, al que se le había prometido el pago de una indemnización.

Creo que era de treinta pesos al mes, pero había que llenar incesantes papeles y esperar no se sabe cuánto tiempo. Otra vez nuestra compañera más íntima era el hambre. La gente llegaba a la granja rogando porque les vendieran huevos y pollos; algunos ofrecían pagar lo que les pidieran por un pollo, pero se les negaba la venta porque una granja «del pueblo» no podía vender a particulares. Una vez llegó un hombre en un auto y cuando se le negó la venta, abrió la boca y dijo: «Aquí tengo un cáncer». Tenía una lengua horrorosa, morada, gigantesca. El jefe de la granja creo que le vendió dos pollos.

Raúl

Los fines de semana yo regresaba a Holguín. El viaje de la granja a Holguín era bastante complicado, pues la granja estaba en un lugar retirado a un costado de la Sierra Maestra. Había que echar a caminar, salir a un camino real y esperar a que algún vehículo pasase y lo llevase a uno hasta Bayamo; allí había que tomar una guagua, o lo que fuera, para Holguín. Por suerte cerca del parque pude tomar «un bote». Se le llamaban «botes» a los taxis particulares que por aquella época todavía existían (luego Fidel Castro en un largo discurso condenó a los «boteros», diciendo que eran la negación del socialismo, que ganaban miles de pesos al día y que se iban a volver millonarios y contrarrevolucionarios). En el automóvil había un joven bastante guapo que empezó a hablar conmigo mientras el taxista buscaba más clientes para llenar el «bote». Me dijo que se llamaba Raúl y que vivía en Holguín, aunque trabajaba en Bayamo. Cuando el taxi se llenó, Raúl se pegó a mi lado. Fue oscureciendo. Raúl puso su mano sobre mi pierna y la fue deslizando hasta mi sexo. Yo retiré violentamente aquella mano y él, tal vez aterrorizado por el temor de que yo pudiera dar un escándalo, no volvió a mirarme ni me dirigió la palabra durante todo el viaje. Pero cuando ya íbamos llegando a Holguín, yo mismo le tomé la mano a Raúl y la llevé hasta mi sexo. Creo que él se sintió un poco sorprendido; yo estaba absolutamente erotizado y él empezó a frotarme el sexo, allí en medio del auto lleno de gente. No sé si se dieron cuenta y estaban disfrutando del espectáculo, pero de todos modos era ya de noche cerrada; una noche de ésas, absolutamente negras, de las carreteras cubanas donde no hay tendido eléctrico. Eyaculé antes de llegar a Holguín; fue una liberación, lo confieso. Al fin, había llegado un momento así, tanto tiempo esperado y a la vez rechazado por mí. Recuerdo que Raúl me limpió con su pañuelo; todo esto en el automóvil a oscuras.

Al llegar al Parque Calixto García donde el auto terminaba su viaje, yo me bajé y lo mismo hizo Raúl. El trató de hablarme, tal vez para hacer una cita o darme su número telefónico o algo por el estilo, pero yo le di la espalda y eché a correr y no paré de correr hasta mi casa, que estaba en un lugar bastante remoto en el barrio de Vista Alegre, a las afueras de Holguín.

Llegué a mi casa y allí estaba mi madre, mi prima inválida Marisela, mis abuelos, mis tías. Yo temía que vieran en mi rostro lo ocurrido. Había una sensación de felicidad, una alegría, que mi madre notó, pues, después de todo, no había ningún motivo para estar alegre. Yo tenía en ese momento hasta sentido del humor y un enorme apetito. En realidad, estaba satisfecho y había logrado una plenitud antes no experimentada.

Al otro día por la tarde fui al Parque Central de Holguín a donde iba toda la juventud. Pensaba que por allí debía de estar Raúl y, en efecto, después de darle dos o tres vueltas al parque me tropecé con él. Me saludó como si nada hubiera pasado y me invitó a tomar un trago en un bar que estaba allí cerca, en la calle Libertad. Para mí fue un descubrimiento aquel bar, que en realidad era un bar para homosexuales. Había allí una gran cantidad de hombres; unos muy machos, otros extremadamente femeninos, pero el ambiente y la camaradería eran de absoluta complicidad. Aún en aquel momento existían esos sitios en Holguín y en todas partes de la Isla. Luego desaparecieron.

Mis aventuras eróticas con Raúl se desarrollaban todos los fines de semana en los hoteles del pueblo. Todavía en aquel momento dos hombres tenían la posibilidad de poder alquilar una habitación de hotel y pasar la noche juntos; los hoteles Patayo, Tauler y Expreso fueron escenario de nuestra pasión adolescente. Disfrutábamos en aquellas camas chirriantes, a veces con sábanas sucias; pero nuestra pasión no se fijaba en esas cosas.

Mi familia comenzó a notar que esas ausencias eran un poco misteriosas; si yo iba solamente una vez por semana a Holguín y pasaba la noche fuera de la casa, era porque algo raro estaba pasando. Creo que desde entonces empezaron a sospechar que yo tenía relaciones con algún hombre pero, desde luego, no había ninguna prueba. Quizá lo que más le molestaba a mi madre era que a mi regreso se me veía muy alegre y parece que hasta mi rostro se había transformado un poco; era más terso. Mi alegría era como una ofensa para aquella casa, llena de mujeres abandonadas y de dos viejos ya un poco amargados. Pero yo por las noches vivía muy intensamente y no podía ocultar mi felicidad. Llegué a enamorarme de Raúl, pero él no lo estaba de mí; yo era un capricho, un joven guajiro al que él había iniciado, prácticamente, en las relaciones sexuales, si se tiene en cuenta que mis relaciones infantiles con mi primo Orlando habían sido simples juegos, muy lejos de la eyaculación y de todos los misterios del erotismo. Raúl se aburrió de mí y creo que en determinado momento me lo dijo o por lo menos me lo sugirió. Para mí fue un duro golpe; él era mi primer amante y sólo había durado tres o cuatro meses. Tenía yo en aquel momento un concepto distinto de las relaciones sexuales; quería a una persona, quería que esa persona me quisiera y no pensaba que uno tenía que buscar, incesantemente, en otros cuerpos lo que ya había encontrado en uno solo; quería un amor fijo, quería lo que tal vez mi madre siempre quiso, es decir, un hombre, un amigo, alguien a quien uno perteneciese y que le perteneciera. Pero no fue así, ni creo que pueda ser posible, por lo menos en el mundo homosexual. El mundo homosexual no es monogámico; casi por naturaleza, por instinto, se tiende a la dispersión, a los amores múltiples, a la promiscuidad muchas veces. Era normal que en aquellos momentos yo no lo viera de ese modo; había perdido a mi amante y me sentía completamente desilusionado. Además, mi estancia en aquella granja era cada vez más aburrida, y ahora, sin la ilusión de encontrarme con Raúl y hacer el amor. No pensaba que pudiera hallar otro amante, ni tampoco era lo que quería.

En aquel momento el gobierno revolucionario convocó a los contadores agrícolas, por medio de la prensa, para que todos aquellos que quisieran se presentaran a un curso de planificación en la Universidad de La Habana. Sencillamente, había que enviar una solicitud y después, en caso de ser aprobada, mandaban un telegrama con la aceptación. A mí me enviaron el telegrama y tenía que presentarme en el Hotel Nacional en una semana. No lo pensé. Dejaba atrás una granja llena de gallinas escandalosas, un mundo lleno de gente inconforme, maloliente, desarrapada y mal pagada, unos amores frustrados y un pueblo como Holguín, ajeno a todo lo que fuese la belleza tanto espiritual como arquitectónica.

Cuando llegué al Hotel Nacional me encontré con el hecho de que casi todos los jóvenes que se habían graduado como contadores agrícolas estaban allí; todos habían decidido estudiar planificación con la esperanza de poder dejar la granja donde se encontraban como contadores y algunos ya como administradores. No era para menos, aquellos sitios eran espantosos. A la hora de pagarle a los trabajadores siempre se armaba un escándalo enorme; decían que se les habían robado horas, que el listero no había reportado su trabajo. Por cierto, en todas aquellas granjas había algún técnico soviético; el de la mía se llamaba Vladimir y era el típico ruso campesino: no sé si sabía o no de pollos, pero era el dirigente ideológico de la granja. Vladimir era, creo, absolutamente casto; vivía con otros rusos en un chalet. En realidad, todo aquel engranaje de las granjas del pueblo estaba dirigido por los soviéticos; nosotros éramos instrumentos que realizábamos una labor secundaria y los rusos determinaban lo que debía o no hacerse. Sin hablar ni siquiera español, en la mayoría de los casos, aquellos rusos se habían convertido en los jefes de los guajiros cubanos.

En el Hotel Nacional estábamos todos esperando hacer unos exámenes selectivos, ya que solamente iban a dejar a unos cincuenta jóvenes para estudiar planificación. Afortunadamente, fui uno de los cincuenta en aprobar aquel curso en la Universidad de La Habana y los seleccionados fuimos a vivir al hotel Habana Libre. A mí me tocó dormir en una habitación con Pedro Morejón, un estudiante medio deforme y absolutamente extremista, y con Monzón, el experto en chulear a los homosexuales; guapo como era, siguió viviendo de eso y me contaba sus aventuras con los bailarines del Ballet Nacional, que le pagaban hasta treinta pesos por mamarle la pinga; para él aquello era una sorpresa, pues además del placer enorme del que disfrutaba, era bien pagado.

Yo me mantenía aún fiel al recuerdo de Raúl, y además sentía mucho miedo de que fuera descubierta mi condición homosexual en La Habana, aunque allí, en aquel momento, todavía no había una vigilancia excesiva. Por lo demás, las clases en la universidad nos llevaban todo el día; eran clases de economía política, trigonometría, matemáticas, planificación. El director del curso era Pedro Marinello, creo que sobrino o hermano de Juan Marinello. Más tarde Pedro Marinello desapareció; decían que era agente de la CIA, que era la etiqueta que le pegaban, desde entonces, a cualquiera que disentía del régimen de Fidel Castro.

Tuvimos un magnífico profesor de geografía económica que hablaba, sin embargo, de todo menos de esa materia. Nos contaba de sus viajes por el mundo, por Africa, por el desierto, cómo cabalgaba en un camello que no quería caminar ni para atrás ni para «alante». Hablaba de sus experiencias amorosas en París, de las mujeres que lo habían amado, hablaba de literatura, nos citaba a los grandes escritores. Era un humanista, un hombre con sentido artístico. Se llamaba Juan Pérez de la Riva. Más tarde cayó en desgracia, e intentó suicidarse varias veces sin fortuna. Venía de una familia millonaria y era uno de los cuadros de la Revolución. Fue uno de los pocos de su familia que había aceptado el cambio social y se había quedado en Cuba. Podía ir a París y ver a su familia, pero cada vez que iba, se tiraba de un puente con la esperanza de suicidarse y nunca lo logró. Era un hombre siempre enamorado de las alumnas y sin suerte con ellas. Su esposa, Sara, era también profesora y bibliotecaria de la universidad; creo que lo quería y por eso le toleraba aquellos amoríos. Finalmente, encontró a una muchacha que se enamoró de él, y entonces, súbitamente, a Pérez de la Riva le salió un cáncer en la garganta. Ya no quería morirse, pero murió entonces. No tuvo que suicidarse.

El gobierno de Fidel Castro descubrió que no era rentable tenernos a nosotros viviendo en el hotel Habana Libre, existiendo huéspedes mucho más distinguidos que alojar en aquellas habitaciones. Por lo demás, la mayoría de nosotros éramos guajiros y no sabíamos bien cómo cerrar una pila de agua, o como dar con el agua caliente y la fría a la vez; algunas alfombras se inundaron, algunos pisos se convirtieron casi en piscinas en el antiguo Habana Hilton. Lo menos que imaginó nunca el señor Hilton fue que algún día aquel lujoso hotel se llenaría de guajiros que no sabían ni siquiera cómo funcionaban las duchas.

Nos llevaron para unos albergues en Rancho Boyeros y de allí nos trasladaban en camiones hasta la Universidad de La Habana. Allí pude comprobar que muchos de mis condiscípulos tenían relaciones sexuales entre sí, que algunos lo hacían abiertamente; había como una tolerancia secreta por parte de los demás. Allí también se llegaba a hablar de Sartre. Recuerdo que acostado en una litera me leí por primera vez *Aire frío,* de Virgilio Piñera.

Uno de mis mejores amigos era Roberto Bolívar, hijo de Natalia Bolívar, una vieja militante socialista que desde luego estaba muy integrada al carro de la Revolución castrista. Bolívar me confesó abiertamente que era homosexual y me contaba sus aventuras con los jóvenes allí, en Rancho Boyeros, invitándome a participar en esas aventuras, a lo cual yo me negaba rotundamente; no quería hacer vida pública homosexual, pues aún pensaba que tal vez yo podía «regenerarme»; ésa era la palabra que utilizaba para argumentarme que yo era una persona con un defecto y que tenía que suprimir ese defecto. Pero la naturaleza y mi autenticidad estaban por encima de mis propios prejuicios.

Un día fui con Bolívar a la Biblioteca Nacional. En el departamento de música me presentó a todos sus amigos; todos eran homosexuales. Algunos me hicieron proposiciones y yo las rechacé ofendido, pero a la noche siguiente volví de nuevo a aquel mismo lugar.

El gobierno revolucionario no sólo quería que estudiáramos

planificación, sino también nos hacía trabajar para que nos pagáramos de alguna manera las clases. Así, me llevaron a trabajar al INRA, es decir, al Instituto Nacional de la Reforma Agraria, en un edificio construido por Batista, como la Plaza de la Revolución (desde donde habla Fidel Castro) así como todos los edificios que la rodean, inclusive el mismo Palacio de la Revolución. Al principio dirigía el INRA Carlos Rafael Rodríguez y después el propio Castro. Roberto Bolívar y yo alquilamos una habitación en una casa de huéspedes cerca de este lugar. En las habitaciones dormíamos tres o cuatro hombres; era como un sitio de una novela picaresca de Quevedo o de Cervantes. Incesantemente, había un tráfico de gente que entraba y salía; gente de paso que cualquiera «levantaba» en la esquina y traía a acostarse a la cama. A veces no se podía dormir con los estruendos eróticos que realizaba Bolívar en la cama de al lado; siempre hallaba algún tipo cerca de la casa y pasaba la noche entre unos gorjeos realmente alucinantes.

El hambre era grande, porque con setenta y nueve pesos no teníamos para poder pagarnos un almuerzo y una comida diaria. Por eso de noche nos levantábamos y asaltábamos a tientas el refrigerador de Cusa, la dueña de la casa de huéspedes. Rápidamente, ella se dio cuenta de nuestros robos y le puso un candado, pero nosotros nos las arreglamos para abrir el candado y comer lo que allí hubiese. Por último, Cusa le puso unas rueditas al refrigerador y lo escondía en su propio cuarto. Cusa era una vieja enorme, blanca y corpulenta, que podía darse el lujo de arrastrar aquel refrigerador gigantesco todas las noches hasta su habitación.

La situación económica también nos hacía cambiar de casa con bastante frecuencia; en un año recuerdo haberme mudado once veces. Era el año de 1963 y ya se agudizaban las persecuciones sexuales; muchos de los amigos de Roberto Bolívar ya habían pasado a los campos de concentración de la UMAP,* pero yo todavía no era un homosexual confeso. No tenía relaciones de ningún tipo y vivía reprimido, escuchando los estertores y los espasmos de Roberto y su *partenaire,* mientras yo, solitario, me masturbaba.

* Unidad Militar de Ayuda a la Producción. *(N. del E.)*

94

Oneida Fuentes, madre de Reinaldo Arenas, a los 15 años. *Archivo State of R.A.*

Reinaldo Arenas con 12 años. *Archivo State of R.A.*

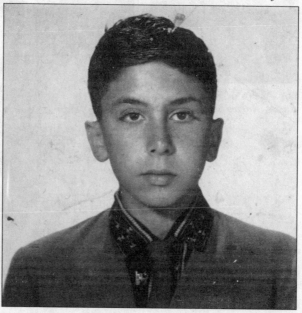

El autor a los 16 años. *Archivo State of R.A.*

La Habana, agosto de 1969.
© Liliane Hasson

Los abuelos de Reinaldo Arenas. *Archivo State of R.A.*

En el Parque Lenín, agosto de 1974. *Archivo State of R.A.*

Poco después de la llegada a Miami (1980).
Archivo State of R.A.

Con su madre, en Miami. *Archivo State of R.A.*

Excursión a las Montañas Rocosas, Colorado, en 1982. De izquierda a derecha: Lázaro Gómez, Reinaldo Arenas y Roberto Valero. © María Badías

París 1983: reunión en casa de los Camacho. De izquierda a derecha: Ricardo Porro, arquitecto, Ramón Alejandro, pintor, Jorge Camacho, pintor, Reinaldo Arenas y Néstor Almendros, fotógrafo y cineasta. © Margarita Camacho

«Yo vivía ahora mi tiempo perdido y de nuevo recobrado...» Excursión al Niágara. *Archivo State of R.A.*

Con Margarita Camacho. Nueva York, 1988.
© Jorge Camacho

Con Jorge Camacho en Sevilla en 1989.
© Margarita Camacho

Reinaldo Arenas y Jorge Camacho imitando la irritación de Fidel Castro al recibir la carta en la que se exige un plebiscito. Los Pajares, Huelva, 1988. © Margarita Camacho

Escribiendo *Antes que anochezca,*
Los Pajares, Huelva, 1989.
© Margarita Camacho

«¡Oh Luna! Siempre estuviste a mi lado, alumbrándome en los momentos más terribles...» Los Pajares, Huelva, 1989. © Margarita Camacho

En mayo de 1990. *Archivo State of R.A.*

En noviembre de 1990, un mes antes de la muerte. © Lázaro Gómez Carriles

En Cuba se realizaba ese tipo de «fleteo» típico que tal vez se hacía en cualquier otro lugar del mundo; uno caminaba unas cuadras y un joven seguía caminando detrás de uno; uno se paraba en la esquina y él se paraba un momento; después uno echaba a caminar otra vez y el joven seguía caminando detrás y, finalmente, el fósforo, la hora, el tiempo, la usual pregunta de si uno vive cerca. Así conocí a un joven y lo llevé a mi cuarto. Era un hombre guapo, tal vez de dieciocho o veintiún años, con más experiencia que yo. Hasta ese momento yo, en las pocas relaciones que había tenido, hacía el papel de activo, pero este joven no estaba dispuesto a eso; él quería poseerme y realmente lo hizo con tal maestría que lo logró, y yo disfruté de aquel logro. Se llamaba Miguel, y después de aquel día nos vimos a menudo; tenía hasta un automóvil, cosa difícil ya en aquella época, e íbamos a la casa de unos amigos o salíamos por las afueras de la ciudad. Ya los hoteles se hacían muy difíciles en La Habana para dos hombres. Cuando, desaforadamente, realizábamos el amor, Miguel siempre me poseía y yo pasé de activo a receptor y esto me satisfacía plenamente.

Con Miguel conocí el mundo de la farándula habanera; las grandes putas que bailaban en Tropicana o en el cabaret llamado Nocturno, que estaba situado donde ahora está Coppelia. Aquellas mujeres, algunas muy bellas, tenían relaciones con comandantes o altos dirigentes del gobierno y podían tener una residencia cerca del Malecón o en Miramar. Recuerdo una fiesta, un día de san Lázaro, en la casa de una de ellas. Fue una fiesta enorme, donde estaba toda la gente de la farándula; hasta la misma Alicia Alonso fue allí y tocó un san Lázaro inmenso iluminado. Las cantantes famosas, como Elena Burque y todas las demás, estaban allí también. Miguel era muy conocido dentro de aquel mundo y yo me sentía un poco extraño siendo el amante de aquel personaje.

Por las noches íbamos a algún cabaret, ya fuera Tropicana o el cabaret de los hoteles Capri, Habana Libre, Riviera. Martha Estrada era la estrella del momento y, desde luego, Miguel era su amigo.

El 31 de diciembre de 1963 lo pasamos juntos. A las doce de la noche Miguel me abrazó llorando y me dijo: «Es increíble que ya Fidel lleve cuatro años en el poder». Infeliz: pensaba que aquel tiempo era demasiado. El terminó arrestado y llevado a uno de los campos de concentración de la UMAP. No lo volví a ver nunca más, ni siquiera en el exilio he vuelto a saber de él. A veces pienso que lo mataron en el campo de concentración; era colérico, indisciplinado y amante de la vida.

Con la pérdida de Miguel volví a deambular por las calles de La Habana. Un día conocí a un hombre de cierta edad; se mostró muy amable y me llevó a su casa. Era pintor y se llamaba Raúl Martínez. Se convirtió en mi amante y yo volví de nuevo a hacer mi papel activo en el sexo, que era lo que complacía a Raúl y, por otra parte, yo me sentía bien de cualquier manera si la persona me gustaba. Raúl era una especie de padre para mí; me enseñaba cosas que yo desconocía en arte, en pintura, en literatura. Vivía con alguien que había sido su amante y ahora era su amigo; un dramaturgo de segunda categoría que en aquel momento gozaba de cierta fama, porque había hecho unas melopeas más o menos laudatorias al régimen. Abelardo Estorino se llamaba.

Yo me quedaba en la casa de Raúl y Estorino. Raúl tenía además, un estudio en la Casa de las Américas a donde yo lo iba a visitar también, y allí, entre los lienzos, hacíamos el amor, a sólo unos pasos de Haydée Santamaría, que más tarde terminó pegándose un tiro en la cabeza, pero que por entonces reinaba en ese mismo edificio.

La Biblioteca

Yo seguía escribiendo poemas, aprovechando las máquinas de escribir del INRA y ese tiempo muerto que existe en toda actividad burocrática, garabateando papeles con poemas que creo eran verdaderamente malos. Se los enseñé a Raúl, que tenía conocimientos literarios, y me confesó que eran francamente horribles, pero yo seguía escribiendo.

En 1963, la Biblioteca Nacional convocó un concurso para narradores de cuentos. Yo siempre aprovechaba la hora del almuerzo para ir a leer algún libro a la Biblioteca Nacional, que quedaba muy cerca del INRA, y leí la convocatoria. La persona que quisiera presentarse al concurso tenía que aprenderse algún cuento de memoria, de algún escritor conocido, y narrarlo. De acuerdo con sus dotes como narrador sería o no elegido por el comité encargado de hacer la selección. Yo busqué algún cuento que durara cinco minutos, tiempo máximo que debía durar la narración. No lo encontré y decidí escribirlo yo mismo. Lo titulé «Los zapatos vacíos». Tenía sólo dos páginas y su lectura duraba tres minutos y medio. Me presenté a aquel comité integrado por cinco hombres, de apariencia muy respetable, y una viejita que parpadeaba todo el tiempo, y narré mi cuento. Ellos se quedaron impresionados; no por mi manera de narrar, sino por el cuento mismo. Me preguntaron quién era el autor. Y dije que yo; que lo había escrito el día anterior, y saqué entonces de mi bolsillo el cuento y se lo entregué a uno de ellos.

Al otro día recibí un telegrama donde decían que estaban muy interesados en hablar conmigo y que pasase por la Biblioteca Nacional. Lo firmaba un señor llamado Eliseo Diego. Me presenté allí y conocí a Eliseo Diego. También conocí a la viejita que parpadeaba, María Teresa Freyre de Andrade, que era la directora de la Biblioteca Nacional; allí estaban también Cintio Vitier y su esposa Fina García Marruz. Formaban una especie de aristocracia culta. En aquel momento todos ellos (incluso Salvador Bueno) eran personas consideradas un poco desafectas al régimen, y María Teresa, que era una mujer magnánima, los había protegido. Les había dado un cargo en la Biblioteca y allí trabajaban, o simulaban que trabajaban, mientras cobraban un sueldo y podían escribir sus poemas.

María Teresa comisionó a la subdirectora de la Biblioteca Nacional, una mujer gigantesca y hombruna, llamada Maruja Iglesias Tauler, para que hablase con el director de mi trabajo en el INRA y lograse mi traslado a la Biblioteca Nacional. Para poder trasladar un empleado de un lugar a otro eran necesarios, ya en aquella época, largos trámites burocráticos, pero Maruja Iglesias, por suerte, siempre fue muy ducha en esos trámites; creo que hoy es una alta dirigente del Ministerio de Relaciones Exteriores. Esta mujer, casualmente, había sido la dueña de aquel hotel Tauler en que Raúl y yo hacíamos el amor, desenfadadamente, en Holguín.

Se logró el traslado y yo, súbitamente, dejé los predios de Fidel Castro, las cuentas, los números, las máquinas de sumar y aquella incesante letanía de nombres y cifras que había que repetir y corregir, y me interné en aquel mundo mágico de la Biblioteca Nacional que en aquel momento aún gozaba de esplendor bajo la dirección única de María Teresa Freyre de Andrade.

Esta mujer pertenecía a una familia aristocrática de tradición revolucionaria. Había sido educada en París y había creado la Biblioteca Nacional, que funcionaba de maravilla bajo su dirección. Pasar a trabajar en aquel lugar fue decisivo para mi formación literaria. Mi trabajo consistía en buscar los libros que las personas solicitasen, pero siempre había tiempo para leer. Por otra parte, en las noches que tenía que hacer guardia, cosa ésta que ya se había impuesto en todos los centros de trabajo, disfrutaba del placer mágico de escoger cualquier libro al azar. Mientras caminaba por entre todos aquellos estantes, yo veía cómo destellaba desde cada libro la promesa de un misterio único.

Eliseo Diego trataba de orientarme en las lecturas infantiles y Cintio Vitier me decía que tenía que cuidarme mucho de obras como las de Virgilio Piñera y otros autores por el estilo; me hacían una censura culta y delicada. En aquel momento, no aprobaban el régimen y me decían horrores de Fidel Castro y de la tiranía que había impuesto; querían abandonar el país, pero o tenían muchos hijos o no podían hacerlo. Eliseo Diego decía: «Yo, el día que tenga que escribir una oda elogiando a Fidel Castro o a esta Revolución, dejo de ser escritor».

Más adelante, sin embargo, tanto Cintio como Eliseo se convirtieron en voceros del régimen de Fidel Castro. Y no una, sino decenas de odas, ha escrito Eliseo en homenaje a Fidel Castro y a su Revolución. Cintio ha hecho lo mismo o tal vez cosas peores. Quizá por eso hayan dejado de ser ya escritores; pero en aquel momento eran personas sensibles que, indiscutiblemente, influyeron en mi formación literaria. Eliseo me regaló su libro *En la Calzada de Jesús del Monte,* el cual considero como uno de los mejores de la poesía cubana. Cintio ejercía la crítica, siempre más bien con características monjiles, pero era culto y de todos modos valía la pena hablar con él. Fina era una poeta muy superior a su esposo, pero siempre ocupaba un segundo plano con relación a él, de acuerdo con la tradición española y católica que ella representaba; era la mujer paciente, sumisa, resignada, casta; el que brillaba era Cintio, y ella parecía ser solamente la esposa obediente.

Yo aprovechaba la Biblioteca al máximo. María Teresa había tenido la sabiduría de hacernos trabajar sólo cinco horas. Yo empezaba a trabajar a la una, pero me iba desde las ocho de la mañana para aprovechar aquel salón vacío y escribir; allí escribí *Celestino antes del alba.* Me leí casi todos los libros que poblaban aquella enorme biblioteca.

Después las cosas fueron cambiando; para mal, como es lógico. Se decía que la Biblioteca Nacional era un centro de corrupción ideológica, que María Teresa no era fuerte y había llenado aquel sitio de lesbianas; no sé si era verdad o no, pero se decía que la propia María Teresa era lesbiana y que todas las mujeres que allí trabajaban también lo eran. Algunas eran, realmente, bastante varoniles, pero creo que practicaban una especie de lesbianismo platónico. Se reunían en el apartamento bastante lujoso de Maruja Iglesias o en la residencia de María Elena Ross, que estaba casada con un pariente de Fidel Castro, pero era para tomar refrescos, bañarse en la piscina o hablar del ídolo literario de entonces, que era Alejo Carpentier con su novela *El siglo de las luces.*

Una vez hubo un escándalo en plena biblioteca. Dos bibliotecarias reconocidas habían sido descubiertas en el baño, desnudas y haciendo el amor. Aquellas mujeres fueron llevadas ante María Teresa, que las perdonó, y dijo que eso no era asunto suyo, sino de los esposos de esas mujeres, y que ella no podía hacer nada en aquel problema. Precisamente, por ser tan noble, a María Teresa se le fue llenando aquel lugar de enemigos; gente resentida que nunca le perdonaron que ella les hubiese hecho el favor de darle empleo. Una de esas personas fue María Luisa Gil, quien odiaba a María Teresa a muerte, sencillamente por aspirar ella misma a la dirección; era una española estalinista, casada con un viejo militante del Partido Comunista. Era una mujer llena de resentimiento, que encubría bajo una aparente dulzura. Poco a poco los enemigos empezaron a formar cabezas de playa diciendo que María Teresa era lesbiana, aristocrática, contrarrevolucionaria, y terminaron logrando su destitución. Lisandro Otero fue quien le comunicó la orden de expulsión a María Teresa; como buen policía y enemigo de la cultura, sintió un gran placer en destituir a la persona que había creado aquella institución. El director entonces pasó a ser nada menos que un oficial de la policía de Fidel Castro; el capitán Sidroc Ramos. María Teresa dejó la Biblioteca llorando.

A los pocos días decidí que yo tampoco podía continuar allí. Los libros que pudieron ser tachados de «diversionismo ideológico» desaparecieron de inmediato. Desde luego, también los libros que pudiesen tener cualquier tema relacionado con las desviaciones sexuales desaparecieron. Por lo demás, implantaron un horario de ocho horas, que se convertían en diez, porque daban dos horas para almorzar y, además, no había ningún lugar para hacerlo.

Afortunadamente, por esa época yo recibí un premio literario con la novela *Celestino antes del alba,* que había presentado al concurso de la UNEAC,* y la novela fue publicada al cabo de un año. Uno de los miembros de la UNEAC vino a hacerme una entrevista; a él le había gustado mucho la novela y no sólo me hizo la entrevista, sino que me invitó a compartir su cama. No me gustó aquella oferta; la persona no era mi tipo, pero en aquel momento yo ya no era monogámico, ni exclusivista. Se llamaba

* Unión Nacional de Escritores y Artistas de Cuba. *(N. del E.)*

Miguel Barniz y vivía en el Vedado; pasé unos meses viviendo en su casa. Tenía sentido del humor, no era un poeta mediocre y tenía, en aquel momento, un espíritu rebelde. Esto sucedió entre los años 1964 y 1966, época en que se perseguía a los jóvenes por tener melena o llevar pantalón estrecho. En aquel momento, él tenía una cabellera bastante larga y escribió una oda a mi pelo, en la que criticaba aquella especie de actitud inquisitorial contra los muchachos que llevaban cabellos largos.

En 1966 yo presenté mi segunda novela, *El mundo alucinante,* al concurso de la UNEAC, donde *Celestino antes del alba* había ganado la primera mención; la novela también ganó en este caso la primera mención; el jurado lo formaron Virgilio Piñera, Alejo Carpentier, José Antonio Portuondo y Félix Pita Rodríguez, que habían sido, aproximadamente, los mismos miembros del jurado cuando obtuve el premio anterior, con la excepción de que en el primer jurado estaba Camila Henríquez Ureña, que también era una mujer excepcional, y que dio la batalla en aquella oportunidad por premiar *Celestino,* mientras Alejo Carpentier y el viejo militante del Partido Comunista, José Antonio Portuondo, influían para premiar *Vivir en Candonga* de Ezequiel Vieta, que era una especie de apología sobre la lucha de Fidel en la Sierra Maestra y una crítica a los llamados escritores escapistas que, según el autor, se pasaban la vida cazando mariposas con sombreros por todos los campos de Bayamo y otros lugares por el estilo.

En este segundo concurso también Carpentier y Portuondo se negaron a premiar *El mundo alucinante.* Al parecer no había otra novela que pudiera ser premiada y decidieron dejar el premio desierto, otorgándole la primera mención a *El mundo alucinante.*

En la entrega del premio conocí a Virgilio Piñera y me dijo textualmente: «Te quitaron el premio; la culpa la tuvieron Portuondo y Alejo Carpentier. Yo voté por que tu libro fuera premiado. Toma mi teléfono y llámame; tenemos que trabajar en esa novela; parece como si la hubieras mecanografiado en una sola noche». En realidad, casi lo hice así; la fecha del concurso vencía y yo, con el trabajo de ocho horas en la Biblioteca, apenas tenía tiempo; me encerraba en mi cuarto y escribía de un tirón treinta o cuarenta páginas.

El Instituto del Libro

Con esas dos novelas premiadas, aunque por esa fecha aún inéditas, pasé a trabajar, gracias a las influencias del que era entonces mi amante, Miguel Barniz, en el Instituto Cubano del Libro, dirigido por Armando Rodríguez. Por cierto, nunca conocí a un hombre más bello que el amante de Armando Rodríguez; Héctor se llamaba. Era ese tipo de criatura única que irradiaba una belleza tan imponente, que era imposible seguir escribiendo después de que él pasara por los pasillos. No sé cómo se las arregló Armando para, siendo un alto funcionario del régimen, mantener a un amante tan bello sin que la envidia de los que no tenían acceso a Héctor dañara aquellas relaciones, o provocara su destitución del cargo que ocupaba. El caso es que Armando era amigo de Fidel Castro, como también Alfredo Guevara, cuya vida homosexual escandalosa es superconocida en toda Cuba y, especialmente, en La Habana, no habiendo nunca tenido que pagar las consecuencias de su actitud, como otros que lo han tenido que pagar tan caro. Héctor murió en pleno esplendor de un accidente en su propia motocicleta.

Las cuatro categorías de las locas

Atendiendo a aquellas diferencias tan grandes entre unos y otros homosexuales, establecí unas categorías entre ellos. Primero estaba la loca de argolla; éste era el tipo de homosexual escandaloso que, incesantemente, era arrestado en algún baño o en alguna playa. El sistema lo había provisto, según yo veía, de una argolla que llevaba permanentemente al cuello; la policía le tiraba una especie de garfio y era conducido así a los campos de trabajo forzado. El ejemplo máximo de este tipo de loca era Tomasito La Goyesca, un joven que trabajaba en la Biblioteca Nacional y al cual bauticé con ese apellido porque era como una figura de Goya; enano, grotesco, caminaba como una araña y tenía una voracidad sexual incontrolable.

Después de la loca de argolla venía la loca común. Es ese tipo de homosexual que en Cuba tiene su compromiso, que va a la Cinemateca, que escribe de vez en cuando algún poema, que nunca corre un gran riesgo y se dedica a tomar el té en casa de sus amigos. Ejemplo típico de esa loca era mi entonces amigo Reinaldo Gómez Ramos. Las relaciones de estas locas comunes, generalmente, son con otras locas y nunca llegan a conocer a un hombre verdadero.

A la loca común le sigue la loca tapada. La loca tapada era aquélla que, siendo loca, casi nadie lo sabía. Se casaban, tenían hijos, y después iban a los baños, clandestinamente, llevando en el dedo índice el anillo matrimonial que le hubiese regalado su esposa. Era difícil a veces reconocer a la loca tapada; muchas veces condenaban ellas mismas a los homosexuales. Los ejemplos de este tipo de loca son miles, pero uno de los más típicos es el caso del dramaturgo Nicolás Díaz, quien, una vez, en un acto de desesperación, terminó introduciéndose un bombillo en el ano. Y aquel hombre, que era militante de la Juventud Comunista, no tuvo forma de explicar cómo aquel bombillo había ido a parar a aquella parte de su cuerpo. Fue expulsado de esa organización con gran escándalo.

Después estaba la loca regia; una especie única de los países comunistas. La loca regia es esa loca que por vínculos muy directos con el Máximo Líder o una labor extraordinaria dentro de la Seguridad del Estado o por cosas semejantes, goza del privilegio de poder ser loca públicamente; puede tener una vida escandalosa y, a la vez, ocupar enormes cargos, viajar, entrar y salir del país, cubrirse de joyas y de trapos y tener hasta un chofer particular. El ejemplo máximo de esta loca es Alfredo Guevara.

Virgilio Piñera

Virgilio Piñera, a pesar de su extraordinaria obra, ya entonces publicada, y de toda su fama, entraba, sin embargo, en la categoría de la loca de argolla; es decir, tenía que pagar muy alto el precio de ser maricón. Fue recogido a principios de la Revolución y llevado al Morro donde, gracias a la intervención de altas personalidades, entre ellas creo que Carlos Franqui, pudo salir de la cárcel. Después fue mirado siempre de reojo y sufrió incesante censura y persecución. Como loca de argolla era un personaje extremadamente auténtico y él sabía afrontar el precio de esa autenticidad.

Yo visitaba a Virgilio Piñera en su casa a las siete de la mañana. Era un hombre de una laboriosidad incesante; se levantaba a las seis de la mañana, colaba café y a esa hora me daba cita para trabajar en mi novela *El mundo alucinante*. Nos sentábamos uno frente al otro. Lo primero que me dijo cuando comenzamos fue: «No creas que hago esto por algún interés sexual; lo hago por pura honestidad intelectual. Tú has escrito una buena novela, pero hay algunas cosas que hay que arreglar». Virgilio, sentado frente a mí, leía una copia de la novela y donde consideraba que había que añadir una coma o cambiar una palabra por otra, así me lo decía. Siempre le estaré agradecido a Virgilio por aquella lección; era una lección, más que literaria, de redacción. Fue muy importante para un escritor delirante, como lo he sido yo, pero que carecía de una buena formación universitaria. Fue mi profesor universitario, además de mi amigo.

Virgilio escribía incesantemente, aunque no parecía tomar muy en serio la literatura. Detestaba cualquier elogio a su obra, detestaba también la alta retórica; aborrecía a Alejo Carpentier profundamente. Era homosexual, ateo y anticomunista. Se había atrevido en la época de la República a hacerle la apología a la poesía completa de Emilio Ballagas, una poesía eminentemente homosexual; se había atrevido a rebatir el prólogo de Cintio Vitier, quien se las arreglaba para camuflajear aquella poesía, esencialmente sensual y erótica, dentro de un tono religioso. Virgilio lo dijo todo claramente. Vitier nunca le perdonó a Virgilio esa actitud desenfadada.

Virgilio rompió con la revista *Orígenes* hacia el año 1957 y creó, junto con José Rodríguez Feo, otra revista mucho más irreverente, prácticamente homosexual, dentro de una dictadura como la de Batista, reaccionaria y burguesa. Lo primero que hizo Virgilio en la revista *Ciclón* fue publicar *Las ciento veinte jornadas de Sodoma y Gomorra* del Marqués de Sade.

Virgilio entra en la Revolución, ya marcado por su condición homosexual y además por su tradición anticomunista. También en *Ciclón* había publicado un cuento de una lucidez anticomunista, realmente premonitoria, titulado «El Muñeco», un cuento que después, sistemáticamente, el gobierno de Fidel Castro suprimió de todas las antologías o de los libros de cuentos publicados por Virgilio Piñera.

Virgilio era además feo, flaco, desgarbado, antirromántico. No participaba de la típica hipocresía literaria al estilo de Vitier, donde la realidad siempre se ve envuelta como en una suerte de nebulosa violeta. Virgilio veía la Isla en su terrible claridad desoladora; su poema, «La Isla en peso», es una de las obras maestras de nuestra literatura.

Durante la República, por los problemas económicos y, según Virgilio, por el desasosiego cultural que se padecía en Cuba, emigró a Argentina y allí pasó más de diez años ejerciendo pequeños trabajos burocráticos como un Kafka del subdesarrollo. Pero allí conoció al escritor polaco Witold Gombrowicz. Emigrados los dos, fueron amigos y compañeros de flete y aventuras eróticas.

Yo creo que esta amistad influyó, notablemente, en Virgilio, en su desenfado, en su irreverencia. O tal vez se influyeron mutuamente. Vivían una misma vida de desarraigo y espanto y no creían en la cultura institucionalizada, ni en la cultura tomada demasiado en serio, como lo hacía Jorge Luis Borges, que ya en aquel momento era la figura máxima de la literatura argentina. Se burlaban de Borges, quizás un poco cruelmente, pero tenían sus razones. Cuando Gombrowicz dejó definitivamente la Argentina para establecerse en Europa, alguien le preguntó qué consejo le daba a los argentinos, y él dijo: «Matar a Borges». Desde luego, era una respuesta sarcástica; con la muerte de Borges, Argentina dejó de existir, pero su respuesta era más bien una venganza por todo lo que había sufrido en ese país.

Según Guillermo Cabrera Infante, Virgilio era un hombre desdichado en amores. No lo creo así. A Virgilio le gustaban los negros y soy testigo de que disfrutó de negros formidables. Una vez pasó un negro con una carretilla llena de limones, pregonándolos, aunque ya en aquella época el pregón era algo clandestino. Virgilio lo hizo subir a su apartamento, le compró todos los limones y después llegaron a hacer el amor. Creo que después el negro iba a cada rato con el pretexto de llevarle algún limón y Virgilio se lo llevaba a su cuarto.

Otro negro con el cual Virgilio tuvo relaciones sexuales bastante profundas era un cocinero que, según contaba Virgilio, tenía un sexo enorme. El placer de Virgilio era ser penetrado por aquel cocinero, que movía calderos, cucharones y seguía cocinando con Virgilio incrustado a su sexo; Virgilio era, realmente, una loca frágil que podía ser sostenida por el falo de aquel negro poderoso.

Antes de la Revolución en Cuba, Virgilio también había llevado una vida sexual intensa; tenía una casa en Guanabo y frecuentaba el prostíbulo de hombres que tenía José Rodríguez Feo en el pueblo de Guanabo. Era un prostíbulo en el que hombres fornidos trabajaban como cantineros y, a la vez, realizaban otras actividades, según las peticiones del consumidor. Allí también trabajó Tomasito La Goyesca.

Rodríguez Feo pertenecía a una familia adinerada que se había marchado a Estados Unidos al triunfo de la Revolución. El entregó sus propiedades a la Revolución y se quedó allí, tal vez pensando que iba a ser considerado como un personaje importante. En realidad, se convirtió en un informante de la Seguridad del Estado, en un policía de la cultura, con un pequeño apartamento junto a Virgilio. Rodríguez Feo, mediocre y envilecido, cuando Virgilio cayó en desgracia le negó la palabra y ni siquiera asistió a sus funerales.

El balcón de la casa de Rodríguez Feo y el de Virgilio era

común. Dicen que una vez había varias personas en la casa de Rodríguez Feo, y Virgilio salió a tender algo al balcón; alguien preguntó si ése era Virgilio Piñera y Rodríguez Feo respondió: «No; ése *fue* Virgilio Piñera». Por eso, no acudió a sus funerales; porque, una vez que Piñera cayó en desgracia con el régimen de Castro, había muerto para él.

Y estas cosas ocurren porque en los sistemas políticos siniestros, se vuelven siniestras también muchas de las personas que los padecen; no son muchos los que pueden escapar a esa maldad delirante y envolvente de la cual, si uno se excluye, perece. Rodríguez Feo, antes de la Revolución, era una especie de mecenas y fue quien costeó la publicación de *Cuentos fríos,* de Piñera, quien costeaba la revista *Orígenes* y después la revista *Ciclón.* Claro que había intereses personales y pequeñas vanidades por su parte, pero también había generosidad; otros millonarios cubanos no se preocuparon nunca por costear revistas, ni ayudar a los escritores.

Lezama Lima

Además de Virgilio, el otro escritor cubano con quien tuve una gran amistad fue con José Lezama Lima. Lo conocí a raíz de la publicación de mi novela *Celestino antes del alba*. Con anterioridad lo había visto en la UNEAC; era un hombre corpulento, enorme, con una gran cruz que llevaba siempre en una cadena que se salía de uno de sus bolsillos laterales. Aquella cruz que exhibía en aquel centro de propaganda comunista que era la UNEAC, era indiscutiblemente una provocación. Fue Fina García Marruz quien me dijo que Lezama tenía interés en conocerme; yo nunca me hubiera atrevido a llamarlo, porque me aterrorizaba un hombre tan tremendamente culto. Había conocido a Alejo Carpentier y sufrí una experiencia desoladora ante aquella persona que manejaba datos, fechas, estilos y cifras como una computadora refinada pero, desde luego, deshumanizada. Mi encuentro con Lezama fue completamente diferente; estaba ante un hombre que había hecho de la literatura su propia vida; ante una de las personas más cultas que he conocido, pero que no hacía de la cultura un medio de ostentación sino, sencillamente, algo a lo cual aferrarse para no morirse; algo vital que lo iluminaba y que a su vez iluminaba a todo el que estuviera a su lado. Lezama era esa persona que tenía el extraño privilegio de irradiar una vitalidad creadora; luego de conversar con él, uno regresaba a casa y se sentaba ante la máquina de escribir, porque era imposible escuchar a aquel hombre y no inspirarse. En él la sabiduría se combinaba con la inocencia. Tenía el don de darle un sentido a la vida de los demás.

La pasión primera de Lezama era la lectura. Tenía además ese don criollo de la risa, del chisme; la risa de Lezama era algo inolvidable, contagioso, que no lo dejaba a uno sentirse totalmente desdichado. Pasaba de las conversaciones más esotéricas al chisme de circunstancias; podía interrumpir su discurso sobre la cultura griega para preguntar si era verdad que José Triana había abandonado la sodomía. Podía también dignificar las cosas más simples convirtiéndolas en algo grandioso.

Virgilio y Lezama tenían muchas cosas diferentes, pero había algo que los unía y era su honestidad intelectual. Ninguno de los dos era capaz de dar un voto a un libro por oportunismo político o por cobardía, y se negaron siempre a hacerle propaganda al régimen; fueron, sobre todo, honestos con su obra, y honestos con ellos mismos.

La publicación en 1966 de *Paradiso* fue, sencillamente, un acontecimiento heroico desde el punto de vista literario. Creo que nunca se llegó a publicar en Cuba una novela que fuera tan avasalladoramente homosexual; tan extraordinariamente compleja y rica en imágenes, tan cubana, tan latinoamericana, criolla y, a la vez, tan extraña.

En cuanto a Virgilio Piñera, también realizó el acto heroico de presentar en el año 1968 al concurso Casa de las Américas su obra teatral *Dos viejos pánicos,* reflejo supremo del terror y el miedo que se padecen bajo el régimen de Fidel Castro.

Los dos, naturalmente, fueron condenados al ostracismo, y vivieron en la plena censura y en una suerte de exilio interior, pero ninguno amargó su vida con resentimientos, ninguno dejó, ni por un momento, de escribir; hasta que les llegó la muerte siguieron trabajando, aun cuando muchas veces supieran que aquellos papeles iban a parar a manos de la Seguridad del Estado y que quizá sólo los iba a leer el policía encargado de archivarlos o destruirlos.

Lezama tenía su centro vital en su propia casa; allí, en Trocadero 164, él oficiaba como un mago, como un extraño sacerdote. Conversaba, y el que lo escuchaba, quisiéralo o no, quedaba absolutamente transformado. Virgilio prefería desplegar su vitalidad por toda La Habana; amaba las tertulias literarias fuera de su casa, las conversaciones en el café de la esquina, en las guaguas. Sus gustos sexuales eran más populares que los de Lezama. A Virgilio le gustaban los hombres rudos, los negros, los camioneros, mientras que Lezama tenía preferencias helénicas; tenía un culto extremo hacia la belleza griega y, desde luego, hacia los adolescentes. Virgilio llevaba con asiduidad a la práctica sus realizaciones sexuales, y Lezama era mucho más retraído, quizá por vivir tantos años junto a su madre.

En cierta ocasión Lezama y Virgilio coincidieron en una especie de prostíbulo para hombres que había en La Habana Vieja y Lezama le dijo a Virgilio: «Así que vienes tras la caza del jabalí». Y Virgilio le contestó: «No, he venido, simplemente, a singar con un negro».

La formación de ambos era europea; especialmente francesa. Los dos rendían culto a la literatura francesa. Sin embargo, sus diferencias eran muchas; Lezama practicaba un humanismo católico y Virgilio era ateo. Pero los dos sentían tal amor por la Isla y, principalmente, por La Habana que les era casi imposible alejarse de ella. En cierta ocasión Lezama consiguió un trabajo en la ciudad de Santa Clara, donde sólo tenía que dar unas conferencias con carácter provisional y al otro día regresó, porque le era imposible estar fuera de La Habana. Virgilio pudo al principio de la Revolución quedarse fuera de la Isla; él ya sabía la persecución que se había desatado contra los homosexuales, e incluso ya había estado preso. Sin embargo, regresó. «La maldita circunstancia del agua por todas partes»* ejercía una atracción a la cual estos hombres no podían sustraerse.

Tuve el privilegio de gozar de la amistad de ambos simultáneamente. A raíz de la separación de Rodríguez Feo de la revista *Orígenes* y de la fundación de la revista *Ciclón,* hubo cierto distanciamiento entre Lezama y Virgilio, pero la grandeza de ambos los volvió a unir; la honestidad intelectual de los dos estaba por encima de cualquier discrepancia de carácter. Así, cuando Lezama publicó *Paradiso,* que le valió la impugnación oficial del régimen y la censura de toda su obra posterior incluida la propia novela *Paradiso,* que circuló en Cuba casi clandestinamente y que nunca más se volvió a publicar, Virgilio, que no era en aquel momento un amigo íntimo de Lezama, fue el primero en reconocer los valores literarios de aquella obra y el primero en elogiarla públicamente, aun antes del famoso artículo de Julio Cortázar.

Lezama también supo reconocer en Virgilio al gran poeta y dramaturgo que éste siempre había sido. Cuando Virgilio cum-

---

* Primer verso del famoso poema de V. Piñera, «La Isla en peso». *(N. del E.)*

plió sesenta años, Lezama escribió uno de sus poemas más profundos, «Virgilio Piñera cumple sesenta años».

Al final, estos dos hombres se fueron uniendo, quizá motivados por la persecución, la discriminación y la censura que ambos sufrían. Virgilio visitaba todas las semanas a Lezama, que se había casado con María Luisa Bautista, una amiga de la familia, a quien la madre de Lezama, un momento antes de morir, le rogó a éste que aceptara por esposa. María Luisa era una mujer extraordinaria, valiente, culta y que no tenía pelos en la lengua; insultaba a los funcionarios que iban a pedirle informes a Lezama, pasaba en limpio las obras escritas a mano por Lezama, pues éste nunca llegó a escribir a máquina. Esta mujer llegó a amar profundamente a Lezama a pesar de que nunca tuvieron relaciones sexuales.

María Luisa, por el misterio de la amistad, de la soledad compartida, de la devoción de uno a otro, de la supervivencia en tiempos terribles, salía con una vieja cartera de nylon blanco a hacer las colas por toda La Habana para conseguirle algo de comer a Lezama. Lezama decía: «Ahí va la venada desmelenada». Ella regresaba siempre con algún queso crema, algún yogur; algo para satisfacer el voraz apetito de aquel hombre. A las nueve de la noche María Luisa preparaba el té; se las arreglaba para conseguirlo, no se sabe dónde. Si el té se atrasaba un minuto, Virgilio le recordaba: «María Luisa, se te ha olvidado el té». La reunión de aquellos tres personajes, en aquella casa ya un poco destartalada, que a veces se inundaba, tenía un carácter simbólico; era el fin de una época, de un estilo de vida, de una manera de ver la realidad y superarla mediante la creación artística y una fidelidad a la obra de arte por encima de cualquier circunstancia. Y, además, era como una suerte de conspiración secreta el juntarse y brindarse un apoyo que para ambos era imprescindible.

Cuando María Luisa daba la espalda para hacer el té en la cocina, Virgilio y Lezama se despachaban sobre sus aventuras más o menos eróticas, que ya eran, en realidad, más bien platónicas. Lezama, por ejemplo, le confesaba a Virgilio que Manuel Pereira, el novelista que era amante de Alfredo Guevara, lo iba a visitar y se le sentaba en las piernas provocándole a veces empedernidas erecciones. Virgilio le contaba a Lezama que uno de los actores negros que había formado parte del coro de *Electra Garri-*

gó tenía amores con él. Cuando María Luisa llegaba, se interrumpía la conversación.

Un día le hablé a Eliseo Diego de mi admiración por la obra de Virgilio Piñera. Eliseo me miró aterrorizado, y me dijo textualmente: «Virgilio Piñera es el diablo». Cuando pasé a ser su amigo, comprendí que tal vez había en Cuba solamente un intelectual que pudiese superar en inocencia a Virgilio Piñera; ese hombre era Lezama Lima.

En 1969 Lezama leyó en plena Biblioteca Nacional una de las conferencias quizá más extraordinarias de la literatura cubana, titulada «Confluencias». Era la ratificación de la labor creadora, del amor a la palabra, de la lucha por la imagen completa contra todos los que se oponían a ella. La belleza es en sí misma peligrosa, conflictiva, para toda dictadura, porque implica un ámbito que va más allá de los límites en que esa dictadura somete a los seres humanos; es un territorio que se escapa al control de la policía política y donde, por tanto, no pueden reinar. Por eso a los dictadores les irrita y quieren de cualquier modo destruirla. La belleza bajo un sistema dictatorial es siempre disidente, porque toda dictadura es de por sí antiestética, grotesca; practicarla es para el dictador y sus agentes una actitud escapista o reaccionaria. Por esta razón, tanto Lezama como Virgilio terminaron su vida en el ostracismo y abandonados por sus amigos.

El propio Lezama les prohibió, finalmente, a Miguel Barniz y a Pablo Armando Fernández que lo visitaran. Había comprendido que no eran poetas, sino vulgares policías que iban a sacarle cualquier información para, a cambio de ella, ganarse algún viajecito al extranjero.

Mi generación

Paralelamente a mi amistad con Lezama y Virgilio, yo tenía también relación con muchos escritores de mi generación y celebrábamos tertulias más o menos clandestinas en las cuales leíamos los últimos textos que acabábamos de escribir. Escribíamos incesantemente y leíamos en cualquier sitio; en las casas abandonadas, en los parques, en las playas, mientras caminábamos por las rocas. Leíamos no sólo nuestros textos, sino los de los grandes escritores. En aquellas lecturas participaba Hiram Pratt, talentoso y satánico; Coco Salá, deforme de cuerpo y alma; René Ariza, un poco enloquecido, aunque no tanto como ahora; José Hernández (Pepe el Loco), con un talento tan grande y desmesurado como su propia demencia; José Mario, que acababa de salir de un campo de concentración; Luis Rogelio Nogueras, Guillermo Rosales y muchos más. Leíamos en voz alta para el disfrute de todos. Aquella generación mía leía los poemas prohibidos bajo Fidel Castro, de Jorge Luis Borges, y recitábamos de memoria los poemas de Octavio Paz. Nuestra generación, la generación nacida por los años cuarenta, ha sido una generación perdida; destruida por el régimen comunista.

La mayor parte de nuestra juventud se perdió en cortes de caña, en guardias inútiles, en asistencia a discursos infinitos, donde siempre se repetía la misma cantaleta, en tratar de burlar las leyes represivas; en la lucha incesante por conseguir un pantalón pitusa o un par de zapatos, en el deseo de poder alquilar una casa de la playa para leer poesía o tener nuestras aventuras eróticas, en una lucha por escapar a la eterna persecución de la policía y sus arrestos.

Recuerdo que en uno de los Festivales de la Canción de Varadero, al llegar a la playa, fuimos inmediatamente recogidos por la policía y devueltos a La Habana; iban a venir muchos invita-

114

dos extranjeros y nuestra presencia, al parecer, no era deseable para la vista de tan prominentes invitados.

¿Qué se hizo de casi todos los jóvenes de talento de mi generación? Nelson Rodríguez, por ejemplo, autor del libro *El regalo,* fue fusilado; Hiram Pratt, uno de los mejores poetas de mi generación, terminó alcoholizado y envilecido; Pepe el Loco, el desmesurado narrador, acabó suicidándose; Luis Rogelio Nogueras, poeta de talento, muere recientemente en condiciones bastante turbias, no se sabe si por el SIDA o por la policía castrista. Norberto Fuentes, cuentista, es primero perseguido y convertido, finalmente, en agente de la Seguridad del Estado, ahora en desgracia; Guillermo Rosales, un excelente novelista, se consume en una casa para deshabilitados en Miami. ¿Y qué ha sido de mí? Luego de haber vivido treinta y siete años en Cuba, ahora en el exilio, padeciendo todas las calamidades del destierro y esperando además una muerte inminente. ¿Por qué ese encarnizamiento con nosotros? ¿Por qué ese encarnizamiento con todos los que una vez quisimos apartarnos de la tradición chata y de la ramplonería cotidiana que ha caracterizado a nuestra Isla?

Creo que nuestros gobernantes y también gran parte de nuestro pueblo y de nuestra tradición nunca han podido tolerar la grandeza ni la disidencia; han querido reducirlo todo al nivel más chato, más vulgar. Quienes no se ajustasen a esa norma de mediocridad han sido mirados de reojo, o puestos en la picota. José Martí tuvo que marcharse al exilio y aun en él fue perseguido y acosado por gran parte de los mismos exiliados; y regresa a Cuba, no sólo a pelear, sino a morir. El mismo Félix Varela, una de las figuras más importantes del siglo diecinueve cubano, tiene que vivir en el destierro el resto de su vida. Cirilo Villaverde es condenado a muerte en Cuba y tiene que escapar de la cárcel para salvar su vida; y en el exilio trata de reconstruir la Isla en su novela *Cecilia Valdés.* Heredia es también desterrado y muere a los treinta y seis años, moralmente destruido, después de solicitar un permiso oficial al dictador de turno para volver a visitar la Isla. Lezama y Piñera mueren también de una forma turbia y en la absoluta censura. Sí, siempre hemos sido víctimas del dictador de turno y, quizás, eso forma parte no sólo de la tradición cubana, sino también de la tradición latinoamericana, es decir, de la herencia hispánica que nos ha tocado padecer.

Nuestra historia es una historia de traiciones, alzamientos, deserciones, conspiraciones, motines, golpes de estado; todo dominado por la infinita ambición, por el abuso, por la desesperación, la soberbia y la envidia. Hasta Cristóbal Colón, ya en el tercer viaje, después de haber descubierto toda la América, regresa a España encadenado. Dos actitudes, dos personalidades, parecen siempre estar en contienda en nuestra historia: la de los incesantes rebeldes amantes de la libertad y, por tanto, de la creación y el experimento; y la de los oportunistas y demagogos, amantes siempre del poder y, por lo tanto, practicantes del dogma y del crimen y de las ambiciones más mezquinas. Esas actitudes se han repetido a lo largo del tiempo: el general Tacón contra Heredia, Martínez Campos contra José Martí, Fidel Castro contra Lezama Lima o Virgilio Piñera; siempre la misma retórica, siempre los mismos discursos, siempre el estruendo militar asfixiando el ritmo de la poesía o de la vida.

Los dictadores y los regímenes autoritarios pueden destruir a los escritores de dos modos: persiguiéndolos o colmándolos de prebendas oficiales. En Cuba, desde luego, los que optaron por esas prebendas también perecieron, y de una manera más lamentable e indigna; gente de indiscutible talento, una vez que se acogieron a la nueva dictadura, jamás volvieron a escribir nada de valor. ¿Qué fue de la obra de Alejo Carpentier, luego de haber escrito *El siglo de las luces*? Churros espantosos, imposibles de leer hasta el final. ¿Qué fue de la poesía de Nicolás Guillén? A partir de los años sesenta toda esa obra es prescindible; es más, absolutamente lamentable. ¿Qué se hicieron de los ensayos luminosos, aunque siempre un poco reaccionarios, del Cintio Vitier de los años cincuenta? ¿Dónde está ahora la gran poesía de Eliseo Diego, escrita en los años cuarenta? Ninguno de ellos ha vuelto a ser lo que era; han muerto, aunque, desgraciadamente, para la UNEAC y, aun para ellos mismos, sigan viviendo.

Ahora veo la historia política de mi país como aquel río de mi infancia que lo arrastraba todo con un estruendo ensordecedor; ese río de aguas revueltas nos ha ido aniquilando, poco a poco, a todos.

De todos modos, la juventud de los años sesenta se las arregló, no para conspirar contra el régimen, pero sí para hacerlo a favor de la vida. Clandestinamente, seguíamos reuniéndonos en

116

las playas o en las casas o, sencillamente, disfrutábamos de una noche de amor con algún recluta pasajero, con una becada o con algún adolescente desesperado que buscaba la forma de escapar a la represión. Hubo un momento en que se desarrolló, de forma oculta, una gran libertad sexual en el país; todo el mundo quería fornicar desesperadamente y los jóvenes se dejaban largas melenas que, por supuesto, eran perseguidas por mujeres menopáusicas provistas de largas tijeras, se vestían con ropa estrecha y se ponían sellos al estilo occidental; oían a los Beatles y hablaban de liberación sexual. Enormes cantidades de jóvenes nos reuníamos en Coppelia, en la cafetería del Capri o en el Malecón, y disfrutábamos de la noche a despecho del ruido de las perseguidoras de la policía.

Un viaje

Hiram Pratt y yo emprendimos, de una manera bastante difícil, un viaje por toda la Isla y llegamos hasta Guantánamo. Ibamos en un tren destartalado, que se detenía en todos los pueblos y que a veces daba marcha atrás y regresaba hasta su punto de partida. Por el camino, y en un lugar en que vimos una cantidad enorme de naranjas en el suelo, quizá desparramadas por algún camión de carga, nos lanzamos por la ventanilla del tren, desesperados, para comer aquellas frutas y no morirnos de hambre; fue una guerra a muerte, prácticamente, ya que todas las personas que iban en el tren se lanzaron con igual desesperación sobre aquellas naranjas.

El tren iba lleno de reclutas; todo el mundo iba erotizado y los actos sexuales se realizaban en los baños, debajo de los asientos, en cualquier sitio. Hiram masturbaba con el pie a un recluta que parecía dormir en el suelo; yo tenía la suerte de poder utilizar ambas manos. Fue un viaje extraordinario; en Santiago de Cuba dormíamos debajo de los puentes, en las alcantarillas.

Una noche nos acostamos a dormir en un ómnibus de una terminal intermunicipal; nos tiramos en los asientos de atrás, pensando que aquellos ómnibus estarían allí por lo menos dos o tres días, y cuando despertamos al día siguiente nos encontrábamos en el Caney, a muchos kilómetros de Santiago y sin saber cómo regresar a la ciudad.

Nuestra juventud tenía una especie de rebeldía erótica. Me veo completamente desnudo debajo de un puente de Santiago con un joven recluta, también absolutamente desnudo, mientras pasan a toda velocidad vehículos que nos iluminan. Hiram Pratt salió de Santiago de Cuba en la cama de un camión donde iba un negro y a los pocos minutos de su salida, ya le iba mamando el miembro, mientras el camión corría a toda velocidad por la carretera. Me imagino el asombro de los campesinos cuando veían pasar el camión con aquella visión.

Llegar a una playa entonces era como llegar a una especie de sitio paradisíaco; todos los jóvenes allí querían hacer el amor, siempre había decenas de ellos dispuestos a irse con uno a los matorrales. En las casetas de la playa de La Concha, cuántos jóvenes me poseyeron con esa especie de desesperación del que sabe que ese minuto será tal vez irrepetible y hay que disfrutarlo al máximo, porque de un momento a otro podía llegar un policía y arrestarnos. Después de todo, los que no estábamos todavía en un campo de concentración éramos privilegiados y teníamos que aprovechar nuestra libertad al máximo; buscábamos hombres por todos los sitios y los encontrábamos.

Hiram y yo fuimos en nuestra aventura erótica hasta Isla de Pinos y allí pudimos pasarnos regimientos enteros; los reclutas, desesperados por fornicar, cuando se enteraron de nuestra llegada, despertaron a todo el campamento. Los jóvenes, envueltos en sábanas o desnudos, iban a nuestro encuentro y nos metíamos en unos tanques abandonados y hacíamos un terrible estruendo.

Un día empezamos a hacer un inventario de los hombres que nos habríamos pasado por aquella época; era el año sesenta y ocho. Yo llegué, haciendo unos complicados cálculos matemáticos, a la convicción de que, por lo menos, había hecho el amor con unos cinco mil hombres. Hiram alcanzaba, aproximadamente, la misma cifra. Desde luego, no éramos sólo Hiram y yo los que estábamos tocados por aquella especie de furor erótico; era todo el mundo. Los reclutas que pasaban largos meses de abstinencia, y todo aquel pueblo.

Recuerdo un discurso de Fidel Castro en el cual se tomaba la potestad de informar cómo debían vestir los varones. De la misma forma, criticaba a los jovencitos que tenían melena y que iban por las calles tocando la guitarra. Toda dictadura es casta y antivital; toda manifestación de vida es en sí un enemigo de cualquier régimen dogmático. Era lógico que Fidel Castro nos persiguiera, no nos dejara fornicar y tratara de eliminar cualquier ostentación pública de vida.

El erotismo

A veces nuestras aventuras no terminaban en el objeto deseado. Recuerdo que Tomasito La Goyesca una vez se lanzó, en plena guagua, a la portañuela de un hombre joven muy atractivo. El joven, en realidad, le había hecho varias señas con la mano y se había tocado el sexo, el cual tenía, evidentemente, erecto. Cuando Tomasito se lo agarró, el hombre reaccionó de una manera violenta, le cayó a golpes y le gritó pájaro a él y a todos nosotros, que íbamos a su lado. El chofer abrió las puertas del ómnibus y tuvimos que bajarnos y echar a correr por toda la Plaza de la Revolución, mientras una multitud de hombres y mujeres «castos» nos perseguía y nos insultaba. Nos refugiamos en la Biblioteca Nacional, entrando por la puerta de atrás y escondiéndonos en la oficina de María Teresa Freyre de Andrade.

Tomasito tenía la cara hinchada y, ya allí, Hiram Pratt descubrió que tenía una cartera que no le pertenecía. En el estruendo de la batalla había cogido aquella cartera, pensando que era la suya y no lo era; era del hombre que había golpeado a Tomasito, que era nada menos que un oficial del Ministerio del Interior. Tomasito había perdido su identificación y ésta había sido tomada por el hombre erotizado que lo golpeó. A las pocas horas llegó aquel hombre a la Biblioteca buscando enfurecido a Tomasito. Como Tomasito no quiso salir de su escondite, Hiram y yo hablamos con él. Nos dio cita en su casa a las doce de la noche y dijo que, si a esa hora no estábamos allí con su cartera, nos llevaría presos a todos.

A las doce de la noche llegamos temblando los tres a su casa. Aquel joven nos hizo firmar un largo papel en el que hacía constar que le devolvíamos todos sus documentos y él los nuestros. Cuando llegamos a su casa, se estaba bañando y salió desnudo, secándose con una toalla, que después se amarró a la cintura.

Mientras nos hacía firmar y leer aquel extraño documento, se tocaba el sexo, que otra vez se levantaba erotizado y, al mismo tiempo, nos insultaba llamándonos inmorales. Cuando en su interrogatorio supo que Hiram había estado en la Unión Soviética, le preguntó que cómo era posible que habiendo estado en aquel país fuera maricón. Dijo además que haría lo que fuera posible para que nos expulsaran de la Biblioteca Nacional, y cuando supo que yo era escritor me miró indignado. Pero su sexo seguía cada vez más erecto y, de vez en cuando, se llevaba la mano a él.

Finalmente, nos pidió que nos sentáramos y contáramos nuestras vidas. La toalla daba cada vez señales más evidentes del erotismo de aquel hombre. Los tres nos mirábamos atónitos, deseosos de extender la mano y tocar aquel bulto promisorio. Como a las cuatro de la mañana salimos de allí y aquel hombre nos despidió con aquel miembro detrás de la toalla; no nos atrevimos a extender las manos y tocar aquella región maravillosa. Pensábamos que podía ser una trampa y que la misma casa podía estar llena de policías para agarrarnos con las manos en la «masa» y arrestarnos, pero seguramente no era así; aquel hombre, que nos había perseguido por maricones, lo que quería era que nosotros nos lanzásemos a su sexo y se lo hubiésemos frotado y mamado allí mismo. Tal vez eran aberraciones de todo sistema represivo.

Recuerdo también una aventura con otro joven militar. Nos conocimos frente a la UNEAC; le di la dirección, fue a mi casa y se sentó en el único sillón que tenía allí. No tuvimos que hablar mucho; ambos sabíamos a lo que íbamos, pues ya en los urinarios de Coppelia él había dado señales de un erotismo impostergable. Nos entregamos a un combate sexual bastante notable. Después de haber eyaculado y de haberme poseído en forma apasionada, se vistió tranquilamente y sacó un carné del Departamento de Orden Público y me dijo: «Acompáñame; estás arrestado; preso por maricón». Fuimos a la estación de policía. Todos allí eran jóvenes, como el que me había templado. Allí, él dijo que yo era un maricón, que me le había lanzado a la pinga. Yo expliqué la realidad y les dije que aún tenía semen suyo dentro de mi cuerpo. Se produjo un careo. Quizá, como él era el activo, creía que no había cometido ningún delito. O tal vez se veía como una joven desvirgada por algún ser depravado. El caso es que había gozado como un verdadero cabrón y ahora me quería meter en la cárcel. Los oficiales quedaron atónitos ante aquella confesión; el escándalo era demasiado evidente. Terminaron diciendo que era una vergüenza que un miembro de la policía hiciese esas cosas, porque yo, después de todo, tenía mi debilidad, pero que en él, que era un macho, eso de enredarse con un maricón era realmente imperdonable. Creo que se levantó un acta y a él lo expulsaron de la policía, o por lo menos lo trasladaron para otra estación.

Yo tuve otros problemas de este tipo con otros militares.

Una vez me interné en el Monte Barreto en Miramar con un soldado. Desde un principio hablamos claro; él iba excitado y yo también. Cuando llegamos al sitio en cuestión, él me dijo: «Arrodíllate y tócame aquí». Y me señaló hacia el vientre. Yo fui a tocarle el miembro, que ya se lo había sacado del pantalón, pero él me llevó la mano más arriba, hacia el cinto y lo que toqué fue una pistola. Sacó la pistola y me dijo: «Te voy a matar, maricón». Yo eché a correr, sentí unos disparos, di un grito y me tiré entre los matorrales. Allí estuve un día completo; sentí carros de policía buscándome. Seguramente, el militar ya deserotizado, me perseguía pero, por suerte, no me encontró.

Amaneciendo volví a mi cuarto en Miramar. Allí me esperaba un muchacho estupendo, uno de mis tantos amantes de turno que siempre regresaba. Había estado esperándome toda la noche; subimos al cuarto y yo me refugié entre sus piernas como lo había hecho en los matorrales mientras era perseguido por el militar.

Mis amigos también sufrían a veces decepciones amorosas o eróticas. En uno de los carnavales más alucinantes de La Habana, Tomasito La Goyesca entró a uno de los urinarios que se improvisaban en el Prado. En aquellos sitios nadie iba a orinar, o quizá los hombres que iban a hacerlo, por efecto de la bebida, se excitaban y se trababan con otro hombre; eran decenas de hombres de pie, mientras otros le mamaban la pinga, y otros eran templados allí mismo. Al principio no se veía nada, después se empezaban a ver los falos brillantes y las bocas chupando. Tomasito, al entrar, se sintió acariciado por las nalgas, por las piernas; sintió manos que lo sobaban y lo tocaban por todos los sitios. Finalmente, no pudiendo soportar más, y absolutamente satisfecho, salió a la calle; sólo entonces se dio cuenta de que alguien en aquel baño había cogido mierda del suelo y le había embadurnado el cuerpo con mierda; era increíble ver a aquella loca llena de mierda de los pies a la cabeza en pleno Prado, en pleno carnaval, rodeada de miles y miles de gente. En realidad no le fue difícil abrirse paso en medio de aquella muchedumbre, porque la peste que salía de él era tan grande que pudo echarse a correr mientras se abría una especie de brecha en medio de aquella multitud. Así, pudo llegar al Malecón y, con ropa, se lanzó al mar. Nadó hasta más allá del Morro y yo, que lo seguí de cerca, lo vi perderse y temí que hubiera sido devorado por los tiburones; estuvo horas nadando mar afuera y regresó de madrugada, empapado, pero ya no olía a mierda.

De regreso por el Prado nos desquitamos; levantamos dos marineros fabulosos y los llevamos para la casa de Tomasito, que vivía con su madre; una anciana tolerante y a la que no le importaba que él llevara hombres a la casa, siempre que no hicieran un gran escándalo. Disfrutamos de aquellos jóvenes tanto como ellos de nosotros.

A Coco Salá también le pasaban incesantes aventuras trágicas cuando quería poner en práctica sus inquietudes eróticas. Una vez se enamoró de un farmacéutico, un bello ejemplar masculino, que trabajaba en el turno de noche de la farmacia. El placer de Coco era meter la cabeza por la ventanita que dejaban abierta de noche en la farmacia y comprar diez centavos de aspirinas mientras miraba fijamente a la portañuela del bello farmacéutico. Una noche, aquel hombre cansado de ser despertado por aquel maricón para comprar aspirinas, gritó que no tenía y bajó la ventanilla con tal fuerza, que dejó trabado a Coco por la cabeza. Pasó allí toda la madrugada, como en una especie de guillotina que se hubiese trabado en el momento culminante. La gente que pasaba por la calle se quedaba un poco asombrada de ver a aquel hombre trabado en aquella pequeña ventana, mientras al otro lado roncaba el farmacéutico.

En otra ocasión la aventura le fue un poco más costosa. Metió a un hampón en su cuarto de Monserrate; era un quinto piso de un viejo edificio, con un balcón a la calle. El hampón le dijo a Coco que se desvistiera. Coco se quitó toda la ropa; el delincuente lo empujó hasta el balcón, cerró por dentro la puerta del cuarto y dejó a Coco desnudo en el balcón. En una maleta metió todas las pertenencias de la loca y se marchó. Coco, desnudo frente a la calle Monserrate, no sabía qué hacer. Llamar a la policía era ridículo; no tenía forma de explicar cómo dejó que aquel hampón delicioso lo desnudara y lo desvalijara.

Hiram Pratt siempre tuvo problemas en los teatros. Había sido expulsado de la Unión Soviética, a donde había ido a estudiar como joven comunista, porque en plena función teatral en el Bolshoi lo descubrieron mamándole la pinga a un joven ruso. Más adelante, nos fuimos en aventuras eróticas y literarias a la Isla de Pinos y Hiram se empató con un joven que trabajaba en unas brigadas recogiendo toronjas. Y estaba en pleno instante erótico, mamándole la pinga a aquel joven, detrás de una cortina del teatro, cuando, de pronto, la cortina se corrió totalmente y apareció en pleno escenario aquel espectáculo. No fueron aplausos precisamente lo que salió del público, sino un escándalo ensordecedor. Aquel muchacho, al cual Hiram le mamaba la pinga, tenía unos dieciséis años y Hiram fue arrestado, pelado al rape y encarcelado. Durante una semana yo deambulé por toda la Isla de Pinos tratando de saber en qué cárcel estaba y, cuando, finalmente, iba a coger el barco que me llevaría de regreso a La Habana, vi a Hiram escoltado por varios guardias, que en ese momento era conducido al barco. Detrás, también arrestado, venía el bellísimo muchacho. Fue deportado de la ciudad de La Habana y enviado a una granja agrícola en la provincia de Oriente, donde había nacido. Después tuvimos una larga correspondencia.

A veces los amantes con los que nos tropezábamos tenían intenciones criminales o complejos que los llevaban a desatar una violencia injustificada. El caso de Amando López fue significativo. Se encontró con un bello joven que practicaba judo y lo llevó a su casa. El joven le dijo que se acostara y comenzó a contemplar a la Gluglú, que era el nombre de guerra de Amando López. «Qué bello cuello tienes», le dijo el joven. «Estíralo un poco más», agregó. «Ahora, cierra los ojos», le ordenó el bello ejemplar masculino; y Amando con el cuello estirado y los ojos cerrados, como un cisne en pleno éxtasis, esperaba desesperado la caricia cuando el joven dio un enorme alarido, típico de los practicantes de judo, y se abalanzó contra el cuerpo de Amando y con la mano abierta le golpeó el cuello. Aquel joven lo que quería, realmente, era romperle la nuez; matarlo instantáneamente. Amando, una loca muy fuerte, metió un grito y todos los vecinos de la casa de familia donde él tenía un cuarto corrieron en su ayuda y lo llevaron rápidamente a un hospital, mientras echaba sangre por la boca. El joven desapareció gritándole improperios.

En varias ocasiones las aventuras eróticas de la Gluglú terminaban en el hospital. Recuerdo una vez que le presenté a uno de los reclutas que me visitaban. Yo tenía una especie de ejército particular; conocía a un recluta y al otro día ése me llevaba a su amigo y el otro a su otro amigo, y así a veces eran quince o veinte reclutas en mi cuarto; era demasiado. Además, nosotros éramos generosos y compartíamos nuestros amigos; ellos también se sentían estimulados en conocer a nuevas personas. Yo le llevé este recluta a Amando; era en verdad un hombre bellísimo, pero tenía el sexo pequeño y Amando era ambicioso. No sintiéndose satisfecho con el recluta, le pidió que le introdujera en el ano un bate de pelotero que guardaba para estos menesteres, pero al recluta se le fue la mano e introdujo todo el bate en el ano de Amando; y esto le produjo una perforación intestinal, seguida de una peritonitis. Durante mucho tiempo tuvo que usar un ano artificial. La Gluglú cambió de nombre: entonces la llamaban la Biculo.

A veces uno era víctima también de celos por parte de aquellos hombres o bugarrones, como ellos se llamaban. A veces los celos eran entre los mismos bugarrones. Una vez yo metí a un muchacho guapísimo en una caseta de La Concha y otro, al parecer enamorado de este muchacho, llamó a la policía y le dijo que había dos hombres templando en una caseta. Aquello nos podía costar años de cárcel. Pero aquel muchacho, bien malvado por cierto, nos trajo el policía a la caseta donde nosotros fornicábamos desnudos y empapados en sudor. Nos exigieron que abriéramos la puerta, pues ya nos habían visto trabados por la parte de arriba de la caseta. Todo indicaba que no había ninguna escapatoria: dos hombres completamente desnudos y excitados, metidos dentro de una caseta, no tenían ninguna justificación ante la policía. Yo envolví, rápidamente, mis pertenencias en la camisa e hice un bulto, abrí la puerta y, antes de que la policía tuviera tiempo de agarrarme, di un grito y me lancé a todo correr por las escaleras de La Concha, me tiré al agua y comencé a nadar mar afuera. En ese momento la naturaleza me fue propicia; se desató una tormenta tropical súbitamente. Fue casi un milagro; veía a la policía en la costa con un patrullero buscándome, pero el aguacero fue tal que ellos me perdieron de vista. Y así, desnudo, llegué a las playas del Patricio Lumumba, que estaban a unos dos o tres kilómetros de La Concha. Había dejado de llover y tres muchachos se lanzaban al agua desde el trampolín. Eran tres muchachos formidables. Delante de ellos subí al trampolín y me puse la trusa. Empecé a conversar con ellos y no sé si sospecharon que algo extraño me había ocurrido, pero no me hicieron ninguna pregunta. Nadamos un rato y a los pocos minutos ya estaban conmigo en mi cuarto, por suerte, a pocos pasos del Patricio Lumumba. Realmente, me recompensaron de toda la angustia que había pasado en La Concha, pero por varios meses tuve que dejar de ir a aquella playa, donde nunca vi tantos hombres dispuestos a templarse a otros hombres. El lugar era histórico en ese sentido; desde la época de la República todo el mundo iba allí a fornicar en aquellas casetas donde se cerraba la puerta y uno hacía lo que quería. Por lo demás, aquellos hombres en trusa o desnudos eran, verdaderamente, irresistibles.

Los hombres iban con sus mujeres y se sentaban en la playa a jugar, pero a veces entraban en el balneario, donde se desvestían y tenían sus aventuras eróticas con algún otro joven, y luego volvían a atender a sus esposas. Recuerdo a un hombre, particularmente bello, que jugaba con su mujer y su hijo en la arena. Se acostaba en la arena, levantaba los pies y yo le veía unos bellísimos testículos. Lo observé por largo rato y él volvía a jugar con el niño y levantaba de nuevo los pies y yo le veía aquellos testículos. Finalmente, entró en el edificio donde estaban las casetas, se dio un baño y subió a cambiarse. Yo lo seguí, y creo que le pedí un cigarro o un fósforo, y me dijo que entrara. Por cinco minutos le fue infiel a su esposa de una manera increíble. Después lo vi de nuevo con su mujer del brazo y su hijo; una bella imagen familiar. Creo que de allí surgió la idea de escribir mi novela *Otra vez el mar*, porque el mar era realmente lo que más nos erotizaba; aquel mar del trópico lleno de adolescentes extraordinarios, de hombres que se bañaban a veces desnudos o con ligeras trusas. Llegar al mar, ver el mar, era una enorme fiesta, donde uno sabía que siempre algún amante anónimo nos aguardaba entre las olas.

A veces realizábamos el amor debajo del agua. Yo me hice un experto; logré hacerme con una careta y unas patas de rana. Era maravilloso el mundo submarino; ver aquellos cuerpos debajo del agua. Algunas veces realicé el amor bajo el agua con otro que también tenía una careta. En ocasiones, éste iba acompañado y, mientras, sumergido hasta el cuello, hablaba con el amigo, yo le succionaba poderosamente el miembro hasta hacerlo eyacular; luego yo desaparecía nadando con mis patas de ranas. La persona con quien hablaba, lo único que notaba, quizás, era un suspiro profundo en el momento de su eyaculación.

Casi siempre hacíamos colas inmensas para conseguir casetas en La Concha, pero, si no lo lográbamos, hacíamos a veces el amor encima de los almendros que rodeaban aquella playa, que como plantas tropicales eran frondosos y tenían un enorme follaje; no era difícil para un adolescente subirse a aquellos árboles y, allá arriba, entre el estruendo de los pájaros, realizábamos maniobras eróticas propias de equilibristas profesionales.

El mayor goce de entonces era la posibilidad, siempre difícil, de alquilar una casa en Guanabo. Sin embargo, por los años sesenta casi siempre algún amigo se las arreglaba para conseguir una. No la alquilaba él; tenía que hacerlo una mujer o alguien casado, pero de alguna manera se conseguían aquellas casas por un fin de semana y a veces por una semana completa. Era una fiesta enorme. Todos llevábamos nuestras libretas y escribíamos poemas y capítulos de novelas, y nos pasábamos a veces ejércitos completos de adolescentes; lo erótico y lo literario marchaban de la mano.

Nunca he podido trabajar en plena abstinencia, porque el cuerpo necesita sentirse satisfecho para poder dar rienda suelta a su espíritu. En mi pequeño cuarto en Miramar me encerraba por las tardes y a veces escribía hasta altas horas de la noche. Pero por el día yo había recorrido descalzo todas aquellas playas y había tenido insólitas aventuras con bellísimos adolescentes entre los matorrales; diez, once, doce a veces y, en otras ocasiones, uno solo, pero extraordinario, para que me rindiese por una docena.

Muchos de aquellos muchachos regresaban después, pero era un problema, porque aquella casa no era mía; yo vivía en el cuarto de criados de mi tía Orfelina, que además era informante de la Seguridad del Estado. Por lo tanto, era problemático que aquellos muchachos regresaran, sobre todo, cuando yo no estaba y empezaban a golpear la puerta. Mi tía tenía muchas gatas. Mis amantes, por orientación mía, no entraban por el frente de la casa sino por el patio, saltando un muro que daba al mar, y yo los esperaba ya en mi cuarto; desgraciadamente, en ocasiones, al saltar, caían encima de una de las innumerables gatas de mi tía; aquellos animales daban unos alaridos enormes y mi tía formaba un escándalo tremendo. En muchas oportunidades, los muchachos, aterrorizados, no podían entrar al cuarto donde yo los esperaba. Pero otros eran más arriesgados y se subían por el tejado o escalaban el balcón que daba a la calle. A veces había cuatro o cinco y, mientras me pasaba a uno, los otros se masturbaban esperando que les llegara el turno.

Otras veces disfrutaban de la aventura colectiva y entonces era una fiesta, de la cual yo hacía cómplice a Lezama contándole mis aventuras. En cuanto María Luisa se retiraba a preparar el té, él me preguntaba cómo me había ido o qué tal andaba de amores. Yo andaba muy bien, aunque al igual que todos los demás padecía, en ocasiones, de la violencia de algunos amantes.

Una vez al bajarme de la guagua, recuerdo haber interceptado a un adolescente fornido. No hubo que hablar mucho; ésa era una de las ventajas del flete en Cuba, que se hablaba poco; las cosas se hacían con la mirada, se pedía un cigarro, se decía que uno vivía por allí, que si quería llegar a la casa. Si la persona aceptaba, ya todo lo demás se daba por entendido. El joven aceptó. Al llegar a la casa me sorprendió porque, en vez de él hacer el papel de hombre, me pidió a mí que lo hiciera. Yo, en realidad, también disfrutaba haciendo esos papeles y aquel hombre se lanzó a mamármela; yo me lo templé y disfrutó como un condenado. Después, aún desnudo, me preguntó: «Y si nos cogen aquí, ¿quién es el hombre?». Se refería a que quién era el que se había templado a quién. Yo, quizá con un poco de crueldad, le dije: «Naturalmente, que soy yo porque te la metí». Eso enfureció a aquel hombre, que también practicaba judo, y empezó a tirarme contra el techo; me tiraba y, por suerte, me recibía otra vez en sus brazos, pero me estaba dando unos golpes horribles. «¿Quién es el hombre? ¿Quién es el hombre? ¿Quién es el hombre?», me repetía. Y yo, que temía perder la vida en aquello, le respondí: «Tú, porque sabes judo».

Por suerte, no todos los deportistas se portaban de esa manera. Cerca de la casa de mi tía había una enorme escuela que se llamaba INDER.* Eran miles de muchachos entrenándose en ciclismo, boxeo, garrocha y otros deportes, que estaban becados en aquella escuela a sólo dos cuadras de mi cuarto. Casi todos pasaron por ese cuarto. A veces se reunían varios, otras veces uno solo. Una vez coincidieron un profesor y un alumno; se miraron sorprendidos. El profesor era de la Juventud Comunista y, cuando llegó y tocó a la puerta, yo no se la abrí, porque estaba con el alumno en mi cuarto; pero él trepó por el balcón, empujó la ventana y entró, encontrándose con el alumno desnudo. No tenía forma de explicarle a aquel alumno cómo, a las tres de la mañana, él se había lanzado por una ventana adentro en aquel cuarto donde vivía un maricón; la verdad es que no sé cómo lo hizo, porque aquella noche se marchó, pero al otro día regresó. Por fortuna, el alumno no estaba allí.

Mis aventuras eróticas no se limitaban a las playas ni a los cuarteles; también visitaba las universidades, los albergues universitarios, donde dormían cientos de estudiantes. Allí conocí a un joven llamado Fortunato Córdoba; era colombiano y había ido a Cuba con la esperanza de hacerse médico. El gobierno revolucionario había invitado por esa fecha a muchos jóvenes de toda la América Latina para cursar en Cuba estudios universitarios. Una vez en las universidades, se les empezaba a dar adoctrinamiento político y, finalmente, se les decía que su país necesitaba ser liberado; que eran una víctima del imperialismo norteamericano; que tenían que regresar como guerrilleros.

Fortunato me contó todo aquello mientras hacíamos el amor en una colchoneta en el sótano de la beca. El no quería volver como guerrillero, quería ser médico y para eso había venido a

---

* Instituto Nacional de Deporte y Recreación. *(N. del E.)*

129

Cuba. Y como se había negado, le habían retirado el pasaporte y ahora lo amenazaban con expulsarlo de la universidad. Estaba desesperado al pensar qué iba a hacer en Cuba, expulsado de la universidad y sin ningún documento de identificación.

Hicimos el amor durante un año y, al fin, tuvo que enrolarse como guerrillero; no sé si lo mataron, porque nunca más tuve noticias de él. Cuando escribí *El palacio de las blanquísimas mofetas* quise hacerle un pequeño homenaje a ese magnífico amante que había tenido; el héroe de mi novela se llamó Fortunato.

Algunos otros guerrilleros, al parecer más afortunados, regresaron a Cuba. Una vez llegó uno llamado Alfonso que había conocido a Fortunato en las guerrillas y éste le había dado mi dirección. Tocó en la casa de mi tía, preguntó por mí y para identificarse me dijo que era amigo de Fortunato. Me di cuenta enseguida de lo que quería; nos hicimos buenos amigos y excelentes amantes. Había estado en las guerrillas y trabajaba para el Ministerio del Interior de Cuba y ocupaba cargos oficiales en las representaciones diplomáticas a las cuales iba Fidel Castro, formando parte de su cuerpo de seguridad. Tal vez por ser extranjero se le perdonaban aquellos actos de bugarronería, o tal vez el Gobierno no lo sabía; el caso es que me estuvo visitando por años; iba esporádicamente, como es lógico, y se comportaba de una manera francamente muy varonil. Súbitamente desapareció; tal vez lo trasladaron para otro país en misión oficial y quién sabe hoy en día dónde estará.

Aparte del flete diurno que se realizaba, generalmente, en las playas, La Habana disfrutaba también de otra vida homosexual poderosísima; subterránea, pero muy evidente. Esa vida era el flete nocturno por toda la Rampa, por Coppelia, por todo el Prado, por todo el Malecón, en el Coney Island de Marianao. Todas esas zonas estaban repletas de reclutas y becados; hombres solos, encerrados en cuarteles y escuelas, que salían de noche deseosos de fornicar y le metían mano a lo primero que encontraran. Yo trataba de ser siempre uno de los primeros en ser encontrado en cualquiera de estos sitios. «Ligué» con cientos de ellos y los llevé para mi cuarto; a veces no querían ir tan lejos y entonces había que aventurarse por La Habana Vieja y subir alguna escalera y en el último piso bajarse los pantalones. Creo que nunca se singó más en Cuba que en los años sesenta; en esa década precisamente cuando se promulgaron todas aquellas leyes en contra de los homosexuales, se desató la persecución contra ellos y se crearon los campos de concentración; precisamente cuando el acto sexual se convirtió en un tabú, se pregonaba al hombre nuevo y se exaltaba el machismo. Casi todos aquellos jóvenes que desfilaban ante la Plaza de la Revolución aplaudiendo a Fidel Castro, casi todos aquellos soldados que, rifle en mano, marchaban con aquellas caras marciales, después de los desfiles, iban a acurrucarse en nuestros cuartos y, allí, desnudos, mostraban su autenticidad y a veces una ternura y una manera de gozar que me ha sido difícil encontrar en cualquier otro lugar del mundo.

Quizá secretamente intuían que estaban haciendo algo prohibido, que caían bajo la ley de la peligrosidad, bajo el signo de la maldición y, por eso, cuando les llegaba aquel momento, se mostraban con tanta plenitud y tanto esplendor, gozando cada instante, conscientes de que podía ser el último pues les podía costar muchos años de cárcel. Por otra parte, no se practicaba la prostitución, sino el goce; era el deseo de un cuerpo por otro cuerpo, era la necesidad de satisfacerse. El placer realizado entre dos hombres era una especie de conspiración; algo que se daba en la sombra o en pleno día, pero clandestinamente; una mirada, un parpadeo, un gesto, una señal, eran suficientes para iniciar el goce total. La aventura en sí misma, aun cuando no llegara a culminar en el cuerpo deseado, era ya un placer, un misterio, una sorpresa. Entrar a un cine era pensar al lado de quién nos sentaríamos y si ese joven que estaba sentado allí estiraría una pierna hacia nosotros. Extender la mano lentamente y palpar su muslo y, luego, atreverse un poco más y tocar por encima del pantalón un miembro deseoso de salir de aquella tela. Allí mismo, mientras proyectaban una vieja película americana, masturbarlo; ver cómo eyaculaba y luego se marchaba antes de terminada la película. Tal vez nunca se le volviera a ver después de conocer su rostro sólo de perfil; pero en todo caso sería un tipo formidable.

Donde más se erotizaba la gente era en los viajes interprovinciales; tomar aquellos ómnibus repletos de jóvenes y sentarse al lado de uno de ellos era ya tener la seguridad de que algún juego erótico iba a haber en el viaje. El chofer apagaba las luces y la guagua rodaba por aquella carretera llena de baches y, a cada salto del vehículo, uno tenía la oportunidad de extender la mano y tocar un sexo erecto, un muslo joven, un pecho fuerte; uno podía permitir que las manos recorriesen el cuerpo, palpasen la cintura, desabrochasen el cinto, se introdujesen cautelosas y ávidas donde se guarecía el formidable miembro. Aquellas aventuras, y aquellas personas con las que uno las tenía, eran formidables. Aquellos hombres disfrutaban haciendo su papel de macho activo, querían que se la mamaran allí mismo, y hasta templar en plena guagua.

Después, al llegar al exilio, he visto que las relaciones sexuales pueden ser tediosas e insatisfechas. Existe como una especie de categoría o división en el mundo homosexual; la loca se reúne con la loca y todo el mundo hace de todo. Por un rato, una persona mama y luego la otra persona se la mama al mamante. ¿Cómo puede haber satisfacción así? Si, precisamente, lo que uno busca es su contrario. La belleza de las relaciones de entonces era que encontrábamos a nuestros contrarios; encontrábamos a aquel hombre, a aquel recluta poderoso que quería, desesperadamente, templarnos. Eramos templados bajo los puentes, en los matorrales y en todas partes por hombres; por hombres que querían satisfacerse mientras nos las metían. Aquí no es así o es difícil que sea así; todo se ha regularizado de tal modo que han creado grupos y sociedades donde es muy difícil para un homosexual encontrar un hombre; es decir, el verdadero objeto de su deseo.

No sé cómo llamar a aquellos jóvenes cubanos de entonces; no sé si bugarrones o bisexuales. Lo cierto es que tenían sus novias y sus mujeres, y cuando iban con nosotros gozaban extraordinariamente; a veces más que con sus mujeres, que muchas veces se negaban a mamar y disfrutaban menos con ellas porque tenían prejuicios.

Recuerdo a un mulato extraordinario, casado, con varios hijos, que se escapaba de su familia una vez por semana para templarme en el sillón de hierro de mi cuarto; nunca vi a un hombre gozar tanto. Sin embargo, era un excelente padre de familia y un esposo intachable.

Creo que si una cosa desarrolló la represión sexual en Cuba fue, precisamente, la liberación sexual. Quizá como una protesta contra el régimen, las prácticas homosexuales empezaron a proliferar cada vez con mayor desenfado. Por otra parte, como la dictadura era considerada como el mal, todo lo que por ella fuera condenado se veía como una actitud positiva por los inconformes, que eran ya en los años sesenta casi la mayoría. Creo, francamente, que los campos de concentración homosexuales y los policías disfrazados como si fueran jóvenes obsequiosos, para descubrir y arrestar a los homosexuales, sólo trajeron como resultado un desarrollo de la actividad homosexual.

En Cuba, cuando uno iba a un club o a una playa, no había una zona específica para homosexuales; todo el mundo compartía junto, sin que existiera una división que situara al homosexual en una posición militante. Esto se ha perdido en las sociedades más civilizadas, donde el homosexual ha tenido que convertirse en una especie de monje de la actividad sexual y ha tenido que separarse de esa parte de la sociedad, supuestamente no homosexual que, indiscutiblemente, también lo excluye. Al no existir estas divisiones, lo interesante del homosexualismo en Cuba consistía en que no había que ser un homosexual para tener relaciones con un hombre; un hombre podía tener relaciones con otro como un acto normal. Del mismo modo, a la loca que le gustaba otra loca, podía ir con ella y vivir juntas sin ningún problema, pero al que le gustaran los hombres de verdad, también podía alcanzar a ese macho que quería vivir con él o tener con él una relación amistosa, que no interrumpía para nada la actividad heterosexual de aquel hombre. Lo normal no era que una loca se acostara con otra loca, sino que la loca buscara a un hombre que la poseyera y que sintiera, al hacerlo, tanto placer como ella al ser poseída.

La militancia homosexual ha dado otros derechos que son formidables para los homosexuales del mundo libre, pero también ha atrofiado el encanto maravilloso de encontrarse con una persona heterosexual o bisexual, es decir, con un hombre que sienta el deseo de poseer a otro hombre y que no tenga que ser poseído a la vez.

Lo ideal en toda relación sexual es la búsqueda de lo opuesto y por eso el mundo homosexual actual es algo siniestro y desolado; porque casi nunca se encuentra lo deseado.

Desde luego, aquel mundo también tenía sus peligros. Yo, al igual que todos los homosexuales, también sufrí muchos robos y chantajes. Una vez, saliendo de cobrar mi sueldo en la Biblioteca Nacional, cometí la imprudencia de irme para la playa con todo el sueldo del mes, que eran noventa pesos; no mucho, pero era todo lo que yo tenía para vivir durante un mes. Ese día conocí a un muchacho maravilloso, que había cazado un cangrejo y lo tenía amarrado; caminaba por la arena con aquel cangrejo como si fuera su perro. Elogié el cangrejo mientras le miraba las piernas al joven, que fue rápidamente para mi caseta. Lo único que tenía puesto era una pequeña trusa. No sé como se las arregló para, mientras maniobraba sexualmente de una manera bastante experta, robarse todo el dinero que yo tenía en el bolsillo de mi pantalón y meterlo en aquella pequeña trusa. Lo cierto es que cuando ya se había ido, me di cuenta de que había sido desvalijado; no tenía ni siquiera los cinco centavos para tomar la guagua de regreso a la casa. Lo busqué por toda La Concha; en una de las casetas abiertas había un cangrejo destrozado. Era, evidentemente, una persona bastante violenta; todo lo que quedaba del cangrejo eran sus huesos. El bello adolescente había desaparecido sin dejar ni siquiera el cangrejo como testigo del robo.

Esa tarde me fui para mi casa caminando, llegué al cuarto, y seguí escribiendo un poema. Era un poema largo que se titulaba «Morir en junio y con la lengua afuera». A los pocos días tuve que interrumpir mi poema, pues alguien me había entrado por la ventana del cuarto y me había robado la máquina de escribir. Fue un robo serio, porque para mí aquella máquina de escribir era no sólo la única pertenencia de valor que tenía en aquel cuarto, sino el objeto más preciado con el que yo podía contar. Sentarme a escribir era, y aún lo sigue siendo, algo extraordinario; yo me inspiraba (como un pianista) en el ritmo de aquellas teclas y ellas mismas me llevaban. Los párrafos se sucedían unos a otros como el oleaje del mar; unas veces más intensos y otras menos; otras veces como ondas gigantescas que cubrían páginas y páginas sin llegar a un punto y aparte. Mi máquina era una Underwood vieja y de hierro, pero constituía para mí un instrumento mágico.

Guillermo Rosales, entonces un escritor joven y guapo, me prestó su máquina de escribir y terminé el poema.

Más adelante, se apareció a mi casa un policía mulato, bastante guapo, por cierto. Me dijo que tenía mi máquina de escribir en la estación de policía. El ladrón había sido detenido en el momento en que cometía otro robo y le practicaron un registro en su casa, encontrando un arsenal de cosas robadas y, entre ellas, mi máquina. Al parecer el mismo ladrón dijo que me pertenecía. Hubo que hacer numerosos trámites burocráticos pero, finalmente, en una guagua repleta yo cargué con aquella máquina que pesaba una tonelada, y la pude colocar otra vez en mi cuarto. Yo temía que me la volvieran a robar y mi amigo Aurelio Cortés tuvo la ingeniosa idea de fijarla a la mesa de metal en que estaba puesta con unos tornillos.

Varias veces entraron los delincuentes a mi casa, es decir, los muchachos con los que yo había hecho el amor, e intentaron robarse la máquina, pero nada; era imposible llevársela con la mesa metálica a la que estaba, prácticamente, soldada. A partir de entonces me sentí más seguro de poder continuar mi vida amorosa, sin que peligrase el ritmo de mi producción literaria. Y es que, a mí, ese ritmo me acompañaba siempre; aun en los momentos de mayor intensidad amorosa o en los momentos de mayor persecución policial. Era como la culminación o el complemento de todos los demás placeres y también de todas las demás calamidades.

Tres fueron las cosas maravillosas que yo disfruté en la década del sesenta: mi máquina de escribir, ante la cual me sentaba como un perfecto ejecutante se sienta ante un piano; los adolescentes irrepetibles de aquella época en que todo el mundo quería liberarse, seguir una línea diferente a la línea oficial del régimen y fornicar; y por último, el pleno descubrimiento del mar.

Cuando de niño había estado en Gibara y había vivido varias semanas en la casa de mi tía Ozaida, cuyo esposo, Florentino, trabajaba allí como albañil, había ya podido estar en el mar, pero no podía aún disfrutar de la aventura del mar como lo hice luego, con veinte y pico de años. Me convertí durante los años sesenta en un nadador experto; salía mar afuera y nadaba en aquellas aguas transparentes, mirando hacia la playa como algo remoto, mientras disfrutaba del oleaje que me mecía. Era maravilloso sumergirse y ver allá abajo el fondo marino; aquel espectáculo resulta insuperable por más que haya viajado y conocido otros sitios, sin duda, muy interesantes. Aquel fondo coralino, rocoso, blanco, dorado, único, que bordea la plataforma insular de Cuba. Yo emergía reluciente, terso, lleno de vitalidad, hacia aquel sol brillante que se reflejaba inmenso en el agua.

El mar fue entonces para mí el descubrimiento y el goce más extraordinario; el tumultuoso oleaje del invierno, sentarse frente al mar, caminar desde mi casa hasta la playa y desde allí disfrutar del atardecer. Es un atardecer único el que se disfruta en Cuba cuando uno está cerca del mar, específicamente en La Habana, donde el sol cae como una bola inmensa sobre el mar mientras todo se va transformando en medio de un misterio único y breve, y de un olor a salitre, a vida, a trópico. Las olas, llegando casi hasta mis pies, dejaban un reflejo dorado en la arena.

Yo no podía vivir alejado del mar. A diario, cuando me levantaba, sacaba la cabeza por aquel balconcito y miraba aquella extensión azul, centelleante, perdiéndose en lo infinito; aquel lujo de agua extraordinariamente brillante. No podía sentirme desdichado, porque nadie puede sentirse desdichado ante tal expresión de belleza y vitalidad.

A veces, en las noches también me levantaba para ver el mar. Si la noche era oscura, su estruendo era ya un consuelo y, desde luego, la mayor compañía que tenía entonces y que he tenido siempre. El mar adquiría para mí resonancias eróticas.

Un día estaba sentado en la playa Patricio Lumumba y vi a un adolescente caminar hacia el muro y perderse detrás de él. Yo lo seguí y aquel muchacho se había bajado la trusa y se masturbaba mirando el mar.

Me sabía casi todos los recovecos del mar a lo largo de la costa de La Habana; los lugares donde súbitamente, se abría una depresión y aparecían peces de colores inesperados, las zonas pobladas de corales rojos, las rocas, los sitios donde se alzaban inmensos bancos de arena y uno podía ponerse de pie y descansar. Después de aquellos recorridos, volvía a la casa y me daba una ducha. Generalmente, comía mal y poco; el racionamiento era terrible y era además mi tía quien tenía la libreta en la que yo aparecía y, desde luego, casi nunca me daba comida o me daba lo peor. Una vez oí cuando le decía a mi tío: «Le dije que el pollo se pudrió para que nos alcanzara mejor la cuota a nosotros». El pollo venía una vez al mes y, lógicamente, mi tía tenía tres hijos y su esposo, además de varios amantes; por ese motivo yo sufría más que nadie la rigurosa cuota de racionamiento impuesta por Castro. Pero después de darme una ducha o, mejor dicho, de tirarme un cubo de agua puesto que ya ésta no subía hasta la ducha, iba a trabajar para la UNEAC y me sentía con tal vitalidad, que podía soportar aquellas horas de trabajo burocrático, revisando pruebas de galera de revistas tan espantosas como la revista *Unión,* en la que yo en aquel momento fungía como redactor, pero donde era un simple corrector de pruebas, sin voto para opinar y sin derecho a publicar. Pero después del mar, yo tomaba todo aquello como algo que no era cierto, sino como una pesadilla; la verdadera vida estaba cerca de la costa, en aquel mar resplandeciente que al otro día me aguardaría y donde podría desaparecer, por lo menos unas horas.

Pero tener una careta y unas patas de rana era también un privilegio en Cuba. Yo las había conseguido gracias a Olga, una francesa esposa de un amigo mío. Aquellas patas de rana y aquella careta eran la envidia de todos los jóvenes que me rodeaban por aquella playa. Con ellas practicó Jorge Oliva innumerables veces, hasta que un día pudo irse nadando por la base naval de Guantánamo. También la Ñica, la amiga de Jorge Oliva, se entrenó con mis patas de rana y pudo marcharse también de Cuba, clandestinamente, por la base naval.

Un día un adolescente, bellísimo por cierto, me pidió prestadas las patas de rana. No vi ningún peligro en ello y se las di. No sé cómo pudo desaparecer de la manera que lo hizo; debe de haber salido a varios kilómetros de allí, pero lo cierto es que nunca más volví a ver a mis queridas patas de rana.

Hiram Pratt, que estaba a mi lado, me dijo que conocía al muchacho y que podíamos ir hasta su casa. No vacilé y me lancé con Hiram a uno de los barrios más peligrosos de La Habana; era cerca de Marianao y se conocía con el nombre de Coco Solo. Tocamos en su casa y él se sintió tan desconcertado que nos dijo que esperáramos en la esquina, y allí se apareció con más de veinticinco delincuentes, armados de palos y piedras. Tuvimos que desaparecer a toda velocidad.

Sólo podíamos esperar a que Olga viajara a Francia y nos trajera otras patas de rana. Olga era una mujer increíble; le gustaban los homosexuales y le resultaba imposible tener relaciones sexuales con un hombre que no lo fuera. Supongo que vivía una vida insatisfecha, pero he conocido a muchas mujeres con esas preferencias. Su esposo estaba constantemente a la caza de homosexuales, que además tenían que ser pasivos, que quisiesen poseer a Olga, que era una mujer bellísima. Los heterosexuales estaban locos por poseerla, pero no había modo, porque ella sólo gustaba de ir a la cama con homosexuales pasivos, que fueran locas evidentes. Miguel nos rogaba a todos nosotros que poseyéramos a Olga y creo que casi todos, por un problema de fidelidad amistosa, poseímos a su esposa.

Sin embargo, Miguel decía ser heterosexual, aunque sus amigos eran verdaderos monumentos masculinos. Una tarde, estando en la playa, se desató una tormenta enorme y Miguel, con sus dos amigos José Dávila y un judoka formidable que creo pertenecía a la Seguridad del Estado, tuvieron que refugiarse en mi cuarto. Se hizo de noche y allí se quedaron a dormir. A media noche el judoka dio muestras de una erección descomunal; nunca había visto a un hombre con un miembro tan poderoso. Miguel y José Dávila dormían o se hacían los dormidos, y el judoka, que según Miguel y José, era uno de los hombres más mujeriegos que habían conocido, se trabó conmigo en un encuentro formidable.

A los varios días, Miguel vino a visitarme y no quería creer lo que yo le había contado. De todos modos, al poco rato me dijo que él necesitaba ser poseído y me incitaba a que lo hiciera; tuve que hacerlo. En varias ocasiones se presentó a mi casa a hacer esos requerimientos, que yo siempre satisfacía. Después se vestía y me decía: «No lo hago por placer; es que necesito masaje prostático, que es una de las cosas más importantes para mantener el equilibrio de la salud».

Esos casos se daban mucho también. Recuerdo a un muchacho bronceado, encantador, extremadamente varonil, y siempre que iba a mi cuarto, era él quien era poseído. Confieso que a mí me gustaba poseer a ese tipo de muchachos que parecían extremadamente varoniles. Quizás al cabo de muchas prácticas uno terminaba aburriéndose, pero al principio era una aventura. Este muchacho, después de ser poseído y gozar más de lo que había gozado yo, se vestía, me daba un fuerte apretón de mano y me decía: «Me voy, que tengo que ir a ver la "jeva"». Y, efectivamente, no creo que me mintiera; era un bellísimo muchacho, y tenía unas novias también encantadoras.

138

Siempre nos dábamos cita frente al mar. Hiram Pratt me esperaba a veces en Guanabo o en Santa María, bajo unos pinos cerca de las olas. Cuando podíamos, la caravana se trasladaba hasta Varadero, hasta la Bahía de Matanzas, hasta las playas más remotas de Pinar del Río; pero siempre nuestra meta final era el mar. El mar era una fiesta y nos obligaba a ser felices, aun cuando no queríamos serlo.

Quizás, inconscientemente, amábamos el agua como una forma de escapar de la tierra donde éramos reprimidos; quizás al flotar en el mar escapábamos a aquella maldita circunstancia insular. Un viaje por mar, cosa prácticamente imposible en Cuba, era el goce mayor. Sólo tomar la lanchita de Regla y atravesar la bahía era ya una experiencia maravillosa.

Como ya dije antes, aquel tiempo disfrutado frente a las olas fue lo que inspiró mi novela *Otra vez el mar*.

Esa novela tuve que reescribirla tres veces, porque sus manuscritos, como las mismas olas, se perdían incesantemente e iban a parar por una u otra razón a manos de la policía. Me imagino que todas estas versiones perdidas de mi novela colmarán en el Departamento de Seguridad del Estado de Cuba un enorme estante. La burocracia es muy aplicada y espero que, por lo mismo, no haya destruido mis textos.

Yo sufría ya por entonces, en el sesenta y nueve, una persecución constante de la Seguridad del Estado, y temía siempre por los manuscritos que, incesantemente, producía. Metía todos aquellos manuscritos y los poemas anteriormente escritos, es decir, todos los que no había podido sacar de Cuba, en un enorme saco de cemento y visitaba a todos mis amigos buscando alguno que, sin hacerse sospechoso para la Seguridad, pudiera guardarme los manuscritos. No era fácil encontrar quien quisiera hacerse cargo de aquellos papeles; a quien se los encontraran podía estar años en prisión.

Nelly Felipe me los guardó. Durante meses estuvieron aquellos manuscritos míos guardados en su casa. Un día comenzó a leerlos y fue honesta conmigo y me dijo: «La novela me gusta muchísimo, pero mi esposo es teniente de la Seguridad del Estado y no puede descubrir aquí estos manuscritos». Otra vez me vi caminando por la Quinta Avenida con mi saco de cemento lleno de papeles garabateados, sin tener para dónde llevarlos.

Finalmente, los llevé para mi casa. Tenía en mi cuarto un pequeño closet, que pude camuflajear empapelándolo, como el resto de mi cuarto, con revistas extranjeras conseguidas clandestinamente y, de pronto, el closet desapareció siendo una pared más en mi cuarto, y dentro estaban ocultos todos aquellos papeles que durante años había emborronado.

En realidad tenía que tener cuidado. Un día, Oscar Rodríguez fue a buscarme a la UNEAC y me llevó a su casa que estaba en H y 17 en el Vedado. Luego de prepararme un té, me dijo: «Reinaldo, yo soy tu amigo, pero también soy un informante de la Seguridad del Estado». Según él, la Seguridad quería saber exactamente cómo era que yo sacaba mis manuscritos fuera de Cuba, con quién lo hacía, qué manuscritos tenía inéditos, dónde los guardaba y cuáles eran mis conexiones en el extranjero. Yo había publicado ya una novela en el extranjero, *El mundo alucinante*, y se anunciaba la próxima aparición de *Celestino antes del alba*.

El mundo alucinante había sido prohibida en Cuba, aunque a la vez había sido premiada por la UNEAC. Oscar Rodríguez trabajaba en el Instituto Cubano del Libro y había sido captado por los órganos de la Seguridad del Estado. El hecho de ser informante le daba ciertos privilegios; si era cogido realizando un acto homosexual, podía no ir a parar a un campo de concentración; se le había prometido también un viaje a no sé qué país socialista; y un posible traslado, como traductor, a la Sección de Intereses Norteamericanos en Cuba, a la cual, ciertamente, pasó luego a trabajar.

Yo, por supuesto, no le dije a Oscar cómo había sacado mis manuscritos, ni qué era lo que yo estaba escribiendo. Me sentí muy sorprendido ante sus preguntas, pero también muy desconfiado. Nada me garantizaba que aquel amigo de tantos años no fuera un policía tan excelente que hubiera llegado al extremo de fingir que traicionaba a sus jefes, para obtener la información que deseaban y hacer una labor más eficiente. Tal vez, ante aquella confesión, él esperaba que yo hiciera la mía y le dijera dónde guardaba mi saco de cemento. No lo hice así; por el contrario, al otro día cargué con el saco de cemento para la casa de otro de mis amigos, en aquel momento íntimo, el doctor Aurelio Cortés, que vivía en San Bernardino 57 en Santos Suárez.

Jorge y Margarita

La verdad de cómo salieron aquellos manuscritos de Cuba puede ser expuesta ahora. En el año sesenta y siete tuvo lugar en Cuba un evento famoso y realmente importante; el Salón de Mayo. La Revolución quería darse un baño de liberalidad occidental y todavía era respetada por la inmensa mayoría de los intelectuales europeos y, naturalmente, los latinoamericanos. Con ese fin, se organizó aquella inmensa exposición de pintores que, generalmente, se llevaba a cabo en París y ese año se efectuó en La Habana, con obras incluso hasta de Picasso.

A Fidel Castro se le ocurrió la idea de, junto a las obras, exhibir vacas. Las vacas pululaban casi junto a las obras de Picasso o Wifredo Lam. Yo acababa de publicar la única novela que publiqué en Cuba, es decir, *Celestino antes del alba*, y trabajaba aún en la Biblioteca Nacional. Un día, me llamó alguien a la Biblioteca y me dijo que se llamaba Jorge Camacho y que era pintor; yo no lo conocía. Era un pintor que se había ido de Cuba en el año cincuenta y nueve y su obra en Cuba era, por tanto, desconocida; mucho más para mí, que muy poco conocía de la pintura anterior al año cincuenta y nueve. Camacho pertenecía al grupo de pintores que exhibía en el Salón de Mayo y estaba hospedado en el Hotel Nacional con su esposa Margarita, y allí me invitó a darme unos tragos y conocerme, puesto que acababa de comprar y leer la novela *Celestino antes del alba* y le había gustado.

Yo fui al Hotel Nacional, siempre temiendo que aquello pudiera comprometerme, pues ya por aquella época, los hoteles eran sitios donde sólo se albergaban los extranjeros; y por cada extranjero había, por lo menos, diez policías.

Mi encuentro con Camacho y Margarita marcó una nueva época en mi vida. Ellos tenían esa intuición (muy rara en los

141

invitados oficiales a un evento en un país socialista), de descubrir la verdad existente incluso detrás de un elogio, y hasta de las incesantes atenciones de las que eran objeto. Una duda les quedaba con relación a cuál era la situación real de los artistas en Cuba. Desiderio Navarro, Virgilio Piñera y yo nos encargamos de aclarársela: campos de concentración, persecuciones, censura, cárceles repletas.

En realidad, Camacho y Margarita llegaron a confraternizar tanto con nuestra situación que hasta tuvieron problemas para salir de Cuba. Desde luego, fueron a visitar a José Lezama Lima que, literalmente, se moría de hambre; lo llevaron a comer varias veces al Hotel Nacional. Camacho estaba sorprendido de la cantidad de comida que Lezama podía ingerir; desde luego, era como un camello que tenía que abastecerse hasta recibir una nueva invitación de ese tipo, lo cual no era frecuente.

Nuestra amistad fue de ésas que una vez que se establecen ya es para siempre; era como el encuentro de un ser querido al que siempre hubiésemos estado añorando y que, súbitamente, hubiese hecho su aparición. Yo nunca tuve hermanos y apenas sentí el calor de una familia, y esa hermandad presentí que iba a ser duradera. Han pasado más de veinte años y, de una u otra manera, ellos siempre se han comunicado conmigo semanalmente; a través de un turista, de un mensaje cifrado en una carta enviada por vía normal, una postal, la noticia de una exposición, un libro y cientos de pequeños detalles que me ayudaron a vivir durante los casi quince años que permanecí en Cuba después de que nos conocimos.

Al marcharse, naturalmente, se llevaron *Celestino antes del alba* y mi manuscrito de *El mundo alucinante*. Camacho se presentó en Editions du Seuil, le entregó el manuscrito y la novela publicada a Claude Durand, que era uno de los directores de la colección latinoamericana de esa editorial, y a los tres días recibí un telegrama diciendo que querían publicar, inmediatamente, la novela. Eso me sorprendió tremendamente porque unos meses antes, por orientación de Rodríguez Feo, yo le había enviado la novela *Celestino antes del alba* a Severo Sarduy, que era también el codirector de la sección latinoamericana de aquella editorial, y Severo me hizo una carta llena de elogios a la novela, pero donde concluía diciéndome que los planes de produc-

142

ción estaban repletos y era imposible la publicación de mi novela.

Más adelante, *El mundo alucinante* fue traducido inmediatamente por uno de los mejores traductores que he tenido durante años, Didier Coste, junto a Liliane Hasson. Y la novela tuvo un gran éxito en Francia y fue considerada como la mejor novela extranjera, junto con *Cien años de soledad* de García Márquez. Eso, en otro país, me hubiese sido útil y hubiese permitido el desarrollo de mi trabajo, convirtiéndome en una especie de escritor respetable o algo por el estilo. En Cuba, el impacto de la crítica de la edición de *El mundo alucinante* en su versión francesa, se convirtió para mí en un golpe absolutamente negativo desde el punto de vista oficial. Fui puesto en la mirilla de la Seguridad del Estado, ya no sólo como un tipo conflictivo que había escrito novelas como *El mundo alucinante* o *Celestino antes del alba,* que eran textos irreverentes que no le hacían apología al régimen (que más bien lo criticaban), sino que, además, había cometido la osadía de sacar, clandestinamente, aquellas obras, y publicarlas sin el permiso, naturalmente, de Nicolás Guillén que era el preidente de la UNEAC. También había publicado en Uruguay un libro de cuentos: *Con los ojos cerrados.*

Era lógico que la Seguridad del Estado quisiera saber cómo había sacado del país aquellos manuscritos, qué relaciones tenía yo en el extranjero y cuáles eran los manuscritos que yo había producido.

Oscar Rodríguez, después de su interrogatorio, siguió ocupando varios cargos oficiales. Ahora está en el exilio y viaja incesantemente. ¿Para quién trabaja? ¿Quién podrá saberlo? De todos modos, como guajiro, siempre he sido muy desconfiado y eso tal vez fue lo que me ayudó a mantener mis nuevos manuscritos a buen recaudo y a no decirle nada a Oscar sobre los mismos.

Santa Marica

No podía, sin embargo, ocultarle lo mismo a Aurelio Cortés, quien era uno de mis grandes amigos en aquel momento y hacíamos enormes colas en los restaurantes de La Habana para no morirnos de hambre. Aurelio era un buen lector; era dentista y tenía unos dientes largos y desmesurados, pero eran naturales; no quiero decir que leyera con los dientes, era un lector voraz aunque carecía no obstante de algo que creo fundamental en todo cubano: el sentido del humor. Cuando le conté mi conversación con Oscar, él se llenó de pánico y cogió las más de mil páginas que constituían el manuscrito de mi novela y las trasladó a las playas de Guanabo donde vivían unas viejas amigas suyas que eran muy religiosas. A pesar de toda aquella religiosidad, las viejas no tuvieron escrúpulos en abrir aquel saco y leer el manuscrito de *Otra vez el mar* y, a medida que leían, iban quedándose horrorizadas, pero siguieron leyendo hasta el mismo momento en que aparecía el propio Cortés canonizado como Santa Marica. Ese era uno de los tantos homenajes que yo realizo a través de mi literatura a mis amigos; homenajes chuscos, irónicos tal vez, pero la ironía y la risa forman también parte de la amistad. Cortés, que tenía en aquellos momentos setenta años, era virgen; era un ser bastante flaco, feo, y había vivido con su madre hasta su muerte, hacía sólo unos diez años; su virginidad no había sido objeto de preocupación para ningún joven. Yo quise hacerle aquel homenaje y la canonicé como Santa Marica, la virgen benefactora de las locas; virgen y mártir.

A Cortés lo enfureció aquella canonización y, según me dijo, impartió órdenes a aquellas viejas para que destruyeran la novela. Me lo dijo un día cuando le pregunté por el manuscrito. Había en Jibacoa un turista amigo de Margarita y Camacho que tal vez podría sacarlo del país. Fue retorcido para darme esta noticia; me decía que si estaban aquí o estaban allá y, finalmente, me dijo que no estaban en sus manos, sino en las de otras personas, que no me lo iban a devolver porque yo me metía con la religión católica y con él mismo. Aquello me pareció tan absurdo que no me impresionó. Traté de recuperar los manuscritos de manera pacífica y varios amigos visitaron a Cortés a la Biblioteca para ver cómo podían conseguirlos, pero todo fue imposible. Cortés, viendo que yo empezaba a sentirme inquieto por la pérdida de aquellos manuscritos, comenzaba a sentirse feliz; era el momento de su venganza, y la venganza sólo se disfruta cuando la víctima sufre plenamente las consecuencias.

Al parecer, lo que más irritaba a Cortés es que yo lo había descrito en mi novela con unos dientes muy largos. Verdaderamente, no creo que hubiera exagerado mucho en esa primera versión de *Otra vez el mar*.

Ismael Lorenzo, otro amigo mío escritor, empezó a hacer todo tipo de planes para poder rescatar el manuscrito de la novela; esos planes incluían el rapto de Aurelio Cortés, es decir, encerrarlo e incomunicarlo en algún cuarto y, por la fuerza, obligarlo a que dijera dónde estaban los papeles. El plan me pareció descabellado; había que tener un automóvil, forzar a aquel hombre a que entrara en él y llevarlo a algún lugar que no teníamos; y todo tenía que ser de espaldas a la policía, que era la más interesada en obtener aquellos manuscritos.

Volví otra vez a entrevistarme con Cortés y esta vez me dijo que me olvidara de esos manuscritos porque ya él los había destruido. ¿Qué podía hacer en aquel momento? ¿Matar a Cortés? ¿Renunciar a escribir la novela?

Por unos días el desasosiego fue total; yo había empleado muchos años en terminar aquella obra, que era una de mis grandes venganzas y era una de mis obras más inspiradas. Aquella obra me la había regalado el mar y era el resultado de diez años de desengaños vividos bajo el régimen de Fidel Castro. En ella ponía toda mi furia.

Un día en que me sentía como cuando se ha perdido a un hijo, el más querido de todos los hijos, estaba en la playa pensando en mi libro perdido y decidí, de pronto, que tenía que regresar a mi casa, sentarme de nuevo en la máquina y comenzarlo de nuevo. No había más remedio; era la novela de mi vida y formaba parte de una pentagonía en la cual era ella el centro. Era imposible continuar en aquella pentagonía sin esa novela. Y comencé de nuevo.

En dos años terminé de nuevo mi novela. Mi gran triunfo fue cuando ya con mi manuscrito en la mano viajé junto con Hiram Pratt hasta Gibara, y allí, en los muelles de aquel pueblo, ahora completamente abandonado, volví a leerle los cantos más furiosos de *Otra vez el mar*. Elegí aquel pueblo para leer mi novela porque en él fue donde conocí por primera vez el mar. Entonces Gibara era uno de los pueblos más vitales de nuestra Isla; lleno de pescadores y turistas, hoteles, mansiones e iglesias con flamantes vitrales. Se bailaba en grandes salones, colocados sobre las rocas, desde los cuales los muchachos se tiraban al agua para luego salir relucientes, y otra vez formar parte del baile. ¿Qué había sido de ese pueblo? Estaba absolutamente destruido y desierto; el mismo puerto había sido invadido por la arena al no ser dragado; ya no había barcos en aquel pueblo, las playas habían perdido la arena y en su lugar sólo se encontraban piedras y erizos.

Mientras leíamos la novela, algunos muchachos se nos acercaron; al menos ellos conservaban la belleza de los que había visto en mi infancia caminar por todos los malecones de Gibara. Ahora se veían más desarrapados y se bañaban con unos pantalones que ellos mismos habían convertido en trusas. Pero, desde luego, Hiram Pratt y yo experimentamos el goce de compartir con ellos, después de leer la novela.

Dormimos en el parque y por la noche, naturalmente, nos detuvo la policía. Yo por lo que temía era por el manuscrito, pero éste sobrevivió afortunadamente. Era muy difícil sacar copias en Cuba, donde no existían fotocopiadoras. Ahora ya no había amigos confiables que lo ocultaran, porque los que lo eran vivían en una situación tan precaria e insegura, que no podían tenerlo, cosa que además los comprometía demasiado.

Tomé todos aquellos papeles y los envolví en unos nailons negros que yo me robaba cuando iba a plantar bolsas de café alrededor de La Habana, en lo que entonces se llamó el Cordón de La Habana; una de las ideas delirantes de Castro, que consistió en sembrar todos los alrededores de La Habana de café y convertir la capital en una especie de plantación cafetalera. Nin-

146

guna de aquellas plantas dio ni un grano de café y se perdieron millones de pesos, además del esfuerzo de miles de trabajadores que sacrificaron los fines de semana en ir a abrir los huecos y sembrar las posturas. La única utilidad que tuvo para mí el Cordón de La Habana fue la de apoderarme de unas cuantas bolsas de plástico, que me sirvieron para envolver mi manuscrito y guardarlo bajo el techo de la casa de Orfelina Fuentes, donde entonces yo vivía. Algún día (pensaba), cuando se presentara la oportunidad, sacaría los manuscritos fuera de Cuba. Levanté las tejas del techo y escondí allí mi novela.

Los hermanos Abreu

Cuando trabajaba desesperado en la segunda versión de *Otra vez el mar,* conocí a los hermanos Abreu (Juan, José y Nicolás). Ellos me estimularon para que yo reescribiese la novela. Yo les prometí que todas las semanas les leería algún canto de la obra. Nos reuníamos en los lugares más insólitos del Parque Lenín donde efectuábamos tertulias literarias. En aquel momento, en que éramos perseguidos y vigilados, nosotros escribíamos cosas condenatorias contra el régimen. Escribíamos, sobre todo, poemas que nos permitían no caer en la locura o en la esterilidad, como ya habían caído otros escritores cubanos.

Era una odisea llegar al Parque Lenín; había que tomar tres o cuatro ómnibus repletos. Era el único parque con bosques y lagos, un sitio desmesurado y situado a las afueras de la ciudad de La Habana. Evidentemente, era un parque para los altos funcionarios del régimen, para personas privilegiadas que tenían un automóvil y podían llegar allí en él, y comprar quesos crema y chocolates. Había incluso hasta un lujoso restaurante llamado Las Ruinas, cuyo nombre era muy apropiado porque todo el que comía allí quedaba absolutamente arruinado, ya que los precios de los platos eran inaccesibles para nuestros bolsillos; pero los altos funcionarios de Castro llegaban en sus autos y comían en aquel sitio. Y nosotros, muy cerca de allí, leíamos poemas, novelas y obras de teatro. En aquellas tertulias, que se prolongaron por más de cuatro años todos los domingos, participábamos José Abreu, Juan Abreu, Nicolás Abreu, Luis de la Paz y yo. Fue, indiscutiblemente, uno de los momentos de más intensidad creadora de todo el grupo.

La policía, seguramente, de vez en cuando me registraba el cuarto, pero yo estaba tranquilo; no había razón para que se pusieran a levantar las tejas del techo, donde estaban mis manuscritos.

En las tertulias del Parque Lenín, que se prolongaron hasta 1974, recuerdo haber leído *El Central, Morir en junio y con la lengua afuera, El leprosorio* y todos los otros cantos reescritos de *Otra vez el mar.* Un día decidimos fundar una revista clandestina hecha por los cinco integrantes del grupo. La hacíamos a máquina y le sacábamos seis o siete copias, circulándola luego sólo entre nosotros y los pocos amigos de confianza que por entonces teníamos. Se llamaba *Ah, la marea* y en ese primer número incluimos algunas traducciones mías de Rimbaud, poemas de todo el grupo y un capítulo de una novela de Juan Abreu, si mal no recuerdo. Sólo pudimos hacer dos números de aquella revista, pero aunque sólo nosotros la leíamos, era uno de los pocos consuelos que teníamos.

Eran ya muy pocas las esperanzas que nos quedaban de que aquel sistema pudiese cambiar y nuestras obras fueran publicadas o hubiese alguna apertura. Ya hacía años que habíamos renunciado a esa posibilidad y creo que además con toda razón.

El superestalinismo

A mí, uno de los acontecimientos que me llevó a comprender que bajo el sistema castrista ya no tenía yo nada que hacer, fue lo que ocurrió en 1968. Iba en una guagua calenturienta a dar una conferencia en una Casa de la Cultura en Pinar del Río que, increíblemente, tenía como coordinador de aquellas charlas a mi amigo el Beny (Evelio Cabiedes),* que no sé cómo se las arregló para conseguir aquel trabajo en el Ministerio de Cultura; tal vez, en aquella provincia ignoraban su historial erótico y su vida bohemia, así como su participación en el grupo de los *hippies*. Lo cierto es que el Beny se las agenció para conseguirme una invitación que incluía el pasaje y la estancia por tres días gratis en Pinar del Río. Mientras íbamos en la guagua, leíamos el periódico *Granma,* que era quizás una de las pocas cosas que se podían conseguir en Cuba para leer. Allí nos sorprendió la noticia de la invasión soviética de Checoslovaquia; y también la forma en que el *Granma* lo publicaba sin adoptar una posición respecto al problema, limitándose a dar una serie de opiniones de diferentes periódicos, incluyendo hasta la opinión del Papa. Algunos pensaban que, si el *Granma* había tenido aquella actitud, era tal vez porque Fidel Castro pensaba pronunciar un discurso rompiendo con la Unión Soviética y volver tal vez a una apertura más humana y democrática.

Durante dos o tres días nos mantuvimos en la incógnita; el *Granma* seguía publicando las noticias sobre la invasión de Checoslovaquia, pero no tomaba partido. Finalmente, allí en Pinar del Río, escuchamos el discurso de Fidel Castro, quien no solamente apoyaba fervientemente la invasión y felicitaba a la Unión Soviética y a los «héroes» que habían invadido con sus tanques

---

* Nacido en 1945. Véase uno de sus cuentos en L. Hasson. *Cuba. Nouvelles et contes d'aujourd'hui,* L'Harmattan, París, 1985. *(N. del E.)*

la frontera checa, sino que, además, pedía que en el caso de que Estados Unidos amenazasen su régimen, la Unión Soviética invadiera Cuba. No había escapatoria.

Aquel líder que había luchado contra Batista era ahora un dictador mucho peor que Batista y un simple títere de la Unión Soviética estalinista.

Indiscutiblemente, si se habían publicado todas las noticias en el *Granma* sin tomar partido era porque Fidel estaba esperando las orientaciones pertinentes de la Unión Soviética para preparar su discurso. Una vez que el embajador soviético le comunicó a Castro lo que éste tenía que decir, él, como un buen actor, tomó los micrófonos y pronunció aquel discurso dedicado a los «heroicos» invasores rusos.

Aquella estancia en Pinar del Río fue desoladora. Si alguna esperanza teníamos en una posible democratización de aquel sistema, hacia una posible ruptura con la Unión Soviética, en ese momento quedaba descartada. Sólo nos restaba vivir en un régimen despótico, en una colonia despótica que era, desde luego, más despótica que la misma metrópoli de la cual recibía órdenes.

Nosotros, a pesar del apoyo oficial del Gobierno a la invasión soviética, no nos mantuvimos indiferentes. Hicimos una marcha de protesta frente a la embajada checoslovaca; fue una marcha en la que participó una gran parte de la juventud habanera y donde se condenaba, abiertamente, el imperialismo soviético. Creo que fue una de las últimas marchas de protesta que se pudieron organizar en La Habana. La marcha terminó con la intervención de la policía y el arresto de un gran número de las personas que habíamos participado en ella. Hiram Pratt, el Beny y yo, nos dimos a la fuga por entre los matorrales de Coppelia. Escapamos a aquella recogida como anteriormente a otras.

Evidentemente, ya Checoslovaquia había caído bajo el manto de la Unión Soviética y entonces poco se podía hacer.

Nosotros habíamos tenido en la Casa de la Cultura Checoslovaca un lugar donde habíamos podido ver películas que habían sido producidas durante la Primavera de Praga, que eran excelentes, pero que el régimen comunista acusaba de diversionistas. También allí podíamos reunirnos y leer nuestros libros; el último que se leyó fue *Lenguaje de mudos,* de Delfín Prats. La invasión rusa a Checoslovaquia también nos quitaba aquel pequeño consuelo; el de tener un lugar para hacer lecturas literarias.

Llegó en ese momento para nosotros, los escritores cubanos, una época de superestalinismo; el trabajo obligatorio se hizo cada vez más intenso y ya era imposible tener un fin de semana libre para leer en el Parque Lenín o para ir a la playa; había que participar incesantemente en la agricultura. Era el momento en que todo el país se preparaba para la Zafra de los Diez Millones. Ya desde el año 1969 habían comenzado los trabajos forzados. En la UNEAC se efectuaban constantes asambleas para obligarnos a participar en aquella zafra y, por último, la UNEAC «decidió» cerrar y enviar a todos los escritores a los centrales azucareros para cortar caña. La Isla se convirtió en una enorme plantación de caña que todos teníamos que abatir.

La UNEAC hacía lecturas, generalmente, con escritores oficiales, pero alguna que otra vez invitaba a algún escritor conflictivo. Lo que hacían era sondear todo el panorama cultural de la época para luego tomar sus medidas represivas.

Entre las invitaciones que este año se extendieron en la UNEAC estuvo la que le fue enviada al poeta Heberto Padilla. Padilla llegó a la UNEAC con una camisa violeta y empezó a leer los poemas de su libro *Provocaciones*. Estaba allí hasta el agregado cultural de la embajada china, raro personaje, cuyo fuerte, casi seguramente, no era la poesía. Era atendido celosamente por la Seguridad Cubana, es decir, por Otto Fernández, José Martínez Matos, Gustavo Eguren y otros.

Padilla era entonces como el «héroe» de toda nuestra generación. Había escrito en 1968 *Fuera del juego*, lo había presentado al concurso de la UNEAC y había ganado el premio por unanimidad en el jurado. El libro había sido publicado con una nota de protesta de la UNEAC en la que se calificaba a Padilla de contrarrevolucionario y antisoviético. Pero había sido un triunfo; aunque el libro había sido publicado, casi nadie lo había adquirido porque los ejemplares de su reducida tirada habían sido retirados, casi en su mayoría, de la venta.

Desde luego, nadie allí tenía una grabadora, y los jóvenes copiaban los poemas taquigráficamente, tal vez con esa intuición que les hacía ver que aquel libro nunca se iba a ver publicado, por lo menos en Cuba.

Una de las lecturas más indignantes y miserables que se hicieron en la UNEAC fue la efectuada por Cintio Vitier en el año 1969. Aquélla fue calificada por nosotros, los escritores clandestinos, como la conversión de Cintio Vitier. De repente, aquel hombre que durante todos aquellos años había estado criticando la Revolución y se había negado en gran medida a publicar bajo el régimen de Castro, ahora se declaraba más castrista que el propio Castro y leía largos poemas inspirados en la recogida de café y en el corte de caña. La oficialidad cubana estaba allí amparando a Cintio: Retamar, Guillén, Raúl Roa.

Indiscutiblemente, ya Cintio sabía de qué lado soplaban los vientos políticos y quería ponerse a buen recaudo. Era la actitud típica del católico reaccionario, la actitud típica de la misma Iglesia Católica; siempre del lado de los poderosos y traicionando a los humildes.

Irónicamente, aquella misma noche en que Cintio se declaraba castrista, se hacía en La Habana una de las más grandes recogidas de jóvenes; una redada brutal de la Seguridad del Estado en la que cientos y cientos de jóvenes eran arrestados a golpes por la policía y eran llevados a los campos de concentración, pues se necesitaban brazos para cortar la caña. Se acercaba la zafra y aquellos jóvenes vitales y melenudos, que todavía osaban pasearse por las calles, fueron todos arrastrados, como antaño los indios y los negros esclavos, a las plantaciones azucareras. Era el fin de una época, clandestina y perentoria, pero aún cargada de creatividad, erotismo, lucidez y belleza. Nunca más aquellos adolescentes volvieron a ser lo que eran; luego de tanto trabajo forzado y vigilancia en general se volvieron fantasmas esclavizados, que no tenían a su alcance ni siquiera las playas, muchas de las cuales fueron clausuradas y convertidas en centros sindicales sólo para oficiales del ejército castrista o para turistas extranjeros.

El Central

Desde luego, en el setenta yo también fui a parar a una plantación cañera. Los oficiales de la Seguridad del Estado que ya controlaban la UNEAC, entre ellos el tenebroso teniente Luis Pavón, me enviaron a cortar caña y a que escribiera un libro laudatorio sobre esta odisea y sobre la Zafra de los Diez Millones, al Central Manuel Sanguily en Pinar del Río. El central, en realidad, era una inmensa unidad militar. Todos los que participaban en el corte de caña eran jóvenes reclutas que, obligatoriamente, tenían que trabajar allí. Era una treta del castrismo, convertir el Servicio Militar Obligatorio en tiempo de paz en una rama de trabajo forzado, que abastecía la agricultura con mano de obra. Abandonar aquellas plantaciones podía representar, para cualquiera de aquellos jóvenes, desde cinco hasta treinta años de cárcel.

La situación era, realmente, desesperante. No es posible, para quien no lo haya vivido, comprender lo que significa estar a las doce del día en un cañaveral cubano y vivir en un barracón como los esclavos. Levantarse a las cuatro de la madrugada y coger una mocha y una cantimplora con agua y partir en una carreta y trabajar allí todo el día, bajo un sol restallante, dentro de aquellas hojas cortantes de los cañaverales que producen una picazón insoportable. Entrar en uno de aquellos sitios era entrar en el último círculo del Infierno. Estando allí, completamente disfrazado de pies a cabeza, con mangas largas, guantes y sombrero —único modo de entrar a aquellos sitios de fuego— comprendía por qué los indios preferían el suicidio a seguir trabajando como esclavos; comprendía por qué tantos negros se quitaban la vida asfixiándose. Ahora yo era el indio, yo era el negro esclavo; pero no era yo solo; lo eran aquellos cientos de reclutas que estaban a mi lado. Era quizá más patético verlos a ellos que verme a mí

154

mismo, porque yo ya había vivido unos años de esplendor, aunque sólo fuese clandestinamente; pero aquellos jóvenes de dieciséis, diecisiete años ~~~~~~~ como bestias de carga, no tenían u~ pasado que recordar. Muchos se ~ ~erna, se cortaban un dedo, ha- de no ir a aquel cañaveral. La 'a fue la que me inspiró la re- Allí mismo, redacté aquellas cio ante tanto horror. denaban a veinte o treinta ~~~~ jóvenes por el solo hecho de que durante un fin de semana habían ido a ver a su familia, a su madre, a su novia. Y eran ahora juzgados por un consejo de guerra por el delito de deserción. La única salida que les quedaba a aquellos jóvenes era aceptar el plan de rehabilitación, es decir volver al cañaveral, ahora de manera indefinida, como esclavos.

Y todo aquello sucedía en el país que se proclamaba como el Primer Territorio Libre de América.

Aquellos jóvenes tenían cada quince días tres o cuatro horas libres para reposar y lavar sus uniformes. Pero, a pesar de aquel trabajo agobiante, estábamos vivos y en aquellos campamentos reinaba un ambiente de erotismo. Era un erotismo que se insinuaba bajo un mosquitero, en la ostentación evidente de un miembro que se levantaba bajo la ruda tela del uniforme. Sí, eran bellos aquellos jóvenes esclavos y era bello verlos a la hora del baño, mirándose unos a otros, temerosos pero en el fondo erotizados.

Recuerdo a un teniente que, al saber que yo sabía un poco de francés, se empeñó en que yo le enseñara esta lengua en las horas libres. Y las clases comenzaban cuando el teniente me decía: «Vamos a estudiar francés». Y cogiéndose los testículos con la mano los depositaba sobre la mesa en que yo impartía las clases. Con aquel miembro erecto y aquellos testículos a sólo unas pulgadas de la libreta donde yo le escribía algunas frases en francés, yo prolongaba los estudios durante muchas horas.

Había sin embargo algo de magia en aquel ambiente y era el paisaje que nos rodeaba; el paisaje de la parte norte de Pinar del Río era un paisaje volcánico, de grandes montañas de piedras azules que se alzaban rectas desde el suelo. Era un paisaje aéreo con una brisa leve y fina, como nunca yo la había disfrutado en Oriente, que es lugar de tierra oscura y de vegetación renegrida. Sí, indiscutiblemente, a pesar de tanto horror, era un consuelo mirar aquellas montañas aéreas, envueltas en una neblina azul.

Comencé a escribir un diario, el «Diario de Occidente», donde contaba los acontecimientos del día: la conversación con aquel recluta, aquel otro que se cortó un pie para tener cinco días de descanso, aquel otro que fue condenado a diez años.

El barracón donde dormíamos todos los esclavos era un sitio repleto de literas situadas unas encima de las otras, hechas de palo y lona, llenas de fango, con un jolongo donde se guardaban las pocas propiedades del recluta; una lata de leche condensada era un privilegio, una libreta y un lápiz eran objetos de lujo.

Por las noches era una fiesta conseguir un poco de azúcar, a pesar de estar en un central azucarero muy productivo, para improvisar un café con la borra vieja robada de la cocina o un té con hojas de naranja.

De día el barracón era una especie de hospital donde sólo podían estar los enfermos y el jefe del barracón, es decir el que vigilaba a los demás. Aquellos enfermos eran personas a las que les faltaba un brazo, o enfermos graves que esperaban su traslado a una clínica u hospital, pero cuyo traslado podía demorar meses y, a veces, no llegaba. También podían dormir allí, durante el día, reclutas que se dedicaban por la noche al tiro de caña como camioneros; éstos eran casi privilegiados.

Un día me mandaron junto al periodista de la región, pues todos los centrales tenían su periodista local encargado de reportar el cumplimiento de las metas, para que lo ayudara a redactar no sé qué informe. Afortunadamente, terminamos rápido aquella labor y yo pude quedarme por la tarde en el barracón, bañarme y luego tirarme bajo mi mosquitero en la litera. Al lado mío dormía uno de aquellos camioneros. Observé aquel cuerpo magnífico, levanté el mosquitero para mirarlo mejor y, poco a poco, me di cuenta de que comenzaba a levantarse su pantalón por encima del sexo, pero el recluta seguía roncando rítmicamente. Yo me levanté de mi litera y cogí uno de los calzoncillos que pululaban por aquella región y con disimulo lo dejé caer sobre las piernas del recluta, para tener el pretexto de que si me había acercado a su cuerpo era para recoger aquella prenda. Recogí mi calzoncillo y nada pasó. Volví a dejar caer el calzoncillo, y, mientras lo recogía, nuevamente, aquel joven, que seguía roncando, estiró las piernas voluptuosamente y su sexo se marcó a través de la rústica tela en todo su esplendor.

No existían muchas posibilidades de realizar un acto erótico pleno en aquel sitio, pero de todos modos me incliné sobre aquel joven y tuvimos un encuentro breve pero intenso.

Aquella noche se produjo un aguacero estruendoso, que trajo después más plagas de mosquitos y jejenes, haciendo aún más infernal la vida en aquel lugar. Como si fuera poco soportar los cañaverales de día, había que participar en la quema de los mismos por la noche. Las metas había que sobrecumplirlas porque teníamos que llegar a los diez millones de toneladas de azúcar; la fecha límite se acercaba cada vez más, y las posibilidades de llegar a ella eran cada vez más remotas. En aquel momento se había dado la orden oficial de quemar todos los cañaverales para cortar la caña quemada y adelantar el corte de aquellos bejucos, ya sin las hojas.

La quema de un cañaveral por la noche era un espectáculo horrible; millones de aves, insectos, reptiles y toda clase de seres, saliendo aterrorizados de aquellas llamas. Y nosotros tratando de controlar aquel fuego, con los cuerpos sudorosos, ardientes y erotizados.

Al día siguiente teníamos que introducirnos en aquel cañaveral, recién quemado, como personajes medievales, cubiertos por las nuevas armaduras: botas, cinturones, cascos con una especie de malla de alambre para impedir que la caña quemada fuera a sacarnos un ojo y, después, empezar a cortar sobre aquel suelo aún humeante donde todavía ardían algunas cañas.

Hasta para tomar un poco de agua había que pedirle permiso al teniente que nos vigilaba como un mayoral.

A veces, llegaba algún ilustre visitante los fines de semana, algún alto funcionario en su Alfa Romeo que inspeccionaba las cifras y hablaba con los jefes del barracón, y luego se marchaba con cara hosca por aquellos caminos. Evidentemente, estábamos lejos de los diez millones de toneladas de azúcar. Ya entre los reclutas y campesinos se comentaba que era imposible que llegaran a producirse. Sin embargo, el que se atreviera a decirlo públicamente era condenado como traidor; incluso el mismo jefe de la industria azucarera, un señor de apellido Borrego, fue expulsado de su cargo por Fidel Castro, porque unos meses antes de terminarse la zafra le dijo que técnicamente era imposible llegar a la cifra de diez millones de toneladas. Sin embargo, tres meses más tarde el propio Fidel tuvo que decir públicamente que no se habían producido los diez millones de toneladas de azúcar; de manera que todo aquel sacrificio había sido inútil.

Los campos habían quedado devastados, miles y miles de árboles frutales y palmas reales habían sido talados para intentar producir aquellos diez millones de toneladas de azúcar; los centrales, por haber intentado doblar su productividad, estaban también destruidos; se necesitaba una fortuna para reparar toda aquella maquinaria y para volver a iniciar la producción agrícola. El país, absolutamente arruinado, era ahora la provincia más pobre de la Unión Soviética.

Desde luego, como siempre, Castro se negó a reconocer su error y trató de desviar la atención del fracaso de la zafra hacia otros acontecimientos; entre ellos, desde luego, estaba su odio a Estados Unidos, que según él habían sido los culpables. En aquel momento se inventó la historia de que unos pescadores habían sido raptados por agentes de la CIA en una isla del Caribe y, de repente, toda aquella muchedumbre, que había cortado caña durante un año, ahora tenía que concentrarse en la Plaza de la Revolución o frente a la que había sido la embajada norteamericana en La Habana, para protestar por el rapto supuesto de aquellos pescadores. Era grotesco ver a aquellos jóvenes desfilando y gritando horrores contra Estados Unidos, donde quizá ni se sabía cuál era el motivo de aquello. Recuerdo escuchar a Alicia Alonso pronunciar las palabras más soeces contra el presidente Nixon, algo así como: «Nixon, hijo de puta, devuelva a los pescadores».

Aquello terminó, como terminan casi todas las tragedias cubanas, en una especie de rumba; muñecos con la imagen del presidente Nixon eran quemados al son de tambores. Allí se daban comidas y cervezas, que eran cosas inexistentes en el mercado; el pueblo acudía allí para comerse una frita u otra cosa. Por otra parte, eran reclutados por sus comités de defensa. Y así, de repente, se le olvidó al pueblo el fracaso de la zafra. Ahora todo era conseguir que devolvieran a aquellos pescadores supuestamente secuestrados. Al cabo de una semana aparecieron los pescadores y Fidel pronunció un discurso «heroico» donde decía que había logrado intimidar a Estados Unidos que le había devuelto a los pescadores. Todo aquello era patético y además ridículo; si algún problema habían tenido aquellos pescadores había sido por violar los límites de las aguas territoriales de una isla, que no era ni siquiera de Estados Unidos, sino británica y, después de practicarle una investigación, fueron devueltos a Cuba. Pero el efecto teatral ha sido siempre uno de los juegos que Castro ha puesto en práctica. De ese modo, aquellos pescadores regresaban convertidos en héroes que se habían escapado de las garras del imperialismo norteamericano.

Ese año se celebraron unos grandes carnavales en los cuales se invirtieron los pocos recursos económicos que quedaban. Carrozas gigantescas donde iba todo tipo de animales; algunas de ellas eran peceras enormes, llenas de peces tropicales, encima de las cuales iban mujeres semidesnudas, bailando al son de los tambores. Aquello se prolongó durante todo un mes, y hubo cerveza en todos los sitios y se repartía comida en casi todas las esquinas. Había que olvidar a toda costa que se había hecho el ridículo, que todo el esfuerzo de aquellos años había sido inútil y que éramos un país absolutamente subdesarrollado y cada día más esclavizado.

Desde luego, nosotros disfrutamos de los carnavales y, aunque ya no era permitido ponernos caretas ni disfraces, por lo menos podíamos reírnos y emborracharnos; sabíamos que aquello no se repetiría y había que extraer el máximo de gozo. La lujuria, después de tanta represión, se desató de una manera descomunal; los urinarios eran enormes centros para fornicar; en medio de aquel olor a orines, todo el mundo mamando y templando. Llegó un momento en que la policía cogía aquellos enormes urinarios de madera y los volteaba, cubriendo a cientos de hombres desnudos poseyéndose unos a otros en medio del carnaval, en medio de miles y miles de personas que, súbitamente, veían asombrados aquella cantidad de hombres erotizados.

Olga Andreu

Desde luego, muchos de los intelectuales estaban para esa fecha solicitando la salida del país, salidas estas que se postergaban indefinidamente, mientras tenían que realizar labores agrícolas para sobrevivir. Las tertulias clandestinas se hacían cada vez más peligrosas y todos los escritores nos desplazábamos a casas particulares donde podíamos dar a conocer fragmentos de nuestras obras. Una de esas casas fue la casa de Olga Andreu, quien corría estos riesgos porque para ella la literatura era algo sagrado. Creo que, si Virgilio Piñera siguió escribiendo en los últimos años de su vida, se debió al estímulo de Olga Andreu y por saber que contaba con un sitio donde tenía a un público que lo admiraba. Olga sabía escuchar, lo cual es una rara facultad en los cubanos y, como no tenía pretensiones literarias, estaba al margen de toda crítica implacable y de todo elogio oportunista. En la casa de Olga Andreu uno podía respirar y ser uno mismo. (Supe recientemente que esta mujer, hace algún tiempo en La Habana, se suicidó lanzándose por el balcón de su pequeño apartamento.) Como era lógico, aquellas tertulias se suspendieron al poco tiempo; algunos de los participantes se marcharon al extranjero y otros se convirtieron en funcionarios del régimen de Fidel Castro. Algunos, como Pepe el Loco, se habían suicidado en la Isla y otros como Calvert Casey, en el exilio.

El mundo de Olga Andreu en sus últimos años era, en gran medida, un mundo poblado por fantasmas queridos, desaparecidos trágicamente. Su muerte fue tal vez un acto vital; hay épocas en que seguir viviendo es rebajarse, comprometerse, morirse de puro tedio. A esa región sin tiempo, donde ya la Seguridad del Estado no podrá parametrarla, Olga ha querido entrar con toda su jovialidad y su dignidad intactas.

Pero en aquella época muchos artistas aún no habían sido

parametrados. El gobierno sabía que se conspiraba, por lo menos verbalmente. La casa de Leźama Lima era otro centro de reunión literaria, donde este hombre, siempre ecuánime, daba algún sabio consejo, recomendaba algún libro. Virgilio Piñera también auspiciaba las tertulias en la casa de Olga Andreu o leía en casa de Jorge Ibáñez, el nieto de Juan Gualberto Gómez.

La casa de Ibáñez era solitaria y estaba fuera de la ciudad de La Habana; una de las pocas casas del siglo dieciocho que aún se conservaban intactas, con enormes jardines y plantas que crecían desmesuradamente. Entrar a aquella casa era llegar a un sitio donde aún parecía que la Revolución de Fidel Castro no había arribado. Las tertulias comenzaban a las doce de la noche. Indiscutiblemente, la Seguridad ya había situado a sus agentes en ellas; escritores que se habían convertido en informantes, como luego descubrimos era el caso de Miguel Barniz, Pablo Armando Fernández y César López. Lo que se leía en uno de aquellos sitios al día siguiente era del conocimiento de la Seguridad del Estado.

La persecución se intensificaba y el pueblo, cada vez más, quería conocer las obras de aquellos escritores prohibidos; Lezama llegó a ser muy popular y algunos se sabían de memoria los versos prohibidos de Padilla. Lo más peligroso para el régimen era la gran cantidad de jóvenes que seguían a aquellos escritores disidentes y, por tal motivo, había que desmoralizarlos para que no se convirtieran en un símbolo; había que humillarlos y reducirlos.

El «caso» Padilla

La Seguridad del Estado seleccionó como chivo expiatorio a Heberto Padilla. Padilla había sido el poeta irreverente que se había atrevido a presentar a un concurso oficial un libro crítico como *Fuera del juego*.

En el extranjero ya se había convertido en una figura internacional y había, por tanto, que destruirlo, destruyendo así a todos los demás intelectuales cubanos que tuvieran una actitud semejante.

En 1971, Padilla fue arrestado junto con su esposa, Belkis Cuza Malé. Fue encerrado en una celda, intimidado y golpeado; a los treinta días salió de aquella celda convertido en un guiñapo humano. Casi todos los intelectuales cubanos fuimos invitados por la Seguridad del Estado a través de la UNEAC para escuchar a Padilla. Sabíamos que estaba detenido, y estábamos sorprendidos con su aparición. Recuerdo que la UNEAC, custodiada por policías vestidos de civiles, estaba estrictamente vigilada; sólo podíamos entrar a escuchar a Padilla las personas que aparecíamos en una lista, que era chequeada minuciosamente. La noche en que Padilla hizo su confesión fue una noche siniestramente inolvidable. Aquel hombre vital, que había escrito hermosos poemas, se arrepentía de todo lo que había hecho, de toda su obra anterior, renegando de sí mismo, autotildándose de cobarde, miserable y traidor. Decía que, durante el tiempo que había estado detenido por la Seguridad del Estado, había comprendido la belleza de la Revolución y había escrito unos poemas a la primavera. Padilla no solamente se retractaba de toda su obra anterior, sino que delató públicamente a todos sus amigos que, según él, también habían tenido una actitud contrarrevolucionaria; incluso a su esposa. Padilla nombraba una por una a todas las personas: José Yanes, Norberto Fuentes, Lezama Lima. Pero Lezama se negó a asistir a aquella retractación. Mientras Padilla seguía mencionando a los escritores «contrarrevolucionarios», Virgilio Piñera se fue deslizando de su silla y se sentó en el piso para hacerse invisible. Todas las personas a las que Padilla había señalado como contrarrevolucionarios, entre golpes de pecho y lágrimas en los ojos, tenían que acudir al micrófono donde estaba Padilla, asumir sus culpas y reconocer que eran unos miserables y unos traidores al sistema. Desde luego, todo aquello fue filmado por la Seguridad del Estado y aquella película recorrió todos los medios intelectuales del mundo, especialmente fue mostrada a todos aquellos escritores que habían firmado una carta por el injusto arresto de Padilla, entre los que se encontraban Mario Vargas Llosa, Octavio Paz, Juan Rulfo y hasta el mismo García Márquez, hoy convertido en una de las *vedettes* más importantes que tiene Fidel Castro.

Sucesivamente, pasaron por el micrófono haciendo su confesión todos aquellos escritores. La de Pablo Armando Fernández fue extensa y miserable; se acusaba de una manera aún más violenta de la que lo había hecho Heberto Padilla. César López también acudió allí y confesó todos sus errores ideológicos. También Norberto Fuentes; sólo que éste, al final, cuando todo parecía haber terminado tal como había sido preparado por la Seguridad del Estado, pidió la palabra y volvió al micrófono. Dijo que no estaba de acuerdo con lo que allí sucedía, que Padilla estaba en un momento muy difícil y que no le quedaba más remedio que hacer aquella confesión, pero que él no pensaba de ese modo, porque él había trabajado y, siendo un escritor, estaba muriéndose de hambre y no se consideraba un contrarrevolucionario por haber escrito sencillamente varios libros de cuentos imaginativos y algunos críticos. Terminó dando un puñetazo, y los miembros de la Seguridad del Estado que estaban allí se pusieron de pie y vi a algunos de ellos llevarse las manos a la cintura, donde tenían la pistola. Norberto Fuentes fue acallado entre gritos de violencia.

Al mismo tiempo que se desarrollaba aquel espectáculo bochornoso de la confesión de Padilla, el gobierno de Castro organizaba lo que se llamó el Primer Congreso de Educación y Cultura, que trataba acerca de todo lo contrario de lo que su nombre enunciaba; estaba claro que lo que se quería era acabar con toda la cultura cubana. Allí se dictaron postulados con respecto a la moda, que se consideraba como una forma de diversionismo ideológico y una sutil penetración del imperialismo norteamericano.

El mayor encarnizamiento de ese congreso fue contra los homosexuales. Se leyeron acápites donde se consideraba el homosexualismo como un caso patológico y, sobre todo, donde se decidía que todo homosexual que ocupase un cargo en los organismos culturales debía ser separado, inmediatamente, de su centro de trabajo. Comenzó el *parametraje,* es decir cada escritor, cada artista, cada dramaturgo homosexual, recibía un telegrama en el que se le decía que no reunía los parámetros políticos y morales para desempeñar el cargo que ocupaba y, por tanto, era dejado sin empleo o se le ofertaba otro en un campo de trabajos forzados.

Trabajar en la agricultura o tener un cargo de sepulturero eran las ofertas que se les hacían a los intelectuales parametrados. Evidentemente, llegó la noche oscura para todos los intelectuales cubanos. Ya para entonces era imposible pensar en abandonar el país, pues desde 1970 Fidel había proclamado que todo el que quería irse del país ya lo había hecho, convirtiendo la Isla en una cárcel cerrada, donde todo el mundo, según él, estaba feliz de permanecer.

Todo artista que hubiera tenido un pasado homosexual o algún desliz político corría el riesgo de perder su puesto. Recuerdo el caso de los Camejo, que habían creado una de las instituciones artísticas más importantes de toda la Isla, el teatro Guiñol. Súbitamente, ellos y casi todos los actores que integraban aquel grupo fueron parametrados y el teatro fue destruido.

Agentes de la Seguridad del Estado, como Héctor Quesada o el teniente Pavón, eran ahora quienes efectuaban la caza de brujas. Volvieron otra vez las recogidas y volvieron otra vez los espléndidos muchachones de la Seguridad a disfrazarse de bugarrones obsequiosos para arrestar a cualquiera que les dirigiese una mirada.

Uno de los escándalos más sonados de aquel momento fue el arresto de Roberto Blanco y su juicio público. Era uno de los directores teatrales más importantes de Cuba entre los años sesenta y setenta, pero había cometido la imprudencia de mirar el falo erecto de uno de aquellos hermosos jóvenes y, esposado y pelado al rape, fue conducido a un juicio público que se celebró en el mismo teatro del cual era director.

La humillación pública ha sido uno de los métodos más utilizados por Castro: la degradación de las personas ante un público, siempre dispuesto a burlarse de cualquier debilidad ajena o de cualquier persona caída en desgracia. Y no sólo la acusación, sino el arrepentimiento, entre golpes de pecho, ante un público que aplaudía y se reía. Y después, naturalmente, rapados y esposados, la purificación de sus debilidades en un campo de caña o cualquier otro trabajo agrícola.

Las detenciones se sucedían constantemente. Escritores que incluso habían obtenido premios nacionales de poesía eran súbitamente condenados a ocho años de cárcel por diversionismo ideológico, como fue el caso de René Ariza. Otro premiado que también fue condenado, pero a treinta años de cárcel, fue José Lorenzo Fuentes. El Beny también había sido arrestado por corrupción de menores o algo por el estilo, y estaba por entonces en un campo de trabajos forzados. Algunos, claro, intentaban marcharse del país como fuera posible. Esteban Luis Cárdenas intentó lanzarse de un edificio y caer dentro de la embajada argentina; cayó dentro del patio de la embajada, pero las autoridades cubanas que no estaban dispuestas a respetar ningún tratado diplomático, entraron y se lo llevaron a la cárcel.

¿Cuántos jóvenes no perecieron (y perecen) ahogados, intentando cruzar el estrecho de la Florida o, sencillamente, balaceados por los guardacostas de la Seguridad del Estado? Otros muchos optaron por una forma de escapar más segura, es decir por el suicidio, como fue el caso de la poetisa Martha Vignier, que se lanzó del tejado de su casa haciéndose pedazos contra el pavimento.

En aquel momento tal vez quedaban muy pocas opciones para los escritores o para cualquier otra persona en aquel país. Era un estado policial, y lo más práctico para muchos fue hacerse policía; ése fue el caso de Coco Salá, Hiram Pratt y Oscar Rodríguez, súbitamente convertidos en informantes del régimen de Fidel Castro. Otros, contra viento y marea, querían seguir escribiendo y formaban pequeños grupos, como el que formamos en el Parque Lenín los hermanos Abreu y yo.

Una vez mi necesidad de leer un cuento era tanta que alquilamos un bote en la playa Patricio Lumumba, cuando todavía esto se podía hacer y, mientras navegábamos muy cerca de la playa, porque no podíamos alejarnos mucho, yo leí aquel cuento a Reinaldo Gómez Ramos, Jorge Oliva y los hermanos Abreu.

Ahora, no se trataba solamente de conservar aquellos escritos a buen recaudo y en su momento oportuno enviarlos al extranjero, se trataba de expedirnos a nosotros mismos como fuera; de irnos de aquel sitio a nado, cruzando la base naval de Guantánamo, infiltrándonos en un avión en forma clandestina, cosa además completamente imposible.

Se decía que una persona había fabricado con una de las sillas de Coppelia y un ventilador gigantesco, una especie de helicóptero con el cual había remontado las cercas de la base de Caimanera y había caído en territorio norteamericano.

Algunos fueron afortunados en aquel momento, como fue el caso de Jorge Oliva y Ñica, que se fueron nadando por la base de Guantánamo y, cuando lo supimos, ya estaban en Nueva York. Se comentaba que Jorge Oliva le había mandado un telegrama a Guillén en el que le decía: «¿No decías que era pargo? Pues bien, me fui nadando».

Afortunadamente, durante todos esos años, mi amistad con Jorge y Margarita Camacho fue indestructible y siempre se las arreglaron para hacerme llegar alguna carta de consuelo y, junto a ella, muchas veces me hacían llegar, con algún turista francés, una camisa, un par de zapatos, un pañuelo o un perfume; en fin, algo que se convertía en un símbolo de vida, al pensar que había llegado de una región libre y hasta tenía un olor diferente. Al estrenarse aquello, uno caminaba de una forma diferente; hasta cierto punto eso nos volvía un poco más libres o nos ponía en contacto con un mundo donde aún se podía respirar. Pero lo más impresionante de todo era cuando uno de aquellos turistas, a los que habíamos contado nuestros horrores, volvía a Occidente. Aquella persona se convertía ante nosotros en una especie de ser mágico por el solo hecho de poder coger un avión y salir de aquella isla; salir de aquella prisión. Con cuánta envidia veíamos a Olga traspasar la barrera de cristal que sólo podían atravesar aquellos que tenían autorizado el permiso de salida o los extranjeros que venían de visita al país. Olga se perdía detrás de aquellos cristales y corríamos todos hasta el balcón desde donde podíamos verla subir la escalerilla del avión. Era un goce enorme poder pensar en subirse a aquel avión y despedirse de aquel infierno. Y, cuando el avión se elevaba, lo veíamos perderse entre las nubes lleno de gente que podía marcharse, aborrecer todo aquello, decir lo que quisieran, comprarse un par de zapatos cuando lo quisieran. Pero nosotros nos quedábamos allí y hacíamos una larga cola para tomar la guagua en que regresaríamos a La Habana, mirándonos con nuestras telas rústicas y nuestra piel chamuscada por el sol y la falta de vitaminas.

Una visita a Holguín

Una de las pocas escapadas que podía realizar en aquellos tiempos era irme a Oriente y visitar la casa de mi madre. Desde luego, una de las más grandes odiseas era llegar hasta allí; había que hacer largas colas para tomar un tren, siempre repleto. El pasaje había que sacarlo con varios meses de anticipación y, luego, al llegar a Holguín, ver aquel pueblo lleno de tiendas cerradas, y las aglomeraciones de campesinos que dormían varios días frente a ellas para ver si podían conseguir un par de zapatos.

Antes de llegar a la casa donde vivía mi madre, siempre la veía a ella en el portal o en la calle misma barriendo el piso. Ella tenía esa cualidad de barrer tan levemente como si lo que le importase no fuese recoger la basura sino pasar la escoba. Su forma de barrer era como un símbolo; tan etérea, tan frágil, con aquella escoba que nada barría, pero que por una costumbre ancestral tenía que seguir manejando. Quizá trataba de barrer con aquella escoba la vida, tanta soledad, tanta miseria y yo, su único hijo, convertido en un homosexual en desgracia, en un escritor perseguido.

Aún ahora, la veo resignada y triste moviendo aquella escoba sobre el portal de madera, atisbando hacia el horizonte, esperando todavía, tal vez, a su amante, a su novio, a aquel hombre que la raptó un día y que nunca más volvió a aparecer, ni quiso saber nada más de ella.

El terror de mi madre era que yo fuera a parar a la cárcel. Cada vez que yo iba a visitarla a Oriente, me decía que me casara; era tan triste y tan absurda su petición. Terminé haciéndole caso. ¿Por qué no darle a aquella mujer, que tan pocos placeres había conocido, un último gusto? Me decía que tuviera un hijo y se lo llevara para no pasar su vejez tan sola.

Y regresaba a La Habana más triste de lo que había salido.

Mi tía me quería echar a toda costa de su casa y me creaba toda clase de problemas con los vecinos. Decía que yo metía a hombres en el cuarto, que era un contrarrevolucionario y que si la cuadra estaba llena de ladrones era a causa de las amistades con las que yo me reunía. Por cierto, mi tía también me robaba las pocas cosas que yo tenía, las ropas que Margarita y Jorge me hacían llegar del extranjero. Su marido, un ser grotesco y gordo, era miembro del Partido Comunista; siempre creí que era un maricón reprimido y, por eso, se enfurecía cada vez que veía a uno de aquellos hermosos reclutas o becados entrando a mi cuarto. Mi tía lo traicionaba con cuanto hombre estuviera dispuesto a acostarse con ella, pero no eran muchos: un bodeguero, un viejo expropiado de la esquina, el esposo de Gloria, una de sus mejores amigas, que también trabajaba para la Seguridad del Estado. Mientras mi tía realizaba el amor con aquellos hombres en el cuarto, mi tío Chucho fregaba los platos en la cocina.

Sus dos hijos ya eran jóvenes; el mayor se había casado y el otro, aunque homosexual, también quería casarse, ya que no le quedaba otro remedio. El pequeño cuarto que yo ocupaba en la casa era necesario que lo desalojase.

Mi tía no sólo era chismosa, lujuriosa, intrigante, sino también verdaderamente cruel. Era como un personaje picaresco; por ejemplo, cuando se mudó para aquella casa en Miramar, que le había conseguido un alto funcionario del gobierno de Castro, lo primero que hizo fue desvalijar todas las casas cercanas que habían sido propiedad de la alta burguesía que antes había vivido allí y se había marchado al extranjero. Aquella zona había sido declarada «congelada» y sólo la directora de la misma, Noelia Silvia Fonseca, podía entregar una de aquellas casas; pero se necesitaban tantos requisitos para obtener una de ellas, que durante años siguió cerrada la mayoría de las mismas. Mi tía, aprovechándose de aquello, entraba de noche con sus hijos y robaba cuanto se le antojaba. En La Habana abundaban los apagones; el Gobierno cortaba la luz eléctrica durante la noche para ahorrar energía. Mi tía aprovechaba los apagones para invadir aquellas residencias desiertas y apoderarse de todo lo que en ellas hubiese. Una noche, mientras cruzaba la calle con un escaparate repleto de loza y copas de cristal, volvió la luz y mi tía se lanzó a correr, dejando aquel escaparate en el medio de la calle. La misma policía se sintió extrañada al encontrar aquel mueble en plena Quinta Avenida, pero nunca se supo que había sido mi tía la autora de aquellas fechorías.

El acto más cruel de mi tía no lo cometió conmigo, sino con una anciana, vecina de su casa. Esta señora tenía a todos sus hijos en el extranjero y se había quedado sola en su casa con una hija anormal. Mi tía, que era presidenta del Comité de Defensa y, según decía ella misma, alto informante de la Seguridad Cubana, prometió a aquella señora que le iba a resolver la salida del país con tal de que ella le diera todos sus muebles. La casa de la señora quedó completamente vacía. Ella era la madre de Alfonso Artime, quien había sido un famoso preso político. El Gobierno pensaba que Artime iba a regresar un día por el mar para ver a su madre clandestinamente y lo querían arrestar; por tal motivo jamás iban a dejar salir a aquella pobre señora. Y mi tía, mientras le prometía a aquella anciana que la iba a ayudar a salir, hacía terribles informes sobre ella a la Seguridad del Estado para que nunca la dejaran marchar. La señora murió en Cuba en una casa absolutamente vacía; todos sus muebles habían pasado a la residencia de mi tía.

Yo no sólo tenía que temer por la policía, sino también por la vigilancia de mi tía, que resultaba para mí mucho más peligrosa. De este modo, durante los últimos años que viví en esa casa, todo lo que escribía durante el día tenía que correr y esconderlo ese mismo día en el tejado.

Por aquellos años, es decir, en 1972 o 1973, yo era conocido en el extranjero por mis novelas *El mundo alucinante* y *Celestino antes del alba,* que habían sido traducidas a varios idiomas, y por mis relatos. Con frecuencia las editoriales me enviaban cartas que nunca llegaban a mí; mi tía, que era la encargada de recibir la correspondencia, las interceptaba. Otras veces, la Seguridad del Estado no le daba tiempo a realizar aquella actividad «heroica» y no permitía que llegaran ni siquiera a sus manos.

Cuando Hiram Pratt fue enviado a un campo de concentración en Oriente, me escribía incesantes cartas donde hacía referencia no sólo a sus aventuras eróticas, sino también a las que yo había tenido. Un buen día un teniente de la Seguridad, Vladimir Cid Arias, primo político mío e íntimo amigo de mi tía, subió a mi cuarto. Me dijo: «Reinaldo, tienes que largarte de esta casa porque eres un inmoral; tengo aquí la prueba». Y me sacó una carta de Hiram Pratt dirigida a mí; era una carta que yo nunca había leído pues no la había recibido. Mi tía se había tomado la libertad de abrirla, leerla y llamar a aquel primo para que me echara del cuarto. Eso ya era el colmo; me indigné y le dije que eso era una violación de correspondencia. Aunque sabía que era absurdo, le dije que llamaría a la policía y los acusaría a todos de violación de correspondencia. Finalmente, aunque no me devolvió la carta, dijo que prefería no meterse en aquel chanchullo.

Mi tía ejercía también una feroz vigilancia con los adolescentes que me visitaban. Cuando alguno de ellos saltaba el muro para entrar a mi cuarto, ella salía con una escoba y, dando enormes alaridos, amenazaba con llamar a la policía.

Entre los poetas que me visitaban a escondidas de mi tía estaba Guillermo Rosales, quien entonces era un hermoso joven que había escrito una excelente novela y tenía en la cabeza el proyecto de cincuenta más, cuyos argumentos eran en verdad formidables. Guillermo se sentaba en el balcón de mi pequeño cuarto hasta que yo terminaba de escribir alguno de los capítulos de la novela que por entonces estaba componiendo. Una vez, estando Guillermo en el balcón esperando a que terminase de escribir, llegaron también Nelson Rodríguez y Jesús Castro Villalonga, ambos también escritores.

Cuando terminé el capítulo, creo que de *El palacio de las blanquísimas mofetas*, pasé de la agonía que estaba escribiendo a las agonías de mis amigos que estaban desesperados; Guillermo quería marcharse de la Isla aunque fuera en un globo; siempre tenía planes increíbles: irse en una balsa conducida por peces veloces; disfrazarse de Nicolás Guillén y tomar un avión, ya que éste era entonces el único escritor cubano que viajaba a cualquier país. Por cierto, cuando el arresto de Padilla, nosotros habíamos pensado también en el rapto de Nicolás Guillén para pedir a cambio la libertad de Padilla y que éste fuera puesto en un avión rumbo a un país libre de Occidente. Era una idea mía, pero descabellada en un país comunista. Si no obedecían a nuestra petición, nosotros le enviaríamos la cabeza de Guillén al administrador de la UNEAC, el temible Bienvenido Suárez.

Pero, además de ser una locura, Padilla no nos dio tiempo

de llevarla a cabo. Por cierto, sería bueno aclarar aquí que Nicolás Guillén, seguramente enterado de lo que iba a ocurrir en la UNEAC, tuvo por lo menos la dignidad de no ser quien presentase a Padilla en su confesión, cosa que como presidente de la UNEAC debía realizar. Un mes antes se «enfermó» súbitamente y se autoingresó en uno de los hospitales oficiales que para los altos funcionarios de Cuba tiene el gobierno. Allí Guillén se enclaustró y no salió hasta que Padilla hizo su flamante confesión.

El encargado de dirigir todo aquel teatro sucio fue José Antonio Portuondo; una de las figuras más siniestras de toda la cultura cubana, junto a Roberto Fernández Retamar.

Nelson Rodríguez*

La inquietud de Guillermo Rosales aquella tarde en mi casa era por leernos un capítulo de una novela que estaba escribiendo inspirado en la personalidad de Stalin. Lo leyó torrencialmente y se marchó. Nelson y Jesús me invitaron a dar un paseo por la playa. Nelson había estado en uno de los campos de concentración en 1964 y ahora, con la nueva persecución, estaba aterrorizado; no se encontraba con fuerzas para volver a pasar por aquel horror. Me dijo que necesitaba mi ayuda porque lo que quería era abandonar el país, pero no me dijo de qué manera pensaba hacerlo. La ayuda que Nelson quería era de tipo intelectual; quería que yo le hiciese una carta recomendando un libro de cuentos que había escrito; era un libro extraordinario constituido por innumerables viñetas donde narraba cosas ocurridas en el campo de concentración donde había estado.

Fue a mi casa, le hice la carta y después fuimos a la UNEAC donde yo tenía que firmar un libro para poder cobrar mi sueldo. Yo ya no podía, desde luego, escribir para la UNEAC; ni siquiera me dejaban revisar los textos que publicaba *La Gaceta de Cuba*, pero, como todavía no me habían echado del trabajo, era obligatorio que firmara aquel libro. Al terminar en la UNEAC, Nelson y Jesús me invitaron a tomarme un helado en el Carmelo de la calle Calzada; hicimos una larga cola y, finalmente, nos sentamos. Había poco que hablar en un restaurante en Cuba, donde uno no sabe quién está al lado y puede oír las conversaciones, pero yo notaba que Nelson trataba de prolongar su estancia allí. Hubo un momento en que me dijo: «El único

---

* Nelson Rodríguez (1943-1973). Véanse dos de sus cuentos en L. Hasson, *op. cit.* (*N. del E.*)

que nos hubiera podido salvar de esta situación era san Heberto». Calificaba así a Heberto Padilla cuando éste estaba preso, pero ya Padilla no era un santo; se había convertido ante toda aquella gente en un traidor. «Ahora sólo queda escaparse del país. Eso es lo que pienso hacer», me dijo cuando salimos.

Caminábamos por las calles del Vedado criticándolo todo, hasta el sol, el calor; todo nos molestaba. Nelson estaba muy agradecido por la carta que yo le había hecho; era una recomendación para mi editor en Francia. Finalmente, tarde en la noche, nos abrazamos y nos despedimos. Tuve toda la noche la impresión de que Nelson quería decirme algo más, pero no se atrevió a decírmelo. Nos despedimos con un abrazo.

A los dos días, en la primera página del periódico *Granma*, venía la siguiente noticia: «Dos contrarrevolucionarios homosexuales, Nelson Rodríguez y Angel López Rabí intentaron desviar un avión de Cubana de Aviación rumbo a Estados Unidos». La nota decía que todo el público del avión había reaccionado contra aquellos antisociales y los habían reducido rápidamente. Decía además que uno de los contrarrevolucionarios había lanzado una granada, pero que por suerte el avión había aterrizado forzosamente en el aeropuerto José Martí, y que los contrarrevolucionarios serían condenados por un tribunal militar. Eso era todo cuanto decía el *Granma;* evidentemente, no querían darle ningún tipo de publicidad al hecho de que fueran escritores.

Yo estaba aterrorizado. Nelson tenía que haber montado en el avión con mi carta de recomendación para su manuscrito sobre los cuentos de la UMAP. Después supimos cómo sucedieron las cosas. Nelson, su amigo Angel López Rabí, poeta de dieciséis años, y Jesús Castro habían sacado boletos para un avión de vuelos nacionales que volaría rumbo a Cienfuegos. Tomarían el avión con todas sus maletas y sus viejos libros, con la idea de partir hacia Estados Unidos. Jesús y Nelson, durante su servicio militar, se habían apoderado de unas granadas que tenían escondidas en el patio y su plan consistía en amenazar a los pilotos del avión con tirar las granadas si no desviaban el avión. Pero a última hora Jesús Castro tuvo miedo, se arrepintió y no tomó el avión. Cuando el avión despegó, Nelson sacó la granada y le dijo al público que si no desviaban el avión la tiraría. Inmediatamente, varios agentes de la Seguridad y la escolta oficial provista de armas largas, que viaja en todo avión cubano, se lanzaron sobre Nelson para matarlo. Alguien que iba en el avión, y cuyo nombre prefiero no decir porque aún vive en Cuba, me contó toda la historia. Nelson corría por todo el avión con la granada y la metía detrás de los pasajeros aterrorizados en forma de amenaza, mientras sus perseguidores trataban de darle un tiro certero. Nelson le gritó a Angel que lanzara su granada, pero éste no se atrevió y Nelson lanzó la suya. Uno de los jefes de la Seguridad se lanzó sobre la granada para que ésta no hiciese explosión, pero estalló y le hizo un hueco enorme al avión que ya se encontraba a gran altura. En cuanto el avión logró aterrizar, Nelson aprovechó la confusión y se lanzó por el hueco del avión; las hélices del avión lo atraparon y durante un año estuvo hospitalizado en estado de gravedad. Cuando los médicos de la Seguridad del Estado lograron curarlo, fue sentenciado a muerte y fusilado, junto con su amigo Angel López Rabí, de sólo dieciséis años de edad.

Jesús Castro Villalonga, que no había tomado el avión pero sabía lo que se planeaba, fue condenado a treinta años de cárcel.

El resto de los pasajeros que permanecieron sentados en sus asientos, sin colaborar con la policía castrista, fueron arrestados por sospechosos y sometidos a una investigación. Creo que ellos también deseaban que el avión fuese secuestrado.

En cuanto a mi carta, supongo que desapareció en medio de la explosión de la granada y del incendio que se produjo o, quizá, la Seguridad del Estado la guardó para acumular más pruebas contra mí. Ellos sabían que me tenían en sus manos.

Aún en Cuba, escribí un relato sobre las experiencias de Nelson en los campos de concentración, *Arturo, la estrella más brillante,* y se lo dediqué desde luego a él. Decía así: «A Nelson, en el aire». Después, en el exilio, escribí un poema en el que le pedía a los dioses que Nelson permaneciese siempre así, granada en mano, huyendo de la Isla. No sé si me habrán concedido ese ruego.

Mi tía, lógicamente, se había enterado del intento de fuga de Nelson. Ahora, según ella, yo no sólo era un maricón contrarrevolucionario, sino que estaba vinculado a terroristas que desviaban aviones con granadas en la mano. De una u otra manera yo tenía ya que marcharme de allí, pero no tenía para dónde ir.

En Cuba todas las casas pertenecen al Estado; obtener un

simple apartamento es un privilegio que sólo se concede a los altos funcionarios. Para obtener un televisor o un refrigerador había que pasarse muchos años cortando caña, acumulando méritos laborales y políticos, y tener una conducta intachable. Yo no tenía ninguno de esos méritos y mi conducta estaba muy lejos de ser intachable.

Sin embargo, aquella zona estaba llena de residencias vacías, aunque, ciertamente, muchas estaban ocupadas por becadas que, provenientes de los campos de Cuba, eran felices de vivir en esas casas lujosas de Miramar, las cuales fueron destruidas, minuciosamente, por ellas. Una vez mi tía y yo oímos un gran estruendo y era que aquellas muchachas campesinas habían roto todas las ventanas de madera de la mansión y habían hecho una fogata en el patio para hervir la ropa y desempercudirla. Así muchas de las partes más elegantes de aquellas residencias, y también sus muebles, pasaron a convertirse en combustible.

La boda

Cerca de la casa de mi tía había un cuarto que pertenecía a una residencia abandonada, y en aquel cuarto vivió alguien que había muerto hacía muchos años, nadie lo ocupaba. Lo pedí a través de la UNEAC, pero sólo podían dárselo a una persona que estuviese casada, según me indicó Bienvenido Suárez, un delincuente que podía llegar a ser gracioso en ocasiones. La Revolución no le iba a dar un cuarto a un homosexual para que metiera en él a hombres; era, evidentemente, lo que me quería decir Bienvenido Suárez. Tenía que buscar a una mujer, casarme con ella y hacer la petición formal de aquel cuarto a la señora Noelia Fonseca, directora de aquella zona.

Ingrávida González era una actriz de talento que había hecho una extraordinaria representación de *La noche de los asesinos*, de José Triana, dirigida por Vicente Revuelta. También había trabajado en una de las películas cubanas más famosas de aquellos tiempos, *Lucía*, de Humberto Solás. Le gustaban los hombres, no era homosexual; era una mujer divorciada, cuya vida privada no podía calificarse de inmoral porque tuviese uno u otro amante. Sin embargo, el puritanismo castrista miraba también con malos ojos a las mujeres solteras que tuviesen una vida sexual un poco liberal. Ingrávida fue por estas razones parametrada y expulsada de su trabajo, a pesar de su enorme talento como actriz. En este parametraje entró hasta la cantante Alba Marina por tener un amante que era veinte o treinta años más joven que ella.

Por aquellos años se hicieron famosas las recogidas de mujeres en las posadas. Estas posadas eran lugares creados por la Revolución donde las personas heterosexuales podían entrar unas horas y hacer el amor. La policía, sin embargo, entraba en aquellas posadas para ver qué mujeres cometían adulterio y, sobre todo, si eran las esposas de algún militante del Partido Comunista. Las mujeres sufrían castigos y eran incluso separadas de su trabajo, y sus maridos eran informados inmediatamente en una asamblea pública.

De manera que la mujer, como el homosexual, son considerados en el sistema castrista como seres inferiores. Los machos podían tener varias mujeres y esto se veía como un acto de virilidad. De ahí que las mujeres y los homosexuales se unieran, aunque sólo fuera como una manera de protegerse. Sobre todo, cuando era una mujer como Ingrávida González, que también había sufrido persecución por la misma debilidad: por gustarle los hombres. De manera que, cuando le conté a Ingrávida toda mi situación, ella se prestó a casarse conmigo y de esa forma solicitar aquel cuarto. Ella, por otra parte, tenía dos hijos a los que no sabía ahora ni siquiera cómo alimentar y yo, con mi sueldo de la UNEAC, la ayudaba económicamente. También Virgilio Piñera organizaba colectas para que ella y sus hijos no se murieran de hambre. Con la autorización que dan en Cuba a las personas que se van a casar para comprar algunas cosas, adquirimos alguna ropa y nos casamos.

El padrino de la boda fue Miguel Figueroa, que quería esa misma noche acostarse con Ingrávida a cambio de que yo me acostara con Olga; siempre Miguel, el pobre, buscando a un homosexual que se acostara con su mujer. Yo no acepté porque quería ir a descansar a la playa; otro extraordinario privilegio de los que se casan es poder alquilar una casa en la playa por cuatro o cinco días.

Ingrávida al fin aceptó irse con Miguel para un hotel, o tal vez para la misma casa donde él vivía con Olga. Me dijo que al día siguiente me vería en la playa. Al lado de la casa había un grupo de muchachos y, mientras esperaba a que mi esposa llegara, hice relación con uno de los muchachos. Le dije que esperaba a que mi esposa llegara y que me acababa de casar, y eso parece que lo erotizó más. Tuvimos un encuentro memorable, aunque él, quizá porque yo era el hombre que me había casado, decidió hacer de pasivo. Sin embargo, era un muchacho viril del que no se esperaba esa sorpresa.

Cuando Ingrávida llegó yo ya tenía un amante, que además se mostró un poco celoso por la belleza de mi esposa; Ingrávida era en aquel momento una mujer bellísima. Llegó con sus hijos, que nunca habían podido jugar cerca de la playa. Allí había como una especie de parque infantil y nos pasábamos el día meciendo a los niños en los columpios del parque, bajo la mirada siempre recelosa de mi joven amante.

En la playa redactamos la carta a Noelia Silva Fonseca solicitando el cuarto. Se decía que esta mujer era amante de Celia Sánchez. El texto de la carta era bastante patético y hacía un llamado a la condición de mujer y revolucionaria de Noelia. De todos modos, el cuarto aquél y todos nuestros planes con él, no fueron sino eso, planes.

Aquella mujer jamás se molestó ni siquiera en respondernos. Yo seguí viviendo en el cuarto de criados de mi tía, siempre amenazado por ella de ir a parar a la calle o a la cárcel. Por último, Ingrávida quedó en estado y no sabía ni ella misma de quién; no se sabía si lo que vendría sería un mulatico, un negro o tal vez un chino. Su situación económica se hizo desesperada y yo, por estar casado con ella, tendría que hacerme cargo de aquel muchacho de acuerdo con la ley.

Yo me sentía perseguido y con toda razón. A veces, cuando escribía, la policía parqueaba su auto en los bajos de mi cuarto y permanecía allí durante horas; era como una advertencia o una manera de intimidarlo a uno aún más. Ahora Miguel Figueroa, Jorge Dávila y yo no hacíamos sino reunirnos cerca de las playas donde no pudiese haber un policía que pudiera escucharnos. Olga había vuelto a París y Miguel le había encargado patas de rana y equipos submarinos para huir, aunque fuese a nado, y una vez mar fuera, ver si un barco cualquiera lo recogía, fuese para donde fuese.

En una ocasión supe en casa de Lezama que una mujer se había tirado al mar en el Malecón para alcanzar un barco griego que salía del puerto. Los griegos la ayudaron a subir a bordo del barco y, una vez allí, llamaron a la policía cubana y la entregaron. Nada tenían que ver, evidentemente, estos griegos con aquellos griegos armoniosos que habían participado en la batalla de Troya.

En ocasiones la gente era arrestada sin ni siquiera tener pruebas concretas de que intentaban irse del país. Sencillamente por haber hecho un comentario o por haber tenido ciertos planes

179

eran detenidos. Este fue el caso, por ejemplo, de Julián Portales, que había confesado a unos amigos que se quería asilar en una embajada latinoamericana y esos amigos eran informantes de la Seguridad del Estado y lo estimularon para que se acercase a la embajada de Argentina; ni llegó siquiera a la acera donde estaba la embajada; ya estaba detenido antes.

Esto fue una de las cosas más terribles que había logrado el castrismo; romper los vínculos amistosos, hacernos desconfiar de nuestros mejores amigos y convertir a nuestros mejores amigos en informantes, en policías. Yo ya desconfiaba de muchos de esos amigos.

Lo más dramático de todo aquello fue que estas personas fueron víctimas del chantaje y del propio sistema, hasta tal punto que fueron perdiendo su condición humana.

Finalmente, Ingrávida dio a luz a un niño blanco y de ojos más bien azulosos. ¿De quién sería aquel niño? Ingrávida decía que era de René de la Nuez, pero éste, enfurecido, le hizo redactar una carta en la cual ella comunicaba, oficialmente, que su hijo no era de René de la Nuez. Este hombre era del Partido Comunista, trabajaba como dibujante humorista en el *Granma* y no quería verse comprometido con una mujer que tuviese una mala reputación.

Yo creía que mi situación había llegado ya al colmo, pero si algo le enseña a uno un sistema totalitario es que las calamidades son infinitas. En el verano de 1973 Coco Salá y yo nos bañábamos en la playa de Guanabo. Allí tuvimos relaciones sexuales con unos muchachos, metidos en los manglares. Realmente, pasamos un buen rato con ellos.

Después de haber hecho el amor con los muchachos, depositamos los bolsos en la arena y seguimos bañándonos. Como a la media hora fuimos robados por aquellos recientes amantes, se llevaron nuestros bolsos. Coco llamó a la policía, cosa que nunca se debe hacer en un caso semejante, y la patrulla nos montó en su carro y recorrimos la playa para ver si encontrábamos a los ladrones. Efectivamente, en un pinar cerca de la playa iban los muchachos con nuestros bolsos.

La policía los detuvo; el hecho era obvio; tenían nuestras propiedades. Fuimos hasta la estación de la policía, cosa que no hubiera hecho yo, pues, cuando se vive en un país como aquél, lo mejor es evitar todo contacto con la policía. Los muchachos llegaron muy campantes allí con los bolsos y dijeron: «Estos son unos maricones que trataron de rascabucharnos, nos tocaron la pinga y les cogimos los bolsos porque les caímos a golpes y ellos salieron huyendo. En realidad, íbamos con los bolsos a la estación de policía para entregarlos». La historia no era creíble pero, evidentemente, nosotros éramos homosexuales y los muchachos, por demás, tenían un tío que era policía y trabajaba en la estación de Guanabo. De manera que de acusadores pasamos a ser acusados, y esa noche ya estábamos arrestados y dormimos allí en la estación de policía.

Yo pensaba, ingenuamente, que no tenían pruebas contra nosotros y que si algo se podía demostrar era que ellos nos habían robado. Pero olvidaba un artículo de la ley castrista que dice que, en el caso de que un homosexual cometa un delito erótico, basta con la denuncia de una persona para que él mismo pueda ser encausado. Nosotros fuimos no sólo encausados, sino conducidos a la cárcel de Guanabacoa.

Allí llamaron a la UNEAC, que elevó los peores informes sobre mí. De repente, todo lo positivo desapareció de mi expediente y yo sólo era un contrarrevolucionario homosexual, que había publicado libros en el extranjero.

Nos pusieron bajo fianza. Recuerdo que Tomasito La Goyesca se encargó de buscar el dinero; cosa que no hubiera sido fácil para nosotros, pues había que pagar cuatrocientos pesos que ninguno de los dos teníamos. Cuando salimos a la calle, teníamos aún esperanzas de poder salir absueltos; todo en realidad era absurdo y no había pruebas contra nosotros.

Naturalmente, tenía que seguir asistiendo a la UNEAC para firmar el libro y cobrar mi sueldo, pero allí, cada día me miraban más como un apestado y ahora, con un juicio pendiente, ya era el colmo. De pronto, me volví invisible; ni los porteros me saludaban cuando pasaba junto a ellos, a pesar de que algunos eran también homosexuales.

Yo había nombrado a un abogado para que se hiciera cargo de mi caso. El me había dicho que no me preocupara, que en realidad no había ninguna prueba y no podían acusarme de ningún delito. Pero una tarde me llamó bastante nervioso y me dijo que fuera a verlo a su casa. Allí sacó un enorme pliego, donde aparecían como pruebas los títulos y los contenidos de todas mis novelas publicadas en el extranjero. Todo aquel enorme informe, en el que se me acusaba de contrarrevolucionario y de sacar todos mis libros hacia el extranjero sin permiso de la UNEAC, aparecía firmado por personas que hasta aquel momento eran, aparentemente, excelentes amigos y que me daban palmaditas en los hombros diciéndome que no me preocupara, que no me iba a pasar nada. Entre los firmantes, que ahora me acusaban de mi incesante labor contrarrevolucionaria, se encontraban Nicolás Guillén, Otto Fernández, José Martínez Matos, Bienvenido Suárez.

Indudablemente, ya no se trataba de un delito común, de un escándalo público, como originalmente se había levantado la causa. Ahora se trataba de un contrarrevolucionario que hacía incesante propaganda contra el régimen y la publicaba fuera de Cuba; todo se había preparado para meterme en la cárcel. El fiscal, en sus conclusiones provisionales, dijo que la pena que me correspondía era la de ocho años de prisión.

De manera insólita, Coco Salá había sido separado de esa causa y sólo se le acusaba de escándalo público y de una manera muy marginal. Su nombre apenas aparecía en toda la causa.

Mi tía, naturalmente, estaba enterada de todo. También ella había hecho un largo informe al tribunal, donde contaba mi vida depravada y mi actividad contrarrevolucionaria. No tenía escapatoria.

Olga, la esposa de Miguel, por esos días regresó de París. Por última vez, pues también ella tenía miedo de que en un momento determinado no la dejasen salir más de Cuba; le conté todo lo que me pasaba. Ella en París se pondría de acuerdo con mis amigos Jorge y Margarita Camacho y con mi editor. Algo harían para ayudarme a salir clandestinamente del país. Yo le dije el peligro inminente que corría de ser arrestado antes de que se celebrase el juicio. Lo mejor era que no tuviera que presentarme al juicio y que pudiera darme a la fuga. En ese caso me escondería en algún lugar y le enviaría un telegrama a Olga que dijera: «Envíen libro de las flores». Ellos enviarían un bote plástico, un pasaporte falso con mi fotografía y un equipo submarino; algo con lo que yo pudiese irme del país.

Eran, desde luego, esperanzas remotas; esperanzas de desesperado, pero casi siempre las esperanzas son de los desesperados. Yo no quería resignarme a la cárcel; antes de que Olga se fuera mecanografié rápidamente mi poema «Morir en junio y con la lengua afuera», cuyo borrador tenía en casa de unos amigos que todavía viven en Cuba, y «Leprosorio», escrito a partir de mi experiencia en la cárcel de Guanabacoa. Olga sacó estos poemas.

Yo tenía un amante negro bellísimo con quien iba con frecuencia a hacer el amor entre los matorrales del Monte Barreto. Ya no podía hacerlo en la casa de mi tía porque me amenazaba con llamar a la policía. Ser poseído por aquel hombre en medio de aquel campo, desnudo, y con aquel olor a yerba, era ya de por sí más excitante que si lo hubiera hecho en una cama. Le conté por lo que estaba pasando y me dijo que me encontraría al día siguiente en la playa; de allí nos iríamos a Guantánamo, y él me ayudaría a escaparme por la base naval.

Esa noche me reuní con Hiram Pratt y con Coco Salá. Le comuniqué a Hiram Pratt mi decisión de irme del país en una lancha por la base naval de Guantánamo. Fue un acto de extrema inocencia, indiscutiblemente; en Cuba no se puede confiar ningún secreto. El caso es que al día siguiente por la mañana, me levanté bien temprano. Ya le había entregado mi máquina de escribir a los hermanos Abreu y ellos me habían conseguido algún dinero para irme a Guantánamo. La policía, sin embargo, había madrugado más que yo.

Sentí un toque en la puerta y me asomé por el balcón. Había varios policías rodeando la casa; entraron, y al momento me arrestaron. Fui tratado con violencia innecesaria. Me dieron golpes, me quitaron la ropa para ver si llevaba algún arma, me hicieron vestir de nuevo y me condujeron al carro patrullero. En el momento en que me montaban en el carro mi tía abrió la puerta; vi su rostro radiante y su mirada de complicidad dirigida hacia aquellos policías que me arrestaban.

Me llevaron a una celda de una estación de policía de Miramar. Había allí más de veinte detenidos. Antes de entrar fui interrogado brevemente; los interrogatorios mayores vendrían después. El interrogador me preguntó la causa de mi arresto. Yo le contesté que no lo sabía, que estaba libre bajo fianza y que, por tanto, mi arresto era ilegal. Eso bastó para que el interrogador me cayera a golpes.

La fuga

En la celda no había baño y los detenidos pedían permiso constantemente para pasar al mismo, que quedaba fuera. El policía se quedaba en la puerta custodiando a los demás con el candado en la mano. En un momento dado en que el policía estaba en esa posición, llegó otro policía anunciando que había traído café, un privilegio en Cuba, donde el café está racionado a tres onzas por mes. Aquella voz desató una tremenda algarabía dentro de la estación; todos los policías se lanzaron sobre el termo. También el que cuidaba la reja se fue hacia allá, dejando el candado puesto en la reja, pero abierto. Rápidamente, descorrí el candado y en cuclillas me escapé de la prisión.

Salí corriendo por la puerta de atrás que daba al mar, me desprendí de la ropa y me tiré al agua; yo era entonces un buen nadador. Me alejé de la costa y nadé hasta el Patricio Lumumba, cerca de la casa de mi tía. Allí vi a un amigo con el cual había tenido algunas aventuras eróticas, le conté lo ocurrido y él se las arregló para conseguirme en la caseta de los salvavidas de la playa, un short. Me presenté de esa forma, inmediatamente, en la casa de mi tía. Ella quedó absolutamente asombrada de verme llegar a la casa, cuando hacía sólo un rato había salido arrestado en un carro patrullero. Le dije que todo había sido un error que se había aclarado rápidamente, y que sólo tenía que pagar una multa y había ido a buscar el dinero. Mi dinero ya no estaba allí; mi tía se había apoderado de él y se lo pedí, casi con violencia. Un poco intimidada, me devolvió sólo la mitad.

Corrí a la playa para encontrarme con mi amigo el negro, pero, en su lugar, la playa estaba llena de policías. Evidentemente, me buscaban. Por suerte no se les ocurrió ir a buscarme a mi casa y pude recoger el dinero y destruir todo lo que hubiera allí que pudiese comprometerme. El amigo que me consiguió el short me escondió en una de las casetas de la playa y caminó hasta cerca de mi casa comprobando que estaba custodiada por policías con perros. Me dijo que me lanzara al mar y que me escondiera detrás de una boya, porque allí los perros no podrían descubrirme. Allí estuve todo el día y por la noche mi amigo me hizo una seña que podía salir del agua y me compró una pizza con su dinero; el mío estaba completamente empapado. Me escondió en la caseta de los socorristas. Al otro día, toda la playa estaba llena de policías que me buscaban; era difícil salir de mi escondite. Mi amigo consiguió una goma de automóvil, una lata de frijoles y una botella de ron. Ya de noche caminamos por entre los pinares hasta la playa de La Concha. El me había conseguido también unas patas de rana y la única solución era que yo abandonara el país en aquella goma. Antes de tirarme al mar, cogí el dinero que tenía y lo escondí cerca de la costa en un montón de piedras. Mi amigo y yo nos despedimos. «Mi hermano, que tengas suerte», me dijo. El estaba llorando.

Yo me amarré la goma al cuello con una soga; él la había preparado de modo que yo me pudiese sentar en ella, con un saco debajo. En una bolsa, también de saco, me había metido una botella de aguardiente y la lata de frijoles negros. Deposité todo aquello en el fondo de la cámara y me introduje en el mar. Tenía que irme de allí huyendo por aquella misma playa donde había pasado los más bellos años de mi juventud.

A medida que me alejaba de la costa, el mar se hacía más violento; era ese oleaje tumultuoso de noviembre, que anuncia la llegada del invierno. Estuve alejándome toda la noche; a merced del oleaje, avanzaba lentamente. A cinco o seis kilómetros de la costa, comprendí que era difícil que llegara a algún sitio. En alta mar comprendí que no tenía forma de abrir aquella botella y ya tenía las piernas y las articulaciones casi congeladas.

De repente, en la oscuridad surgió un barco y se dirigió directamente hacia mí. Yo me lancé al agua y me escondí debajo de la cámara. El barco se detuvo a unos veinte metros de mí y sacó un enorme garfio, que parecía como un cangrejo gigantesco y lo hundió en el agua. Era, al parecer, un arenero que trataba de sacar arena allí; yo sentía sus voces, sus risas; pero no me vieron.

Comprendí que no podía seguir avanzando; más allá se veía una línea de luces a lo lejos; eran los guardacostas, los barcos pescadores, o los demás areneros, que formaban casi una muralla en el horizonte. El oleaje se hacía cada vez más fuerte. Tenía que tratar de regresar.

Recuerdo que algo brillaba en el fondo y sentí miedo de que algún tiburón pudiera comerme las piernas que, desde luego, llevaba fuera del agua. Unas pocas horas antes del amanecer me di cuenta de que aquello era un absurdo, que la propia cámara era un estorbo, que casi podía llegar primero a Estados Unidos nadando que con aquella goma, sin remos ni orientación. Abandoné la goma en el mar y nadé durante más de tres horas hacia la costa con la bolsa que contenía la botella y la lata de frijoles amarrada a la cintura. Estaba casi paralizado y mi mayor temor era que me diese un calambre y me ahogase.

Llegué a la costa de Jaimanitas y vi unos edificios vacíos. Me metí en uno de ellos; nunca había sentido un frío más intenso, ni una soledad tan grande. Había fracasado y en cualquier momento me arrestarían. Sólo me quedaba una posibilidad para escaparme: el suicidio; rompí la botella de ron y con los vidrios me corté las venas. Desde luego, pensé que era el fin y me tiré en un rincón de aquella casa vacía y poco a poco fui perdiendo el sentido. Pensé que aquello era la muerte.

Como a las diez de la mañana del otro día me desperté; pensé que había despertado en otro mundo. Pero estaba en el mismo lugar donde había intentado suicidarme sin resultados. Al parecer derramé bastante sangre pero, en un momento dado, dejé de sangrar. Con los vidrios de la botella abrí la lata de frijoles; aquello me fortaleció en algo. Después, enjuagué las heridas en el mar. Cerca de allí había venido a parar la goma.

Comencé a caminar por aquella playa un poco sin sentido y de momento me encontré a un grupo de hombres pelados al rape, tirados en el suelo. Me miraron un poco extrañados pero no dijeron nada. Comprendí que eran trabajadores forzados, presos de una granja del Reparto Flores. Pasé frente a ellos descalzo, con los brazos llenos de heridas; no podían pensar que se trataba de un simple bañista. Llegué hasta La Concha para rescatar el dinero que había escondido allí en las rocas.

Cuando me dirigí al lugar donde tenía el dinero, alguien me

llamó; era mi amigo, el negro, que me hacía señales para que me acercara. Rápidamente le conté todo lo que me había pasado y él me dijo que aún podíamos irnos de inmediato para Guantánamo; él era de Guantánamo y conocía toda la zona. Tirados bajo unos pinos, él me dibujaba toda la zona de Caimanera en la arena y me explicaba cómo podría hacer para llegar hasta la base naval norteamericana.

Lo importante ahora era conseguir alguna ropa. Allí encontré a uno de mis primos y le conté que necesitaba ropa. Me dijo que la policía me estaba buscando por todos aquellos sitios. Era increíble la torpeza de la policía; me buscaban por todos aquellos sitios por los que yo andaba caminando. Mi primo me dijo que iba a hacer el intento de traérmela. Dejó a la muchacha con la que estaba y al poco rato regresó con una muda completa de ropa. Fue un gesto de bondad que no tenía por qué haber tenido conmigo, por lo que me sorprendió.

Me vestí rápidamente y fui con mi amigo el negro para su casa, que era en el reparto Santos Suárez. Era una casa enorme, llena de vitrinas. El negro me peló casi al rape, transformándome en otra persona. Realmente, cuando me miré en el espejo quedé espantado. Mi pelo largo había desaparecido y tenía ahora el pelo muy corto y con una raya al medio. También la camisa que me había dado mi primo desapareció y me dio una más rústica. Según él, sólo así podría llegar hasta Guantánamo sin ser detenido.

Con el dinero que yo tenía y un poco más que le dio a él su abuela, fuimos para la terminal de trenes. No era fácil conseguir un pasaje para Santiago de Cuba o Guantánamo, porque siempre había que hacer las reservaciones con mucho tiempo de antelación. Pero él se las arregló para hablar con un empleado, dándole algún dinero.

Me vi de pronto otra vez en uno de aquellos lentos y calenturientos trenes camino de Santiago de Cuba. El negro, inmediatamente, hizo amistad con todos los que íbamos sentados en el mismo asiento; había comprado una botella de ron y empezó a tomar. Me dijo en un momento que lo mejor era hacer amistad con todo el mundo para pasar inadvertido.

Durante todo el viaje, que duró tres días, estuvo tomando, invitando a los demás, riendo y haciendo chistes. Enseguida se hizo amigo de otros negros, algunos muy bellos, por cierto. Yo hubiera querido poder bajarme en un hotel y hacer el amor con el negro como lo hacíamos en Monte Barreto; siempre en los momentos de peligro he tenido la necesidad de tener a alguien a mi lado. El negro me dijo que era difícil conseguir un hotel en Santiago, que tal vez cuando llegáramos a Guantánamo podríamos hacer algo.

En Santiago teníamos que coger un ómnibus hasta Guantánamo. En Santiago comimos algunas croquetas del cielo, como se les llamaba en Cuba a aquellas croquetas que se vendían en las cafeterías, porque tenían la propiedad de pegarse en el cielo de la boca y de allí nadie podía desprenderlas.

Llegamos a Guantánamo, un pueblo que me pareció espantoso, más chato y provinciano que Holguín. El negro me condujo a un solar, donde el ambiente era de delincuentes. Allí me dijo que me quitara toda la ropa; me había conseguido otras aún más rústicas y me pidió que le dejara todo el dinero; no tenía sentido que, si iba a entrar al territorio de Estados Unidos, lo hiciera con aquel dinero cubano. Aquello, realmente, no me gustó, pero qué podía hacer. Me condujo a la terminal de ómnibus donde partía la guagua hacia Caimanera y no quiso ir conmigo en el viaje; me había dado ya las orientaciones pertinentes: bajarme en el primer punto de control, tomar hacia la derecha rumbo al río, caminar por la costa hasta ver las luces, esperar la noche escondido en los matorrales, cruzar el río a nado y seguir caminando por la otra orilla hasta llegar al mar, pasar el día escondido allí y a la noche siguiente tirarme al agua y nadar hasta la base naval.

No me fue difícil pasar inadvertido en la guagua; el negro había tenido razón al disfrazarme de aquel modo. Cuando me bajé de la guagua caminé a rastras para que no me vieran durante muchas horas. A media noche, mientras me arrastraba por aquellos matorrales salvajes, las codornices y otras aves salían asustadas. Yo seguía gateando. De pronto, sentí un estruendo; era el río. También sentí una inmensa alegría al ver aquellas aguas; mi amigo no me había engañado, allí estaba el río. Seguí caminando por toda su orilla; el lugar era verdaderamente pantanoso; yo llevaba en la mano un pedazo de pan que el negro me había dicho que sostuviera hasta el momento de tirarme al agua. De madrugada, vi al fin las luces del aeropuerto; fue como una fiesta. Las luces se encendían y se apagaban y, para mí, eran como una llamada. Era el momento de lanzarme al agua.

Durante toda mi travesía por la orilla del río había sentido unos ruidos que eran como chasquidos. No sé por qué, pero me pareció que la luna me decía que no entrara en aquellas aguas. Seguí caminando hasta encontrar un lugar donde no se escuchasen aquellos chasquidos para lanzarme al río. En aquellos momentos empezaron a aparecer por los matorrales extrañas luces verdes; eran como relámpagos, pero no venían del cielo, sino que se sucedían a ras de tierra, entre los troncos de los árboles. Seguí avanzando y las luces verdes se repetían. A los pocos instantes, sonó el estruendo de una ametralladora; era una balacera que pasaba rozándome. Más tarde me enteré de que aquellas luces verdes eran una señal; eran rayos infrarrojos. Se habían percatado de que alguien quería cruzar la frontera y trataban de localizarlo y, naturalmente, aniquilarlo. Corrí y me trepé a un árbol frondoso, abrazándome a su tronco todo lo más alto que pude. Carros llenos de soldados con perros se lanzaron a mi búsqueda; toda la noche estuvieron buscándome muy cerca de donde yo me encontraba. Finalmente, se marcharon.

Me quedé en el árbol toda la noche, y el día siguiente. Era difícil descender de allí sin ser visto y, más aún, cuando ya estaba dada la voz de alerta en aquella zona. Al anochecer descendí del árbol; estaba fatigado y tenía que reunir todas mis fuerzas para regresar a Guantánamo y allí planificar alguna manera de escaparme por otra ruta, quizá menos peligrosa, para llegar a la base naval. Me arrastré por el fango y ya muy cerca de la carretera, entre la hojarasca, me quedé dormido. Al día siguiente por la mañana, me limpié como pude la ropa y la cara, y volví hasta el punto de control número uno y tomé el ómnibus hasta Guantánamo. Llegué al pueblo sin saber cómo encontrar a mi amigo el negro, y deambulé por aquellas calles, cosa muy peligrosa en mi caso. No tenía dinero. En la terminal de trenes de Guantánamo me encontré con el negro. Me miró asustado; evidentemente, él pensaba que ya o me había muerto o me había ido por la base naval. Me dijo que era imposible hacer el intento de nuevo, que aquel lugar era el mejor, que sus amigos le habían dicho que ahora todo estaba mucho más vigilado. Me dijo que, después de todo, había tenido mucha suerte, porque unas cajas que yo le dije haber visto, eran minas que de haber sido pisadas me hubieran hecho volar en pedazos.

Pero yo no me daba por vencido; regresar era un fracaso. Volví de nuevo a hacer el intento; ahora la vigilancia era mayor pero yo no tenía nada que perder. Era absurdo haberle hecho caso a la luna. Esta segunda vez me metí en el agua y ya a la luz de la luna pude ver de qué se trataban los chasquidos: todo el río estaba infestado de caimanes; nunca vi tantos animales siniestros en tan poco espacio de agua. Esperaban allí que yo entrara para devorarme. Era imposible cruzar el río. Regresé de nuevo a Guantánamo lleno de fango. Seguramente, el chofer de la guagua ya pensaba que yo era uno de los nuevos guardacostas de la Seguridad del Estado que habían sido trasladados para aquel sitio.

Deambulé tres días, sin comer, por Guantánamo. No tenía ni un centavo y seguía durmiendo en la terminal. Nunca más volví a ver al negro. Allí hice cierta relación con unos jóvenes que querían viajar a La Habana en el tren como polizontes. Me explicaron que todo consistía en meterse en el baño cada vez que pasara el conductor; yo no tenía otra solución y opté por viajar de esa manera.

Tomamos el tren y los tres nos metimos en el baño cuando pasó el conductor. No tardaron en erotizarse y así pude disfrutar de aquellos muchachos calenturientos mientras el tren se deslizaba por todas las lomas de Oriente. El tren se detenía en todos los pueblos y yo me bajaba. Después seguíamos el viaje y cada vez que pasaba el conductor, más o menos cada cuatro horas, nosotros nos volvíamos a meter en el baño y siempre ellos se excitaban y yo me enredaba con aquellas hermosas piernas. Yo les dije que era un prófugo del Servicio Militar Obligatorio que estaba tratando de regresar para mi casa en La Habana. Ellos lo eran realmente y querían irse para La Habana porque pensaban que allí pasarían más inadvertidos que en Guantánamo, su pueblo natal. En un momento en que nos bajamos, Adrián, uno de ellos, me dio un carné; me dijo que él tenía otro y que eso me podía ayudar. Era un carné con su fotografía, pero esas fotografías son tan opacas e impersonales que cualquier persona puede parecerse a la que está en ellas. Pasé entonces a llamarme Adrián

Faustino Sotolongo. Llegué a Cacocún y eché a caminar rumbo a Holguín; era un largo trayecto. Finalmente, monté en un camión de obreros que no me hicieron ninguna pregunta. Llegué a mi casa de madrugada. Volvía a mi casa solo, perseguido, defraudado. Mi madre fue la que me abrió la puerta, dio un grito al verme y yo le dije que se callara. Comenzó a llorar bajito y mi abuela se tiró de rodillas y empezó a rezar, pidiéndole a Dios que me salvara. Mis otras tías dijeron que lo mejor era que me metiera debajo de la cama. Mi madre me llevó allí un pedazo de pollo y me dijo que le daba mucha tristeza verme así, debajo de la cama, comiendo escondido, como un perro. Aquello me dio tanto desconsuelo, que no pude probar la comida aunque hacía varios días que no comía nada.

Mi abuela seguía tirándose de rodillas en el suelo para suplicarle a Dios que me ayudara. Nunca me sentí tan compenetrado con mi abuela; ella sabía que sólo un milagro podía salvarme. En un momento dado pude hablar con ella; yo no sabía qué decirle. No la había visto desde antes de la muerte de mi abuelo; ella lo quería mucho a pesar de que él la golpeaba a cada rato. En un momento en que entró al cuarto, salí de abajo de la cama y la abracé. Me dijo que no podía vivir sin mi abuelo Antonio, que era un hombre tan bueno. Lloré con ella; él la golpeaba casi todas las semanas y, sin embargo, vivieron cincuenta años juntos. Evidentemente, existía un gran amor. Mi abuela había envejecido abruptamente.

Al día siguiente, mi madre y yo salimos para La Habana. Un tío político mío, Vidal, nos acompañó hasta la terminal de trenes y nos prestó algún dinero. Yo tenía la esperanza de que tal vez Olga, a quien le había dejado la dirección de los hermanos Abreu, hubiera hecho alguna relación con alguien en el extranjero. Le había puesto ya el telegrama desesperado que habíamos acordado: «Mándame el libro de las flores». Ella sabía que esto indicaba que me sacaran de allí como pudieran.

Pude dormir en el tren. Nunca había viajado con mi madre y en una litera. Ella me dijo: «¡Qué lástima que un viaje tan bonito tenga que darlo en estas condiciones!». Mi madre siempre se estaba lamentando por todo, pero en ese momento tenía razón. En aquel momento pensé lo bello que sería disfrutar de aquel paisaje si uno no fuera un perseguido, lo agradable que sería viajar en aquel tren al lado de mi madre si no estuviera en aquella situación. Las cosas más simples, adquirían para mí un valor extraordinario. Durante todo el viaje mi madre me pedía que me entregara; decía que eso era lo mejor que podía hacer. Mi madre me contaba que un vecino de ella, condenado a treinta años, sólo había cumplido diez y ahora, ya libre, pasaba todos los días cantando por frente a su casa. Yo no me podía ver cantando frente a la casa de mi madre después de diez años de prisión; no era éste, realmente, un destino muy prometedor. Yo quería escaparme de aquel infierno fuese como fuese.

Al llegar a la terminal de trenes de La Habana fui arrestado por dos policías disfrazados de civil. Mi madre estaba aterrada; su cuerpo flaco temblaba terriblemente y tomé sus manos flacas entre las mías y le dije que me esperara, que no pasaría nada. Los policías me llevaron a un cuartico y me hicieron unas preguntas. Yo dije que venía de Oriente, les mostré mi boleto, y que mi nombre era Adrián Faustino Sotolongo y allí tenía también el carné con ese nombre. Me dijeron que me parecía mucho a una persona que andaban buscando, que se había escapado de una estación de policía allí en La Habana y yo le dije que no tenía sentido que fuera yo esa persona porque yo venía para La Habana y lo lógico era que aquella persona tratara de salir de la ciudad y no de entrar en ella. La respuesta era lógica y yo había demostrado otra identidad, así que me soltaron después de haberme tomado no sé qué medida en el cuello. Mi madre estaba allí temblando de una manera cada vez más patética. Le dije que no podíamos seguir juntos y que era mejor que se fuera a la casa de mi tía Mercedita, que vivía en La Habana del Este; yo la llamaría con un timbrazo y colgaría el teléfono. Si recibía esa llamada, eso indicaría que debía volver para la terminal y allí nos encontraríamos y haríamos algún plan.

Yo trataría de esconderme en la casa de algún amigo. Tenía la esperanza de que si alguien hablaba con el embajador francés, tal vez podría hacerse algo para que me asilara en la embajada francesa; quizás el embajador podría esconderme en su casa, lograrme una visa. Después de todo, todos mis libros estaban publicados en Francia. Mi esperanza era que mi madre fuera a la casa de un francés que había sido profesor mío, con el cual habíamos tenido cierta amistad; para él era fácil hablar con el embajador. Desde Holguín salimos con la carta dirigida al embajador; era una idea descabellada, pero tal vez podía funcionar.

Toqué en la casa de Ismael Lorenzo, que vivía con su mujer. Se portó generoso conmigo y me dijo que allí me podía quedar. En muchas ocasiones, planificamos juntos nuestra huida, pensando en la base naval de Guantánamo. Me dijo que me había salvado de milagro porque, una vez que los rayos infrarrojos aparecen, el ejército no descansa hasta dar con la persona; la única ventaja que tienen esos rayos infrarrojos, según me explicó él, es que aparecen por el calor y ese calor lo puede producir alguna presencia vital que esté cerca de los detectores. Tal vez pensaron que era algún animal y por esa razón habían cesado en la búsqueda.

Su casa estaba chequeada porque se había presentado para irse del país y el Comité de Defensa frecuentemente le hacía alguna visita supuestamente amistosa. Yo no quería comprometerlo. Después de dormir una noche allí, salí y me presenté en la casa de Reinaldo Gómez Ramos, el cual me miró aterrorizado. Sabía, lógicamente, lo de mi fuga y me dijo que le era absolutamente imposible darme albergue, que tenía que irme de allí inmediatamente.

Volví a la terminal de ómnibus y llamé a mi madre. Nos dimos cita en un parque cercano a la terminal. Mi tío Carlos había llegado de Oriente y ya estaba al tanto de todo. Carlos era del Partido Comunista, pero para él la familia era primero que todo y se portó muy bien conmigo. Se brindó para ir con mi madre a ver al profesor de francés con mi carta.

Regresaron a las pocas horas. Habían visto al profesor, que se portó muy gentilmente y llevó a mi madre y a Carlos a la presencia del embajador en pocas horas. El embajador dijo rotundamente que era imposible, que no podía hacer nada por mí, aunque se había quedado con la carta. Ellos me trajeron la noticia.

Le di a mi madre y a Carlos la dirección de los hermanos Abreu. Yo no podía seguir en la terminal de ómnibus; era absurdo. Aquél era el centro de acción de la policía, donde le pedían el carné a todo el mundo. De noche, cuando veía las perseguidoras, pensaba que todas se habían lanzado en mi búsqueda.

Tomé la decisión de esconderme en el Parque Lenín; era un parque oficial y tal vez el último lugar donde la policía iría a buscar a un prófugo político. Yo le hice un breve mensaje a Juan Abreu. Le daba una fecha y una hora para encontrarnos en el lado izquierdo del anfiteatro del parque. El anfiteatro estaba rodeado de matorrales donde podía pasar inadvertido.

Con Juan no tuve que hablar mucho sobre los planes de fuga mediante Olga. Le dije que quizás Olga habría enviado a una persona desde Francia para que viniera a sacarme del país. Abreu me miró y me dijo: «Ya la persona está aquí; llegó hace tres días. Estábamos desesperados buscándote. Pasé por la casa de tu tía y por poco me mete en la cárcel». Me dijo que al día siguiente había quedado en verse con la persona, que parecía ser un francés muy inteligente y que hablaba español perfectamente.

La vigilancia sobre la casa de los Abreu era enorme; todos sabían que ellos eran de mis mejores amigos. El francés se había aparecido con un pomo de perfume a la casa de los Abreu y les había dicho que traía un recado de Olga sobre el «libro de las flores». Había burlado la vigilancia de la policía del hotel y, sin conocer La Habana, había cogido tres o cuatro ómnibus diferentes para despistar a la policía y llegar a donde estaba Juan Abreu. Este le dijo la verdad, que yo estaba prófugo y no se sabía dónde estaba. El francés tenía aún unos días de permiso para permanecer en La Habana. Había llegado en el momento oportuno.

Mis amigos Jorge y Margarita en París, enterados por Olga de mi situación, decidieron que era necesario encontrar de inmediato a alguien que no estuviese señalado por el régimen, para que entrara al país y me sacara de allí. Así, se pusieron en contacto con el joven Joris Lagarde, hijo de unos amigos suyos, que era un aventurero y hablaba perfectamente el español; había recorrido toda la América del Sur y la América Central buscando tesoros, supuestamente enterrados por los españoles, y tesoros submarinos. Tenía la teoría de que algunos galeones habían naufragado cerca de las costas de Maracaibo y que todo aquel oro estaba en el fondo de aquel mar, esperando que algún experto nadador lo encontrase; él era un nadador excelente y practicaba además el deporte del bote de vela. Lagarde era la persona indicada para que fuera a rescatarme. Jorge y Margarita compraron un bote de vela, una brújula y Olga le dio unas pastillas alucinógenas para que me mantuviese eufórico; le compraron un pasaje hacia México con escala en Cuba, para disimular su intención. Debía explicar a las autoridades cubanas que iba a participar en unas regatas deportivas en México y que le interesaba practicar en las costas de Cuba; de ahí que llevaba un bote. Mientras él llegaba a La Habana, yo intentaba escapar por la base naval de Guantánamo.

A medianoche llegó Lagarde acompañado por Juan al Parque Lenín. Era, realmente, un joven intrépido que hizo todo lo posible por entrar con el barco de vela, pero las autoridades del aeropuerto le dijeron que él estaba autorizado a entrar en la Isla, pero que el bote de vela se quedaba bajo custodia hasta que marchase a México. El bote era, lógicamente, un medio de transporte prohibido en Cuba. Sólo algunos oficiales de alto rango podían usarlos, y algunos de ellos se habían ido hacia Estados Unidos.

Otra vez se iban por tierra las esperanzas de marcharme de Cuba. Joris Lagarde me regaló una fosforera y todos los cigarrillos extranjeros que tenía, me dio la brújula y la vela del bote; prometió irse a Francia y regresar por mí de algún modo. Conversó toda la noche conmigo; sentía pena por abandonarme en aquella situación y me dijo que nos veríamos de nuevo en cuatro días, antes de que se fuera.

Al día siguiente Juan me trajo una cuchilla de afeitar, un pequeño espejito, *La Ilíada* de Homero y una pequeña libreta para que escribiera. Redacté de inmediato un comunicado;* estaba fechado en La Habana, en el Parque Lenín, 15 de noviembre de 1974. Era un comunicado desesperado, que estaba dirigido a la Cruz Roja Internacional, a la ONU, a la UNESCO y a los pueblos que aún tenían el privilegio de poder conocer la verdad. Daba cuenta en él de toda la persecución a que estaba sometido; comenzaba diciendo textualmente: «Desde hace mucho tiempo estoy siendo víctima de una persecución siniestra por parte del sistema cubano». De ahí pasaba a enumerar toda la situación de censura y persecución que habíamos sufrido, los escritores que

* Publicado en R. Arenas *Necesidad de libertad. Mariel: testimonios de un intelectual disidente*, Kosmos, México, 1986. *(N. del E.)*

habían sido fusilados, el caso de Nelson Rodríguez, la prisión de René Ariza, la incomunicación a que era sometido el poeta Manuel Ballagas. En una parte señalaba lo desesperada que era mi situación y cómo, mientras la persecución se multiplicaba, redactaba en forma clandestina aquellas líneas, esperando en cualquier momento el fin, a manos de los aparatos más sórdidos y criminales. Y aclaraba: «Quiero apresurarme a decir que esto que digo aquí es lo cierto, aun cuando las torturas me obliguen luego a decir lo contrario».

Lagarde llegó allí a verme a la hora y el día señalados y le di aquel comunicado con la orden de que lo publicase en todos los órganos de prensa que pudiese. También le hice una carta a Margarita y a Jorge, diciéndoles que publicasen todos los manuscritos que yo les había enviado, en los que denunciaba abiertamente al régimen cubano. Los hermanos Abreu también aprovecharon para sacar todo lo que pudiesen con él. Quedamos en que yo resistiría el mayor tiempo posible allí, hasta que él pudiera venir y rescatarme de algún modo.

Llegó a Francia con la noticia de la situación en que yo me encontraba y todos mis amigos hicieron una campaña en mi favor. El documento fue publicado en París en el diario *Le Fígaro* y también se publicó en México. Yo había tenido la idea de que Margarita y Olga le pusieran varios telegramas a distintos funcionarios en Cuba, firmados por mí y diciéndoles que había llegado muy bien. Así, mientras yo dormía en las alcantarillas del Parque Lenín, Nicolás Guillén recibió un telegrama en el que decía: «Llegué bien. Gracias por tu ayuda. Reinaldo». El telegrama estaba fechado en Viena.

Esto los desconcertó durante una semana, pero después se dieron cuenta de que yo no había escapado y comenzaron a vigilar más de cerca a mis amigos. La casa de los hermanos Abreu fue rodeada y el terror los hizo desenterrar los manuscritos de mis novelas y quemarlos junto con todas las obras inéditas que ellos habían escrito; unos doce libros. Nicolás y José se sentían demasiado vigilados y por eso no iban a verme al parque.

Varios amigos míos que ahora eran delatores habían ido a visitar a Nicolás Abreu donde él trabajaba como proyeccionista de cine, para preguntarle por mí; uno de ellos fue Hiram Pratt. José fue no sólo vigilado por la policía, sino que lo amenazaron con meterlo preso si no decía dónde estaba. El que dirigía la comitiva encargada de mi captura se llamaba Víctor y era teniente.

Una vez, un policía vestido de civil se sentó en el ómnibus donde viajaba José Abreu. Empezó a hablarle maravillas de Estados Unidos y dijo que su escritor preferido era Reinaldo Arenas. José se limitó a cambiarse de asiento, sin dirigirle la palabra. Cuando la vigilancia se hizo más intensa, Juan iba hasta el lugar donde habíamos acordado encontrarnos y, en lugar de esperarme, me dejaba algo de comer.

Allí comencé a escribir mis memorias, en las libretas que Juan me traía. Bajo el apropiado título de *Antes que anochezca,* escribía hasta que llegaba la noche, y en espera de la otra noche que me aguardaba cuando fuera encontrado por la policía. Tenía que apurarme en hacerlo antes de que oscureciera, definitivamente, para mí; antes de que fuera a parar a una celda. Desde luego, aquel manuscrito se perdió como casi todos los que hasta aquel momento yo había escrito en Cuba y no había logrado sacar del país, pero en aquel momento era un consuelo escribirlo todo; era un modo de quedarme entre mis amigos cuando ya no estuviera entre ellos.

Yo sabía lo que era una prisión: René Ariza había enloquecido en una de ellas; Nelson Rodríguez había tenido que confesar todo lo que le habían ordenado que confesara y después lo habían fusilado; Jesús Castro se encontraba en una celda siniestra de La Cabaña. Sabía que una vez allí no podría escribir más. Conservaba la brújula y no quería separarme de ella aunque comprendía el peligro que implicaba tenerla, pero era para mí como una suerte de talismán. La brújula, señalando siempre hacia el norte, era como un símbolo; hacia allí tenía que irme yo, hacia el norte; no importaba lo lejos que fuera de aquella Isla, pero siempre hacia el norte, huyendo.

Tenía también las pastillas alucinógenas que Olga me había enviado. Eran maravillosas; por muy deprimido que estuviera, me tomaba una de ellas y me entraban unos deseos de bailar y de cantar increíbles. A veces, de noche, bajo el efecto de aquellas pastillas corría por entre los árboles del parque, danzaba, cantaba y me trepaba a los árboles.

Una noche, producto de la euforia que me daban aquellas

pastillas, me atreví a llegar al anfiteatro del Parque Lenín donde bailaba nada menos que Alicia Alonso. Me amarré varios arbustos al cuerpo y vi a la Alonso bailar su famoso segundo acto de *Giselle*. Después, cuando llegué a la calle, un auto frenó, súbitamente, frente a mí y me di cuenta de que había sido descubierto. Crucé cerca del escenario improvisado, que estaba en el agua, me lancé al agua y salí al otro lado del parque. Un hombre me seguía de cerca con una pistola, yo corrí y me subí a un árbol en el que estuve varios días sin atreverme a salir. El parque se llenó de policías y decían que había un agente de la CIA escondido en el parque. También corrieron voces de que se trataba de un asesino que había violado a una anciana.

Recuerdo que, mientras todos los policías me buscaban con perros sin hallarme, un perrito sato se paró debajo del árbol y me miraba sin ladrar, como con alegría; como si no quisiera delatarme. A los tres días bajé del árbol. Tenía un hambre enorme; era difícil poder ponerme en contacto con Juan en ese momento. Insólitamente, en el mismo árbol en que yo había estado subido, había un cartel con mi nombre, mis señales, una foto mía y un enorme titular que decía: SE BUSCA. Por aquellas señales que daba la policía me enteré yo de que tenía un lunar debajo de la oreja izquierda.

A los tres días de estar escondido vi a Juan caminando por entre los árboles. Se había atrevido a llegar hasta allí. Me dijo que mi situación era realmente terrible; para despistar, se había pasado el día tomando guaguas diferentes para llegar al parque y que al parecer no había escapatoria. Por otra parte, él no había recibido noticias de nadie en Francia; el escándalo internacional con mi fuga era tremendo y la Seguridad del Estado estaba alarmada. Fidel Castro había dado la orden de que había que encontrarme de inmediato, porque no era posible que en un país donde la vigilancia funcionaba de manera tan perfecta, ya hacía dos meses que me había escapado de la policía, y estuviese redactando documentos y enviándolos al extranjero.

Yo, metido en el agua hasta los hombros, pescaba con un anzuelo que me había traído Juan. Asaba los pescados en una hoguera improvisada cerca de la represa y procuraba permanecer la mayor parte del tiempo en el agua. Era mucho más difícil que me pudieran localizar de ese modo. Aun en aquella situación de peligro inminente tuve mis aventuras eróticas con muchachos pescadores, siempre dispuestos a pasar un rato agradable con alguien que les echase una mirada promisoria a la portañuela. Uno de ellos se empeñó en llevarme a su casa que era muy cerca para que conociera a sus padres. Yo al principio pensé que lo hacía por un reloj que me había regalado también Lagarde, pero no era por eso; sencillamente, quería presentarme a su familia. Comimos y pasamos un rato agradable y después regresamos al parque.

Lo más difícil era la noche; ya era diciembre y había frío, pero tenía que dormir en pleno descampado; a veces amanecía empapado. Nunca dormía en el mismo sitio. Me refugiaba en cunetas llenas de grillos, cucarachas y ratones. Juan y yo teníamos varios sitios para encontrarnos porque uno sólo era demasiado peligroso. A veces, en la noche, continuaba leyendo *La Ilíada* con ayuda de la fosforera.

En diciembre la represa terminó secándose completamente y yo me refugié contra sus grandes muros. Tenía allí una especie de biblioteca ambulante; Juan me había traído unos cuantos libros más: *Del Orinoco al Amazonas, La montaña mágica* y *El castillo*. Abrí un hueco al final de la represa y allí los enterré; yo cuidaba de aquellos libros como de un gran tesoro. Los enterré en unas bolsas de polietileno que proliferaban por todo el país; creo que era lo único que había producido aquel sistema con abundancia.

Mientras continuaba por el parque me veía, a veces, con el muchacho que había conocido allí, que estaba alarmado por el exceso de vigilancia del lugar. Me contaba que, según la policía, había un agente de la CIA escondido por aquella zona. También me informaba cómo otros pescadores y la Seguridad del Estado habían dado todo tipo de versiones distintas para alarmar a la población y que informaran si veían algún tipo de personaje sospechoso. Decían que se trataba de una persona que había asesinado a una anciana, que había violado a una niña; en fin, todo tipo de crímenes repulsivos que pudieran incitar a cualquier persona a denunciar a los sospechosos. Era insólito que todavía no hubiera sido capturado.

La captura

Hacía como diez días que casi no comía y, con mi *Ilíada* debajo del brazo, me aventuré por una vereda hasta una pequeña tiendecita que estaba en el pueblo de Calabazar. Yo creo que en aquel momento ya tenía una actitud suicida. Así me lo dijo alguien con quien me tropecé en el parque, que era amigo mío entonces. Se llamaba Justo Luis y era pintor. El vivía por allí cerca y estaba consciente de todo lo que me ocurría; me trajo comida esa misma noche. Me dio cigarros y algún dinero y me dijo: «Pero aquí te estás regalando; tienes que ir para otro lugar».

Aquel día en Calabazar me compré un helado y regresé rápidamente al parque. Estaba terminando de leer *La Ilíada;* iba justamente por el momento en que Aquiles logra ser conmovido y entrega el cadáver de Héctor a Príamo, un momento único en toda la literatura, cuando sin darme cuenta por lo emocionado que estaba en mi lectura, un hombre se acercó a mi lado y me puso una pistola en la cabeza. «¿Cómo te llamas?», me preguntó. Y le dije que me llamaba Adrián Faustino Sotolongo y le extendí mi carné. «No me engañes; tú eres Reinaldo Arenas y hace tiempo que te estamos buscando por este parque. No te muevas o te meto un plomo en la cabeza», me replicó e inmediatamente empezó a dar saltos de alegría. «Me van a ascender, me van a ascender; te he capturado», decía, y casi sentí deseos de compartir la alegría de aquel pobre soldado. Inmediatamente le hizo señales a otros soldados que estaban cerca y me rodearon, me tomaron por los dos brazos y así, saltando por los matorrales, fui conducido a la estación de policía de Calabazar.

El soldado que me había atrapado se mostraba tan agradecido conmigo que me buscó una celda cómoda. Aunque mentalmente sabía que estaba preso, mi cuerpo se resistía a aceptarlo y quería seguir corriendo y dando brincos por los matorrales.

Allí estaba yo en aquella celda, aún con la brújula en un bolsillo. El policía se había quedado con *La Ilíada* y mi autobiografía. A las pocas horas, toda la población estaba concentrada frente a aquella estación de policía; se había dado la voz de alarma de que el agente de la CIA, el violador, el asesino de la anciana, había sido capturado por la policía revolucionaria. Allí estaba todo aquel pueblo pidiendo paredón, como lo pedían también desaforadamente para muchos a principios de la Revolución.

Aquella gente quería incluso entrar en la estación de policía y algunos se habían subido al techo. Las mujeres eran las más enfurecidas, quizá por lo de la violación de la anciana; me tiraban piedras y cualquier cosa que encontraran. El policía que me arrestó les gritó que la justicia revolucionaria se haría cargo de mí y logró contenerlos un poco, aunque seguían en la calle. En aquel momento ya era peligroso sacarme de allí pero, al fin, lo hicieron con una fuerte escolta de altos oficiales. Conocí entonces a Víctor, quien había estado interrogando a todos mis amigos.

Víctor había recibido, poco antes de sacarme de allí, una orden muy superior que le decía que yo tenía que ser trasladado, inmediatamente, a la prisión del Castillo del Morro. A nuestro paso por las calles de La Habana, veía a la gente caminando normalmente, libres de poder tomarse un helado o de ir al cine a ver alguna película rusa, y yo sentía una profunda envidia por ellos. Yo era el prófugo y ahora el arrestado; el preso que iba a cumplir su condena.

La prisión

El Castillo del Morro es una fortaleza colonial que fue construida por los españoles para defenderse de los ataques de corsarios y piratas al puerto de La Habana. Es un lugar húmedo que está precisamente enclavado en una roca y que constituye una prisión marina. La construcción tiene un estilo medieval con un puente levadizo, por el cual pasamos para entrar en ella. Luego, atravesamos un enorme túnel oscuro, cruzamos el rastrillo y entramos en la prisión.

A mí me llevaron para «admisión», que es una especie de celda donde reciben a todos los presos y los clasifican por delito, edad y preferencias sexuales, antes de ser llevados al interior de aquel castillo medieval donde cumplirían su condena. Insólitamente, el oficial de la Seguridad del Estado que me había capturado, y que esperaba recibir un ascenso por ello, y el alto oficial llamado Víctor no pudieron pasar el rastrillo; tal vez en aquel momento estaban tan nerviosos como yo y por eso no supieron hacer valer su jerarquía. Además, iban vestidos de civiles. Lo cierto es que yo entré en medio de la confusión con el carné a nombre de Adrián Faustino Sotolongo, la brújula, el reloj y con todas las pastillas alucinógenas.

En la celda de admisión había como cincuenta presos; algunos por delitos comunes, otros por accidentes de tráfico y otros por motivos políticos. Lo que más me impresionó al llegar allí fue el ruido; cientos y cientos de presos desfilaban hacia el comedor; parecían extraños monstruos; se gritaban entre sí y se saludaban, formando una especie de bramido unánime. El ruido siempre se ha impuesto en mi vida desde la infancia; todo lo que he escrito en mi vida lo he hecho contra el ruido de los demás. Creo que los cubanos se caracterizan por producir ruido; es como una condición innata en ellos y también es parte de su condición exhibicionista; no saben gozar o sufrir en silencio, sino molestando a los demás.

Aquella prisión era tal vez la peor de toda La Habana. Allí iban a parar los peores delincuentes; toda la prisión era para delincuentes comunes, con excepción de una pequeña galera destinada a los presos políticos pendientes de juicio o de sentencia.

Yo quería conservar el reloj a toda costa para dárselo a mi madre, y me lo escondí en el calzoncillo. Un preso mayor con el cual hice luego amistad y que ya había tenido experiencia en varias cárceles, me dijo que escondiera rápidamente aquel reloj. Cuando le enseñé la brújula, me comentó que era increíble que hubiera podido entrar allí con aquel artefacto. Eduardo, que era como se llamaba aquel hombre, me dijo que en algunos casos le habían echado ocho años de cárcel a algunas personas por el solo hecho de tener una brújula encima, y que debía echarla inmediatamente por el caño del inodoro para que no pudieran probarme que la tenía.

Las pastillas alucinógenas que aún tenía conmigo, tomadas en una dosis excesiva, podían provocar la muerte. Yo le temía a la tortura y temía comprometer a mis amigos, algunos de los cuales se habían arriesgado mucho por mí. Y por ello, me tomé un puñado de aquellas píldoras y luego tomé un poco de agua. Los otros presos me pidieron que les diera también, ya que en la cárcel las píldoras son como una especie de droga que permite la evasión.

Después de tomarme las píldoras, me tiré cerca de un rústico y hermoso camionero que había cometido no sé qué delito contra las leyes del tránsito. Yo no pensaba despertarme jamás, pero a los tres días recuperé el conocimiento en el hospital de la prisión: una galera llena de personas con enfermedades infecciosas. El médico me dijo que me había salvado de milagro; que todos esperaban que no recuperara el conocimiento y muriera de un infarto.

Ahora, toda mi energía de antaño, con la que disfrutaba de cientos de adolescentes, quedaría encerrada en una galera con doscientos cincuenta criminales.

El mar desde la prisión era algo remoto, situado detrás de una doble reja. Yo era un simple preso común, sin ninguna influencia para acercarme a aquellas rejas y ver, al menos desde lejos, el mar. Además, no quería verlo ya, del mismo modo que me negaba a las proposiciones eróticas de los presos. No era lo mismo hacer el amor con alguien libre que hacerlo con un cuerpo esclavizado en una reja, que tal vez lo escogía a uno como objeto erótico porque no existía algo mejor a su alcance o porque, sencillamente, se moría de aburrimiento.

Me negaba a hacer el amor con los presidiarios aunque algunos, a pesar del hambre y del maltrato, eran bastante apetecibles. No había ninguna grandeza en aquel acto; hubiera sido rebajarse. Además, era muy peligroso; esos delincuentes, después de que poseían a un preso, se sentían dueños de esa persona y de sus pocas propiedades. Las relaciones sexuales se convierten, en una cárcel, en algo sórdido que se realiza bajo el signo de la sumisión y el sometimiento, del chantaje y de la violencia; incluso, en muchas ocasiones, del crimen.

Lo bello de la relación sexual está en la espontaneidad de la conquista y del secreto en que se realiza esa conquista. En la cárcel todo es evidente y mezquino; el propio sistema carcelario hace que el preso se sienta como un animal y cualquier forma del sexo es algo humillante.

Cuando llegué al Morro llevaba aún *La Ilíada* de Homero; me faltaba por leer el último canto. Quería leerlo y olvidarme de todo lo que me rodeaba, pero era difícil; mi cuerpo se negaba a aceptar que estaba encerrado, que ya no podía correr por el campo, y aunque mi inteligencia tratara de explicárselo, él no comprendía que tuviera que permanecer meses o años en una litera llena de chinches, en medio de aquel calor horrible. El cuerpo sufre más que el alma, porque esta última encuentra siempre algo a lo cual aferrarse: un recuerdo, una esperanza.

La peste y el calor eran insoportables. Ir al baño era ya una odisea; aquel baño no era sino un hueco donde todo el mundo defecaba; era imposible llegar allí sin llenarse de mierda los pies, los tobillos, y después, no había agua para limpiarse. Pobre cuerpo; el alma nada podía hacer por él en aquellas circunstancias.

Aquella cárcel era, por otra parte, el imperio del ruido; era como si todos los ruidos que me habían estado persiguiendo durante toda mi vida, se hubieran reunido en uno solo en aquel sitio donde yo estaba obligado a escucharlo precisamente por mi condición de preso: por no poder escapar.

Entré en el Morro rodeado de una fama siniestra que fue, sin embargo, lo que me permitió mantenerme vivo en medio de todos los asesinos que había en aquel lugar. Con tal de capturarme, las autoridades cubanas habían desplegado contra mí toda una campaña en la que no se me calificaba como preso político o como escritor, sino como un asesino que había violado a varias mujeres y que había asesinado a una anciana. Así, mi foto aparecía en estaciones de policía y en lugares públicos con todos esos cargos. De manera que, cuando entré en el Morro, muchos presos me reconocieron como el violador, el asesino y el agente de la CIA; todo esto me cubrió de una aureola y de cierto respeto, aun entre los propios asesinos.

De este modo, sólo dormí en el suelo la primera noche en aquella galera número siete donde me habían internado, que no era por cierto para homosexuales, sino para reclusos que habían cometido diversos crímenes. Los homosexuales ocupaban las dos peores galeras del Morro; eran unas galeras subterráneas en la planta baja, que se llenaban de agua cuando subía la marea; era un sitio asfixiante y sin baño. A los homosexuales no se les trataba allí como a seres humanos, sino como bestias. Eran los últimos en salir a comer y por eso los veíamos pasar; por cualquier cosa insignificante que hicieran, los golpeaban cruelmente. Los soldados que nos cuidaban, que se hacían llamar «combatientes» ellos mismos, eran reclutas castigados y de alguna manera tenían que volcar su furia y lo hacían contra los homosexuales. Por supuesto, nadie allí les decía homosexuales, sino maricones o, en el mejor de los casos, locas. Aquella galera de las locas era, realmente, el último círculo del Infierno; hay que tener en cuenta que muchos de aquellos homosexuales eran seres terribles a los cuales la discriminación y la miseria los había hecho cometer delitos comunes. Sin embargo, no habían perdido el sentido del humor y con las propias sábanas se hacían faldas, encargaban betún a sus familiares y con él se maquillaban y se hacían grandes ojeras; hasta con la propia cal de las paredes se maquillaban. A veces, cuando salían a tomar el sol en la azotea del Morro, era un verdadero espectáculo. El sol era un privilegio que estaba racionado para los presos; nos sacaban una vez al mes o cada quince días, por un período de una hora. Las locas asistían a este evento como si fuera uno de los más extraordinarios de sus vidas, y en realidad casi lo era; desde aquella azotea no sólo se veía el sol, sino el mar y podíamos ver también La Habana, una ciudad en la que tanto habíamos sufrido, pero que desde allí parecía un paraíso. Para aquellas salidas las locas se engalanaban, se ponían los trapos más insólitos y se fabricaban pelucas con sogas conseguidas quién sabe cómo, se maquillaban y se ponían tacones hechos con pedazos de madera, a los que llamaban zuecos. Desde luego, ya no tenían nada que perder; quizá nunca tuvieron nada que perder y, por lo tanto, podían darse el lujo de ser auténticas, de «partirse», de hacer chistes y hasta de decirle algo a uno de los combatientes. Esto, por supuesto, podía costarles perder el sol por tres meses, que era lo peor que le podía pasar a un preso, ya que en el sol uno podía matarse las chinchas, sacarse un poco los piojos y los caránganos, que son unos insectos que se alojan y caminan por debajo de la piel hasta que le hacen a uno la vida imposible, impidiéndole el sueño.

Mi litera era la última de la fila, junto a una claraboya. Allí pasé bastante frío y cuando llovía me entraba el agua; la luz de la farola del Morro entraba cada dos o tres minutos por aquel hueco y me iluminaba el rostro; era difícil dormir con aquella enorme luz girando sobre mi rostro, además del ruido de los presos y de las luces interiores de la propia prisión, que nunca se apagaban.

Dormía abrazado a *La Ilíada*, oliendo sus páginas. Para hacer algo, organicé unas clases de francés en la prisión; siempre hay gente interesada en aprender algo en una prisión y hasta los mismos asesinos pueden gustar de la lengua francesa; por otra parte, no todos allí eran asesinos. Había, por ejemplo, un pobre padre de familia con todos sus hijos que habían sido condenados a cinco años de cárcel porque habían matado una de sus vacas para comérsela con su familia, pero las leyes de Castro prohíben hacerlo. Cierto es también que otros estaban presos por matar vacas ajenas para vender la carne en la bolsa negra; pero el hambre en Cuba es tan grande que la gente se disputaba desesperadamente aquellos pedazos de carne vendidos en bolsa negra a un precio altísimo.

Muchos presos en mi galera decían que estaban allí por «pinguicidio»; este delito consistía en violación de mujeres o de menores. Pero «pinguicidio» incluía cualquier cosa; por ejemplo, estaba preso conmigo un hombre que, mientras se bañaba, había sido visto por unas viejas y éstas lo denunciaron; aquel hombre estaba en prisión por haberse bañado desnudo en el patio de su casa. Había algunos que sí habían violado por la fuerza y hasta con deformaciones de rostros; para ésos el fiscal había pedido pena de muerte y, finalmente, cumplían treinta años de cárcel. Allí muchos aún no sabían la cantidad de años que tendrían que cumplir; a mí me esperaban de ocho a quince años, a otros treinta o pena de muerte, de acuerdo con la petición fiscal.

Los presos siempre se las arreglaban para saber el delito de los demás; los mismos guardias chismorreaban y le contaban a unos lo que los otros habían hecho. Había un joven que vestido de militar se había metido en una casa y robado a todo el mundo; era un delito grave por haber utilizado el uniforme del ejército de Fidel Castro para delinquir.

Una vez al mes teníamos una hora para recibir las visitas. Yo no recibía ninguna porque mi madre estaba en Holguín y además yo no quería que me visitaran; me entretenía mirando cómo los demás presos recibían a sus familiares. Los familiares de aquel muchacho esperaban que fuera una corta sentencia, pero no fue así; treinta años fue la pena que le impusieron. No puedo olvidar a aquella madre, a las hermanas, a la novia, cómo gritaban; él trataba de consolarlos, pero los gritos de la madre eran terribles. Treinta años.

Para las clases de francés no había libros, por supuesto; pero poco a poco conseguimos algunas hojas de papel, algunos lápices y otras cosas. Yo dictaba las clases desde mi litera; participaban algunos jóvenes y otras personas mayores. Era, en realidad, algo difícil poder pronunciar y darse a entender en francés en medio de aquella gritería, pero ellos aprendieron, al menos, algunas oraciones; a veces, podíamos hasta sostener ya algún diálogo en francés. Las clases tenían casi un horario fijo, después de las comidas, y se prolongaban a veces hasta dos horas.

Un preso, que había estado ya varias veces en prisión por causas políticas y ahora estaba allí por una causa común, me ayudó un poco a sobrevivir en aquellas circunstancias; Antonio Cordero se llamaba. Este hombre se las sabía todas; lo primero que había que aprender allí era a no morirse de hambre. El me aconsejó que no me comiera el pan en la comida, sino que lo guardara. Los presos se comían todo lo poco que les daban desaforadamente; era un poco de arroz, un poco de espaguetis sin sal y un pedazo de pan. Se almorzaba a las diez de la mañana y la comida no era hasta las seis o las siete de la noche; si uno no guardaba el pan, se moría de hambre con aquella cantidad miserable de comida que nos daban. Unas veces, por razones que nunca nos explicaban, no había comida y no se podía resistir tanto rato sin comer nada; entonces aquel pedazo de pan viejo era un tesoro, que no debía comerse de una vez, sino a pedacitos cada tres horas, y después un poco de agua. Conseguir azúcar era una verdadera odisea; a veces dejaban entrar una libra o dos de azúcar en la jaba, cuando venía la visita; un agua de azúcar en el Morro era uno de los tragos más deliciosos que se podían paladear. Mis amigos, los estudiantes de francés, formaron una cooperativa en la que yo no tenía nada que aportar, pero en la que ellos me aceptaron como miembro; la cosa consistía en aportar lo que los familiares traían durante la visita y hacer una especie de bolsa común para luego hacer una merienda colectiva.

Desde luego, no era fácil allí conservar el agua ni el azúcar, ni siquiera las almohadas o las colchas para dormir. Los presos más peligrosos y el «mandante» de la galera se robaban todo aquello. A veces, había que ir a comer con las pocas pertenencias que uno tuviese; un pedazo de pan, un poco de azúcar y hasta la misma almohada. Yo no me desprendía de *La Ilíada,* que sabía era muy codiciada por los presos, no por sus valores literarios, sino porque con sus páginas podían hacer una especie de cigarros que fabricaban con la tripa de algunas colchonetas y almohadas, enrolladas en papel; los libros eran muy deseados por los presos para usarlos también como papel sanitario en aquellos baños llenos de mierda y de moscas que después nos sobrevolaban todo el año, alimentándose de nuestra propia mierda acumulada. Mi cuarto quedaba cerca de aquel lugar y no sólo tenía que soportar la peste, sino el ruido de los vientres que descargaban. En ocasiones, y con intención, le ponían a la comida no sé qué condimento para que la gente se fuese en diarreas; era horrible sentir desde mi cama aquellos vientres desovándose furiosamente, aquellos pedos incesantes, aquel excremento cayendo sobre el excremento al lado de mi galera llena de moscas. La peste ya se había impregnado en nuestros cuerpos como parte de nosotros mismos porque el acto de bañarse era otra cosa casi teórica; una vez cada quince días, cuando había visita, los mandantes de la prisión acumulaban agua en unos tanques y nos ponían a todos desnudos a hacer una larga fila hasta pasar por frente al tanque, donde estaban ellos; cogían un jarro de agua y nos lo tiraban, seguíamos haciendo fila y enjabonándonos hasta pasar otra vez por entre los mandantes que nos tiraban otro jarro de agua, y ése era el baño que nos dábamos. Desde luego, era imposible bañarse con dos jarros de agua, pero era un enorme consuelo poder recibir ese baño. Los mandantes se situaban en la parte superior del tanque con unos palos y, si alguien intentaba repetir el baño, le caían a golpes. Desde luego, entre ellos había bugarrones que se fijaban en los muchachos que tenían buen cuerpo y los cortejaban después, o estaba la loca que se las había arreglado para estar allí con su amante. En el mismo baño vi una vez cómo toda la mandancia se templaba a un adolescente que ni siquiera era homosexual. En una ocasión el muchacho pidió que lo trasladaran, y habló con un combatiente y le explicó lo que estaba pasando, pero el combatiente no le hizo caso; así que tuvo que seguir dándole el culo sin deseos a toda aquella gente. Desde luego, además de dejarse templar, tenía que lavarle la ropa a todos aquellos hombres, cuidarle las cosas, darles parte de la comida que le tocaba. Aquellas pobres locas o los adolescentes forzados tenían que echarles fresco y espantarles las moscas como si fueran las esclavas de aquellos delincuentes.

Cada vez que llegaban muchachos jóvenes, a los que les llamaban «carne fresca», éstos eran violados por aquellos delincuentes. Los mandantes tenían unos palos con pinchos y al que se negaba le traspasaban las piernas con aquellos clavos; era difícil negarse. Primero tenían que mamarle la pinga y luego dejarse poseer; si no, le clavaban los pinchos en las piernas. Algunos que no podían soportarlo se suicidaban. El suicidio no era fácil allí dentro, pero algunos aprovechaban el momento de ir a tomar el sol; estábamos en la azotea del castillo a una gran altura y si uno se lanzaba desde aquella altura se estrellaba contra las piedras del Morro; muchos se lanzaron. Un muchacho que yo conocía se lanzó e insólitamente no se mató; se fracturó las dos piernas y se quedó paralítico. Al cabo de un mes, lo vi de nuevo llegar a la galera en una silla de ruedas.

Estos muchachos se quejaban a la dirección o a los combatientes acerca de los abusos que con ellos se cometían, pero no se les ponía mucha atención. Había una celda donde sólo estaban adolescentes, pero era la más infernal de todas; aquellos presos eran más feroces y desalmados.

Aquellos muchachos que sin ser homosexuales eran violados incesantemente por aquellos hombres, acababan confesándose locas para que los llevaran para la galera de los maricones, donde por lo menos no iban a ser violados por aquellas locas. Pero tampoco allí había sosiego; las locas, por una u otra razón, odiaban a aquellos que venían de singar con los hombres y los envidiaban y siempre se las arreglaban para desfigurarles el rostro. Además, las rencillas entre las locas eran algo siniestro; siempre había una violencia en el ambiente que se descargaba sobre el más infeliz.

Las locas preparaban unas armas llamadas «entizados», que eran unos palos llenos de cuchillas de afeitar, y con ellos, por dondequiera que fuera golpeada una persona, se la hería.

Los presidiarios delincuentes que no eran locas utilizaban el pincho, que era el palo con un clavo al final, la navaja, el puñal o algún hierro al que le hubieran sacado filo. Pero las locas utilizaban el entizado porque con él era difícil matar a alguien, pero se desfiguraba a la persona. Una vez que alguien era atacado con el entizado, quedaba lleno de heridas que no eran muy profundas pero que dejaban cicatrices para siempre. Cuando dos locas se fajaban con el entizado, el objetivo de cada una era llegarle a la otra al rostro y cruzárselo varias veces con aquellas cuchillas. Terminaban convertidas en una bola de sangre.

Los combatientes no tomaban partido en aquellas batallas; se divertían por el contrario viéndolas despedazarse. Estas escenas tenían más bien lugar antes de comer, en el patio, quizá por contar con más espacio. En las celdas el espacio es muy reducido y, a veces, uno corría riesgos mortales al bajarse de la litera si, casualmente, le pisaba una mano o la cara al que dormía abajo; esa persona podía pensar que era una ofensa y podía matarlo a uno. Para bajarme, yo me tiraba o rodaba por el palo de la cabecera, sin molestar mucho a la otra persona; después al caer al piso, había que tener cuidado también, porque en el piso dormía alguien que no tenía litera y uno podía pisarlo. Pude comprobar que la inmensa mayoría de aquellas gentes, incluyendo a los asesinos, eran retrasados mentales; por eso desataban aquella violencia por cualquier cosa, tomando a pecho cualquier insignificancia. Pero al Gobierno no les interesaba llevarlos a un hospital mental.

Había locas que, a pesar de todo, disfrutaban pasándose a toda la galera. No obstante, corrían un riesgo enorme porque los presos terminan enamorándose de la loca que se tiemplan y la celan y, por «hombría», terminan dándole un navajazo o picándole la cara sencillamente porque la loca miró para otra portañuela o porque alguien le ofreció un trago de café, o porque saludó a otro de los macharranes de la cárcel. Además, si te veían con un hombre, eras objeto de chantaje y tenías que pasarte a toda la prisión. También corrías el riesgo de ser atacado por la loca envidiosa que veía que te habías puesto un buen macharrán y desataba toda una serie de intrigas contra ti; la peor de ellas: podía decir que eras chivato y que trabajabas para los combatientes delatando a los presidiarios.

Yo no tuve relaciones sexuales en la prisión; no solamente por precaución, sino porque no tenía sentido; el amor es algo libre y la prisión es algo monstruoso, donde el amor se convierte en algo bestial. De todos modos, yo era también el delincuente que había violado a una vieja, asesinado a no sé cuántas personas y agente de la CIA. Había llegado además, en aquel estado de euforia que me produjeron las pastillas que me había tomado; los otros presos no pensaron nunca que yo había intentado suicidarme, sino que me había tomado aquellas pastillas para disfrutar de un estado eufórico y evadirme de aquella realidad; luego supe que las pastillas de ese tipo eran muy codiciadas por los presos con ese fin. A mí me llamaban allí «el empastillado», porque durante semanas caminé dando tumbos y en el comedor, cuando me daban la bandeja con la comida, me iba para atrás y para adelante y la bandeja a veces caía al piso.

Pero con el tiempo, como todo se sabe, se supo que yo era escritor. No sé qué pensaron aquellos presos comunes acerca del significado de la palabra escritor pero muchos vinieron a partir de entonces para que yo les escribiera sus cartas de amor a las novias o las cartas a sus familiares. Lo cierto es que monté una especie de escritorio en mi galera y allí acudían todos a que yo les redactara sus cartas; algunos tenían el problema de que a las visitas venían dos o tres novias a la vez y yo tenía entonces que redactar dos o tres explicaciones diferentes, disculpándome siempre ante todas aquellas mujeres; me convertí en el novio o marido literario de todos los presidiarios del Morro.

Cuando llegaban aquellas mujeres a las visitas y se abrazaban con sus maridos o sus novios, yo me sentía reconfortado, porque gracias a mí se había logrado aquella reconciliación. Muchos presos querían pagarme por aquellos favores, pero el dinero allí no tenía sentido ni permitían tenerlo; la mejor forma de pago era con cigarros; un buen cigarro era en la cárcel un privilegio. Era muy difícil tenerlos, porque sólo dejaban pasar una cajetilla cada quince días y era muy difícil obtener del exterior cualquier cosa fuera de lo estipulado por la cárcel, ya que, antes de las visitas y después de ellas, éramos sometidos, desnudos, a una rigurosa requisa.

Siempre me llamó la atención el hecho de que muchos soldados usaran espejuelos oscuros; la razón la descubrí después y era que algunos se erotizaban; simplemente, se ponían los espejuelos oscuros para poder ver los cuerpos desnudos de los presidiarios, para poder verles el sexo y las nalgas a los presos, sin que los demás guardias o el mismo presidiario lo pudieran notar. Con los espejuelos oscuros podían «vacilarnos» desnudos y nadie sabía para dónde estaba mirando el soldado. Realmente, debía de ser un gran placer para aquellos hombres vernos desfilar frente a ellos desnudos; a veces la requisa se hacía minuciosa y no sé por qué hacían que nos pusiéramos en cuatro patas y nos abriéramos las nalgas y nos levantáramos los testículos y el sexo. Al parecer se temía que pasáramos a la galera algún mensaje, alguna pastilla o cualquier tipo de objeto prohibido; nada se podía pasar y mucho menos dinero. Casi siempre este tipo de requisa se le hacía a los presos jóvenes y bien parecidos. Querían no sólo verlos, sino humillarlos, haciéndolos abrirse las nalgas de ese modo, siendo muchachos varoniles.

Sin embargo, existía una forma de burlar la requisa; esto lo hacía un grupo de locas expertas llamadas «las maleteros». Los reclusos le daban a las maleteros lo que los familiares les habían traído a ellos, es decir, cajas de cigarros, algún dinero, pastillas, crucifijos, anillos, todo lo que fuese. Las maleteros ponían todo aquello en una bolsa de nylon, iban al baño y se lo metían todo en el culo. Algunas maleteros tenían una capacidad realmente sorprendente y de esa manera transportaban hasta cinco y seis cajas de cigarros, cientos de pastillas, cadenas de oro y muchos objetos más. Desde luego, por más que se requisara a una maletero, era imposible saber lo que guardaba en el culo; se lo introducían bien adentro y, una vez que llegaban a su galera, lo primero que hacían era correr al baño y descargar la mercancía. Naturalmente, cobraban por este transporte un diez por ciento, un veinte y a veces hasta un cincuenta por ciento de la mercancía que transportaban; pero era un transporte seguro.

Una vez, una loca que le decían la Macantaya se negó a entregar una caja de cigarros que había transportado para unos presos y se armó una gran riña. La loca supo mantener a los presos a raya con un entizado y además con un pincho. Se formó tal escándalo cuando la Macantaya le picó la cara a uno de los reclamantes de la mercancía que la enviaron a la celda de castigo.

Los presos comunes tienen una especie de memoria recurrente que no perdona a quienes les han ofendido y practican la ética de la venganza. Aquel grupo de presos juró vengarse de ella y provocó una especie de riña entre ellos mismos, se dieron de puñaladas leves y fueron a parar a la celda de castigo donde estaba la Macantaya y esa misma noche le cortaron la cabeza, es decir, la guillotinaron. El cuerpo sin cabeza de la loca se descubrió como a los tres días por la peste, porque los combatientes no entran a la celda de castigo y desde lejos se veía el cuerpo de la Macantaya y parecía que estaba durmiendo. Todos estos presos fueron llevados a la prisión de La Cabaña y fueron fusilados, porque en el Morro ya no se fusilaba; de ahí que siempre que la gente era llevada a la celda de castigo se temía que de allí fuera trasladada a la prisión de La Cabaña y luego fusilada.

Esas cuentas a saldar por cuestiones de honor eran incesantes en el Morro. Aquellos delincuentes, que cargaban a veces con varios crímenes serios, tenían una especie de puritanismo exagerado; no perdonaban si otro le tocaba una nalga o le mentaba la madre. Juraban matarse uno al otro y, generalmente, lo hacían. Lógicamente, cuando un preso se veía en peligro de muerte tra-

THE NEW YORKER

ONE YEAR (46 ISSUES) FOR ONLY $46.

SAVE 71% OFF THE COVER PRICE.

JUST $1
AN ISSUE.

NAME _____
(please print)

ADDRESS/APT. _____

CITY/STATE/ZIP _____

4V21

☐ Payment enclosed   ☐ Bill me later

Visit our website at
www.newyorker.com

BUSINESS REPLY MAIL

FIRST-CLASS MAIL   PERMIT NO. 365   BOULDER CO

POSTAGE WILL BE PAID BY ADDRESSEE

THE
NEW YORKER

PO BOX 52312
BOULDER CO 80323-2312

taba de que lo cambiaran a otra galera y a veces lo lograban. Entonces, el preso que había jurado venganza se las arreglaba para vigilarlo y esperaba una oportunidad en que coincidieran en la visita, en el comedor o en la azotea el día de sol y lo mataba en la primera oportunidad clavándole un pincho o una navaja.

En una ocasión que era día de visita, estaba yo en la fila y había un preso con el cual había hablado unas palabras. Todo sucedió tan rápidamente que apenas me di cuenta de lo que había sucedido. Llegó otro preso, sacó un enorme pincho y se lo clavó en el pecho al preso que estaba junto a mí, el cual se llevó la mano al corazón, se dobló y cayó muerto. Lo que más me sorprendió fue el rostro del asesino y la actitud que éste cobró una vez cumplida su venganza; quedó como estático, pálido, inmóvil y con el pincho entre las manos. Un guardia se acercó y lo desarmó sin que él hiciera ningún ademán de resistencia; estaba como hechizado. Supongo que después lo fusilarían.

Los actos de violencia de los presos eran a veces contra sí mismos; en una ocasión amaneció en mi celda un joven ahorcado. Dijeron que tenía problemas políticos y que se había vuelto loco, pero no era para menos estando allí; hasta yo creo que él estaba medio loco. Fue muy raro que pudiera ahorcarse en una galera con doscientas personas; yo creo que algún grupo de presos enemigos lo ahorcó quizá por problemas sexuales pues era un joven muy bien parecido; tal vez lo mataron y después lo ahorcaron para que pareciera un suicidio.

También en estos casos de aparente suicidio estaba, a veces, la mano larga del Estado. Allí en nuestra celda, llena de presos comunes, había gente de la Seguridad del Estado; era difícil poder descubrirlos, pues a veces se pasaban un año recibiendo golpes y viviendo en medio del excremento, como nosotros, y luego resultaban ser oficiales de la Seguridad que estaban allí para informar sobre cualquier actividad política que tuviéramos los presos en la cárcel. A veces también perseguían a algún preso determinado que había sido puesto en la galera de los comunes, pero que cargaba sobre sus espaldas algún historial político como era, por ejemplo, mi propio caso. Más adelante descubrí a algunos de estos oficiales; eso ocurrió cuando yo estaba en la galera de los trabajadores. Algunos de esos presos, misteriosamente, no iban a dormir a la galera y los guardias no se sobresaltaban por eso; me di cuenta de que esas noches les daban permiso para ir a ver a su familia. Aquellos seres eran tenebrosos porque podían matar a cualquiera allí mismo de un navajazo. Nadie sabía que había sido un oficial de la Seguridad del Estado, sino un preso más que le clavaba un cuchillo a otro; una vez que asesinaba al otro preso, era sacado de la galera, supuestamente para ser ajusticiado y no le volvíamos a ver más; seguramente lo ascendían de teniente a capitán o algo por el estilo.

Pero también había gente que se suicidaba. Este fue el caso de la Maléfica, una loca negra que se estiraba las pasas allí, en medio de la cárcel; tenía una cara horrible. Dicen que había matado a algunas personas; se burlaba de todo el mundo y no respetaba ni a los guardias, por lo que, desde luego, era tratada a patadas y bayonetazos. La Maléfica sacó, un día a la hora de comer, un pincho que durante más de un mes había afilado contra el piso de cemento; todo el mundo pensó que iba a matar a alguien, pero ella dijo que no se le acercara nadie, dio un giro con el pincho y se cortó el cuello. Un autodegollamiento; nunca volveré a ver un acto como aquél. Se desangró en el patio de la prisión, mientras las otras locas armaban un alboroto enorme. La Maléfica, mientras se desangraba, seguía girando con el pincho y gritando que no se le acercara nadie, hasta que cayó muerta. Los combatientes se divirtieron y se rieron bastante aquel día; después arrastraron el cuerpo ensangrentado de la Maléfica y se lo llevaron, supongo que para enterrarlo. Los guardias eran personajes sádicos que tal vez habían sido escogidos por ese «mérito» para que trabajasen allí; o tal vez se habían vuelto sádicos en aquel ambiente. Aquellos hombres gozaban maltratándonos; había un oriental de unos veinte años que se erotizaba golpeando a los presos, pero lo hacía de manera tan evidente que incluso se agarraba el miembro, al parecer enorme. Era impresionante ver aquel falo enorme irguiéndose por debajo de la tela del pantalón mientras un preso era pateado.

En ocasiones en que, por ejemplo, encontraban un arma en una galera, los combatientes pretendían que los presos dijeran a quién pertenecía. Lógicamente, nadie decía una palabra porque aquello podía costarle la vida. Entonces el castigo era colectivo y, verdaderamente, draconiano. Nos llevaban para el patio y allí nos obligaban a bajarnos los pantalones y un guardia con un palo nos empezaba a dar estacazos en las nalgas o en la espalda hasta que se cansaba de hacerlo. Los hombres se contenían y no gritaban, pero las locas gritaban desaforadamente mientras eran apaleadas. El oriental de la pinga grande se erotizaba viendo aquello; yo creo que eyaculaba.

Cuando nos daban aquellas palizas era únicamente cuando se podía dormir en aquella galera porque nadie tenía ánimo para ponerse a hablar; estábamos molidos a golpes.

Para sobrevivir, un preso llamado Camagüey se las ingenió en el Morro para tener un anzuelo que lanzaba con bolitas de pan por el hueco de la claraboya que quedaba al lado de mi cama y pescaba gorriones, que al parecer estaban tan hambrientos como nosotros; a veces pescaba algún totí o una golondrina; era un pescador de pájaros que pescaba en el aire en vez de pescar en el mar. Camagüey tenía un arte especial para llevarse bien con todo el mundo y ser respetado; quizá porque había intentado irse de Cuba como cinco veces y siempre había sido capturado. El caso es que él preparaba aquella sopa de gorriones y nadie lo molestaba; ni siquiera los mandantes. Tenía tacto para sobrevivir y sentido del humor y yo disfrutaba de sus sopas de gorriones que mucho me ayudaron.

En la cárcel, si bien no tuve relaciones sexuales con nadie, como antes he dicho, sí tuve un romance platónico con Sixto, un negro oriental que era cocinero. Algunos decían que era un asesino, pero otros decían que lo que había matado eran unas cuantas vacas clandestinamente. Sixto me tomó aprecio y cuando terminaba la faena en la cocina me invitaba a comer. Yo considero que él era, casi seguramente, un asesino, porque esos cargos no se los daban a personas que no tuvieran carácter; un asesino que tuviera varios muertos encima era la persona ideal para repartir la comida en la cocina; era implacable y honesto y no le daba ni un grano más de arroz a nadie aunque lo amenazaran de muerte. Sixto se sentaba en la litera a hablar de cualquier bobería; me tomó cariño y yo también, pero nunca me propuso nada; ni siquiera un «disparo», que era una especie de relación sexual, muy común en la prisión, que se realizaba como por telepatía mutua. El disparo consistía en algo misterioso, imposible casi de descubrir; dos personas se ponían de acuerdo para realizar el disparo; el pasivo se bajaba los pantalones en la litera y el activo, desde una distancia considerable, se masturbaba y cuando eyaculaba, el pasivo se tapaba las nalgas; Sixto nunca me pidió hacerlo. Cuando salí del Morro supe que lo habían matado con un enorme cuchillo de cocina por una disputa, creo que con otro que había sido cocinero y al cual Sixto le negó otro cucharón de sopa.

No vi la muerte de Sixto pero sí vi la de Cara de Buey, que era un bugarrón famoso en el Morro; creo que estaba preso por haber violado a unos muchachos. Incluso se decía que había violado a unos niños y los había metido en unos tanques de cal, para que no se quejaran ante sus padres.

Cara de Buey parece que esperaba una sentencia de muerte, pero los tribunales en Cuba a veces se demoran hasta para otorgarle la muerte a alguien. Como era uno de los presos respetables de allí, dirigía la cocina y también el baño; se ponía detrás de un murito a la hora en que los presos se iban a bañar y «vacilaba» a todos los presos; algunos presos se quejaban y decían que Cara de Buey se hacía pajas detrás del muro mientras ellos se bañaban. Era cierto que lo hacía, yo pude verlo una vez; era viejo ya, pero tenía una pinga enorme. Su único placer era mirar a los hombres allí y masturbarse; eso le costó la vida, pues otro preso lo sorprendió masturbándose a su costa y lo mató en la cocina, clavándole un pincho por la espalda.

Conmigo Cara de Buey también fue una buena persona. Nunca habló de asesinatos o de crímenes de ningún tipo; me hablaba de su mujer, pero nadie venía a visitarlo. No era un hombre violento; su único momento de exaltación era en el baño cuando, mirando las nalgas de los otros hombres, se hacía la paja. Cara le salió la paja aquélla a Cara de Buey, pero es que el placer sexual casi siempre se paga muy caro; tarde o temprano, por cada minuto de placer que vivimos, sufrimos después años de pena; no es la venganza de Dios, es la del Diablo, enemigo de todo lo bello. Pero lo bello siempre ha sido peligroso. Martí decía que todo el que lleva luz se queda solo; yo diría que todo el que practica cierta belleza es, tarde o temprano, destruido. La gran Humanidad no tolera la belleza, quizá porque no puede vivir sin ella; el horror de la fealdad avanza cada día a pasos acelerados.

Hablando de belleza, recuerdo a un muchacho que había en el Morro que era la belleza perfecta. Tenía unos dieciocho años y, según él, estaba preso por desertar del Servicio Militar, pero otros decían que había traficado con drogas o que había violado a la novia, lo cual era absurdo, porque aquel muchacho no tenía necesidad de violar a nadie; más bien él incitaba a ser violado por todo el mundo. El Niño, le decían; quizá por su piel tersa, sus cabellos ondulados y su cara, donde el espanto no parecía haber dejado ninguna huella. No participaba en ninguna relación sexual; se mostraba distante y, a la vez amable; pero aquellos presos no podían permitir aquella belleza dentro de aquel horror. Los mandantes trataron de ganárselo y no lo lograron; eso ya era un riesgo.

El Niño dormía en la fila de literas opuesta a la mía. Era para mí un gran placer poder contemplar aquella figura, aquellas piernas tan bien moldeadas. Me imagino que él sabía el peligro que representaba ser tan bello en aquel lugar; cuando se acostaba era como un dios. Un día a la hora del recuento el Niño no se levantó; mientras dormía, le habían clavado un fleje por la espalda que le había atravesado la espalda y le había salido por el estómago. Los flejes eran unas varillas de metal que fabricaban los presos; eran unos alambres gruesos. Alguien vino por debajo de la litera, que era una simple lona, y le enterró el fleje. Nadie sintió ningún grito, así que parece que murió rápidamente.

A lo que más temían los presos era a ese tipo de muerte; era una muerte traidora que se practicaba mientras uno dormía y por la espalda. Estas muertes casi siempre respondían a alguna venganza, pero el único delito de aquel muchacho era saber sonreír con aquella boca tan perfecta, tener un cuerpo maravilloso y una mirada casi inocente.

Llegó el verano y se desató aquel calor intolerable. El calor en Cuba siempre es intolerable; húmedo, pegajoso. Pero cuando se está en una prisión marina, cuyas paredes tienen un metro o más de ancho, sin ninguna ventilación, y con doscientas cincuenta personas encerradas en un mismo recinto, el calor es algo horroroso. Desde luego, los caránganos y las chinchas se reproducían a una velocidad terrible, las moscas nublaban el aire y la peste a mierda se volvía aún más espantosa.

Afuera se celebraba el carnaval de 1974 a lo largo del Malecón de La Habana; la fiesta que Fidel había convertido en su propio homenaje y era efectuado alrededor del 26 de julio. Todos allí querían poder salir de aquel lugar y tomarse una cerveza y bailar al son de aquellos tambores; ésa era la máxima dicha a la que aquellos hombres podían aspirar y, sin embargo, muchos de ellos no podrían disfrutar de aquello jamás.

Dentro de la celda de las locas se organizaba un pequeño carnaval, con música de tambores confeccionados con pedazos de madera o de hierro. Rumbeaban dentro de aquella celda calenturienta y una de ellas remataba el espectáculo cantando *Cecilia Valdés;* cantaba muy bien y su voz de soprano retumbaba en la prisión cantando: «Sí... Yo soy Cecilia Valdés». Realmente, hubiese sido la estrella de cualquier zarzuela.

Los presos quedaban impresionados escuchando a aquella loca, que decía llamarse Ymac Sumac. Gonzalo Roig se hubiera sentido orgulloso de tener una intérprete tan destacada. Aquella comparsa duraba hasta la madrugada, cuando los combatientes irrumpían en la galera de las locas y las acallaban a estacazos, terminando el festejo. A Ymac Sumac la sacaron una vez ensangrentada; dicen que una loca envidiosa, que también quería hacer la Cecilia, pero que no tenía aquella voz, le dio una puñalada. No la volvimos a ver nunca más.

Yo llevaba seis meses en el Morro y no se me había citado para juicio; otros llevaban más de un año y tampoco se les había citado. Un día me llamó un combatiente y me dijo que saliera a las rejas; yo salí sin saber para qué podían llamarme. Me llevaron escoltado a un pequeño cuarto donde estaba mi madre, que había logrado que la autorizaran a entrar para verme. Mi madre se acercó y me abrazó llorando; me tocó el uniforme de preso y me dijo: «Qué tela tan gruesa; qué calor debes estar pasando». Aquello me conmovió más que cualquier otra exclamación; siempre las madres tienen ese encanto secreto de tratarlo a uno como a un niño. Nos abrazamos en silencio y lloramos los dos; en ese momento aproveché para decirle que fuera a ver a mis amigos y les advirtiese que tuvieran cuidado con los manuscritos míos que tenían guardados; ella me prometió visitarlos. No podía contarle lo que era aquel lugar y le dije que me sentía muy bien allí y que, seguramente, pronto me sacarían de aquella celda, que no fuera más a verme, y que esperara a que me sacaran de allí. Cuando se puso de pie, me di cuenta de cómo había envejecido en aquellos seis meses; su cuerpo se le había desmoronado y la piel había perdido su consistencia.

Siempre pensé que, en mi caso, lo mejor era vivir lejos de mi madre para no hacerla sufrir; tal vez todo hijo debe abandonar a su madre y vivir su propia vida. Desde luego, son dos egoísmos en pugna; el de la madre que quiere que seamos de acuerdo con sus deseos y el nuestro queriendo realizar nuestras propias aspiraciones. Toda mi vida fue una constante huida de mi madre; del campo a Holguín, de Holguín a La Habana; luego, queriendo huir de La Habana al extranjero. No quería ver el rostro decepcionado de mi madre ante la forma en que yo llevaba mi vida; sus consejos, aunque prácticos y elementales, eran indiscutiblemente sabios. Pero yo sólo podía abandonar a mi madre o convertirme en ella misma; es decir, un pobre ser resignado con la frustración y sin instinto de rebeldía y, sobre todo, tendría que ahogar mis deseos fundamentales.

Aquel día, cuando mi madre se marchó, sentí la soledad más grande que he sentido en mi vida; cuando entré a la galera los presos empezaron a pedirme cigarros, pero vieron en mi cara tanto desasosiego que hasta los mismos criminales hicieron silencio. Cuando llegué a la litera me di cuenta de que alguien me había robado el ejemplar de *La Ilíada;* era inútil que yo tratara de buscarlo, pues lo más posible era que Homero ya se hubiera convertido en humo.

Al día siguiente por la mañana, gritaron mi nombre en la reja y me dijeron que tenía cinco minutos para presentarme con todas mis pertenencias. Todos los presos se arremolinaron alrededor de mi litera y hacían conjeturas; unos decían que me iban a dar la libertad, otros me gritaban que me iban a mandar para una cordillera a trabajar en una granja, otros decían que me iban a llevar para una prisión abierta o para La Cabaña. En realidad, lo que querían era que yo repartiese lo poco que tenía; la almohada, el jarro o la botella de agua. Camagüey se acercó y me dijo que a esa hora no llamaban a nadie para darle la libertad y que además, a mí no me habían celebrado aún el juicio, que tampoco creía que me llamaran para llevarme a una cordillera porque para eso siempre llamaban a varios presos juntos; me dijo que creía que me iban a llevar para la Seguridad del Estado. Era un hombre sabio. Me despedí de los conocidos y repartí mis cosas. En momentos como aquéllos siempre se produce en la cárcel un estado de euforia y tristeza, porque a esa persona que se va, posiblemente, no se la vuelva a ver más.

Sin darme ninguna explicación, me llevaron escoltado hasta una celda de castigo y una vez frente a ella, el oficial que me conducía me dio un empujón, me metió en ella y se marchó. Ese era el peor lugar de toda la prisión; allí iban a parar los asesinos más recalcitrantes en trámite de ser fusilados; a los que estaban allí les esperaba «el palito», que era como le decían los presos al palo del paredón de fusilamiento al que eran amarrados. Aquella celda era un sitio sórdido, con piso de tierra, y donde no podía ponerme de pie porque no tenía más de un metro de alto; la cama no era una litera, sino una especie de camastro de hierro sin colchón, las necesidades fisiológicas había que hacerlas en un hueco y no tenía ni un jarro para tomar agua. Aquel sitio era como el centro de abastecimiento de los caránganos y las pulgas; aquellos insectos se lanzaron sobre mí para darme la bienvenida.

En *El mundo alucinante* yo hablaba de un fraile que había pasado por varias prisiones sórdidas (incluyendo el Morro). Yo, al entrar allí, decidí que en lo adelante tendría más cuidado con lo que escribiera, porque parecía estar condenado a vivir en mi propio cuerpo lo que escribía.

Durante todo el primer día, nadie vino a visitarme ni a traerme ningún tipo de alimento; como casi todos allí irían muy pronto al paredón de fusilamiento, no había mucho interés en alimentarlos. Allí no era posible ni quejarse; era la incomunicación y la desesperación absolutas. A los dos días me trajeron algo de comer e hicieron un recuento; esto era absurdo en aquellas celdas completamente seguras; nadie podía, en realidad, escaparse de allí.

Había un preso que cantaba día y noche imitando la voz de Roberto Carlos a la perfección. Aquellas canciones tan tristes habían sido como himnos para el pueblo de Cuba; de alguna manera se convertían en gritos personales para cada uno. Y aquel preso cantaba aquellas canciones con más autenticidad y con más dolor que el propio Roberto Carlos.

Al cabo de una semana, el mismo oficial que me había traído a aquella celda de castigo, abrió la celda y me dijo que lo acompañara. Recorrimos el mismo camino que una semana antes y me llevó hasta una oficina donde había un teniente llamado Víctor, el cual se puso de pie y me dio la mano. Me dijo que lamentaba que yo me encontrase en aquella celda, pero que me habían aislado porque me iban a hacer toda una serie de preguntas y que consideraban que era mejor mantenerme incomunicado para no llamar la atención de los presos.

Yo me di cuenta, inmediatamente, de que todo aquello de llevarme al Morro no había sido más que un paripé; que querían confundir a la opinión pública extranjera convirtiéndome en un preso común, pero a la vez, someterme a los interrogatorios de la Seguridad del Estado. Sabía por los amigos míos que habían estado en manos de la Seguridad lo que eso significaba: torturas, humillaciones de todo tipo, interrogatorios incesantes hasta que uno terminara delatando a los amigos; no estaba dispuesto a eso.

El oficial siguió hablando, siempre con un tono amable. Dijo que estaba allí para ayudarme y que de acuerdo a mi comportamiento se extendería o no mi estancia en la celda de castigo. Se ponía de pie y caminaba por el recinto; se rascaba los testículos. Me imagino que sabía que yo era homosexual y rascarse aquellos testículos delante de mí era dar una prueba de su hombría, era como decirme que el macho era él. Víctor tendría unos treinta años, era alto, buen mozo; era para mí un gran placer verlo caminar, mientras se agarraba los testículos; en realidad era un verdadero homenaje y más teniendo en cuenta que yo llevaba más de seis meses sin realizar ningún acto sexual. Cuando me llevaron para la galera, a pesar de mi debilidad, pude masturbarme con aquella imagen agradable: Víctor con su mano en los testículos se me acercaba, se abría la portañuela y yo comenzaba a mamarle el sexo. Esa noche dormí plácidamente.

Durante una semana Víctor vino todos los días al Morro a interrogarme y a sobarse los testículos mientras lo hacía. La Seguridad del Estado estaba interesada en saber cómo había sacado yo mis manuscritos y el comunicado a la Cruz Roja Internacional, a la ONU y a la UNESCO. Mis amigos Margarita y Jorge habían llevado a cabo una gran campaña en la prensa francesa para denunciar la situación en que yo me encontraba. En el diario *Le Figaro* había salido una nota donde se decía que yo había desaparecido desde hacía cinco meses; la Seguridad quería saber quién se había comunicado con ese periódico, quiénes eran mis amistades en Cuba y en el extranjero. Yo tenía unas gomas de automóvil en mi cuarto y también unas cámaras; mi tía me denunció por ello a la policía cuando hicieron el registro de mi habitación. Tener un objeto flotante era ya una prueba de que uno quería irse del país, lo cual podía significar ocho años de cárcel. Mi caso era complejo. Según decía Víctor, una noche, mientras yo estaba prófugo, había explotado una mina y un joven se había hecho pedazos; creían que había sido yo. Sabían de mi viaje a Guantánamo y querían que dijera quién me había ayudado a llegar hasta allá. En fin, si yo confesaba, iba a delatar a más de quince o veinte amigos míos que se habían sacrificado por mí; yo no podía hacer eso. Por eso, a la semana de seguir interrogado, decidí otra vez intentar el suicidio, lo cual no era fácil en aquellas galeras de castigo donde no había ni cuchillas ni cordones de zapatos; dejé de comer pero el organismo resiste infinitamente, y muchas veces triunfa.

Una noche rompí el uniforme, hice una especie de soga con él y me colgué agachado de la baranda de hierro de la cama. Estuve colgado como cuatro o cinco horas; perdí el conocimiento, pero parece que yo no era muy práctico en esto de ahorcarme y no logré morir. Los soldados me descubrieron, abrieron la celda y me bajaron de allí, tirándome en el piso; vino el médico de la prisión, que era el mismo que me había atendido seis meses antes cuando me había tomado las pastillas, y me dijo: «Tienes mala suerte; no lo lograste».

Me vinieron a buscar en una camilla. Yo estaba desnudo y los soldados hacían chistes acerca de mis nalgas; decían que por ellas podía pasar cualquiera. Realmente, no estaban malos aquellos soldados; eran bugarrones todos y me tocaban las nalgas, mientras los presos que estaban en la celda de los condenados a muerte se reían. Estuve como dos horas en el piso frente a la galera de aquellos presos condenados a muerte y, pasado ese tiempo, todos aquellos hombres estaban eufóricos; alguien enseñaba el culo, alguien estaba tirado, desnudo, en una galera frente a ellos.

Finalmente, me llevaron al hospital; me pusieron sueros y me dieron medicamentos. Al día siguiente, se me acercó aquel médico, que era un hombre bastante cruel, para decirme que no creía que yo estuviera allí en el Morro muchos días, porque la Seguridad del Estado no quería suicidios antes de las confesiones. En efecto, al tercer día vino Víctor con dos oficiales más; me dijeron que me pusiera de pie y los acompañara. Me sacaron del Morro y afuera me montaron en un carro del G-2, absolutamente escoltado por soldados armados y atravesamos rápidamente toda La Habana.

Villa Marista

Llegamos a Villa Marista, la sede principal de la Seguridad del Estado cubana. Una vez allí, me llevaron hasta una oficina, me quitaron toda la ropa y me dieron un mono color amarillo, me quitaron mis chancletas y me dieron otras y me sentaron en un sillón que parecía como una silla eléctrica, llena de correas en los brazos y en las patas; sí, era una especie de silla eléctrica tropical. Allí me fotografiaron y me tomaron las huellas digitales. Después, me llevaron para el segundo piso; a mi paso veía las pequeñas celdas con un bombillo que se mantenía día y noche encendido sobre la cabeza del prisionero; comprendí que aquel sitio era, en efecto, más terrible que la Inquisición.

Llegué a mi celda, que era la número 21, donde me hicieron entrar. La pequeña escotilla que servía para mirar al pasillo, la dejaron cerrada. Allí, nunca supe cuándo era de día y cuándo era de noche; aquel bombillo permanecía encendido siempre; el baño era un hueco. Cuatro días estuve allí sin ver a nadie. Al cuarto día me sacaron de la celda y me llevaron a una oficina de interrogación.

Un teniente que dijo llamarse Gamboa comenzó su interrogatorio preguntándome si yo sabía dónde estaba; le contesté que sabía que estaba en la Seguridad del Estado. Entonces me dijo: «¿Tú sabes lo que eso significa? Significa que aquí te podemos desaparecer, te podemos aniquilar y nadie se va a enterar; todo el mundo piensa que tú estás en el Morro y es muy fácil morir allí de una puñalada o de cualquier otra forma». Desde luego, entendí lo que me estaba diciendo; comprendí en ese momento por qué no me habían llevado directamente a la Seguridad, sino al Morro; yo estaba en el Morro para todos mis amigos, incluso para mi propia madre, a la cual le habían dado el pase para que me fuera a ver con toda intención de que me viera en aquel lugar. Ahora, si me asesinaban ellos, la opinión pública pensaría que había muerto a manos de algún delincuente en el Morro y nunca habría estado en la Seguridad del Estado.

Era muy difícil para mí no enredarme en medio de aquellas miles de preguntas que constituían el interrogatorio. A veces lo comenzaban por la madrugada y podía prolongarse durante todo el día; otras veces me dejaban de interrogar durante una semana y parecía como si se hubiesen olvidado de mí, para luego reaparecer y llevarme de nuevo ante aquel oficial. Aquel hombre no creía ni una palabra de todo lo que yo le decía; a veces, enfurecido, se marchaba y durante horas yo me quedaba a solas en aquella oficina donde era interrogado, o venía otro oficial y continuaba el interrogatorio.

Había una cantidad enorme de rusos en la Seguridad del Estado; en realidad estaba absolutamente controlada por la KGB y no era otra cosa que una dependencia de ella. Los oficiales soviéticos eran los más respetados y temidos; todos se cuadraban ante ellos como si fueran generales; tal vez lo eran.

El teniente Gamboa insistía mucho en mi soledad, en que todos mis amigos me habían abandonado y nadie iba a hacer nada por mí. Insistía también en mis relaciones sexuales con Miguel Barniz. Al principio me preguntó cómo estaba mi amante y yo no sabía a quién se refería porque, en realidad, yo había tenido tantos que no podía saber de quién se trataba; entonces, me dijeron que se referían a Barniz y me preguntaron varias cosas acerca de él, incluso bastante íntimas. Siempre, aunque un individuo sea aliado de la Seguridad del Estado, ellos quieren tener todos los elementos posibles sobre esa persona para cuando caiga en desgracia o lo quieran eliminar. En aquel momento, yo no tenía nada que decir de Barniz.

«¿Y las hermanas Brontë?», me preguntó una tarde aquel oficial. En ese momento comprendí que una de las personas que había informado sobre mí, durante muchos años era Hiram Pratt; las hermanas Brontë eran los hermanos Abreu, y sólo Hiram Pratt sabía que yo les llamaba cariñosamente de ese modo. El teniente sabía de nuestras reuniones en el Parque Lenín y de nuestra amistad. No me sorprendió demasiado el hecho de que Hiram Pratt fuera un delator; después de vivir todos aquellos años bajo aquel régimen, había aprendido a comprender cómo la condición humana va desapareciendo en los hombres y el ser humano se va deteriorando para sobrevivir; la delación es algo que la inmensa mayoría de los cubanos practica diariamente.

Supe, al salir de la cárcel, que Hiram Pratt, bajo presión de la Seguridad del Estado, había ido a visitar a casi todos mis amigos averiguando dónde yo estaba escondido, cuando estaba prófugo. También fue a ver a mi madre.

La noche en que supe que Hiram era un delator, regresé a la celda bastante deprimido.

Un día empecé a sentir en la celda de al lado una especie de ruido extraño que era como si un pistón estuviera soltando vapor; al cabo de una hora empecé a sentir unos gritos desgarradores; el hombre tenía un acento uruguayo y gritaba que no podía más, que se iba a morir, que detuviesen el vapor. En aquel momento comprendí en qué consistía aquel tubo que yo tenía colocado junto al baño de mi celda y cuyo significado ignoraba; era el conducto a través del cual le suministraban vapor a la celda de los presos que, completamente cerrada, se convertía en un cuarto de vapor. Suministrar aquel vapor se convertía en una especie de práctica inquisitorial, parecida al fuego; aquel lugar cerrado y lleno de vapor hacía a la persona casi perecer por asfixia. Cada cierto tiempo entraba un médico a tomarle la presión y ver cómo marchaba el corazón y decía: «Aún pueden darle un poco más». Entonces el vapor comenzaba a hacerse más fuerte y, cuando ya estaba a punto de morir de un infarto, lo sacaban de la celda y lo llevaban al interrogatorio.

Aquello sucedió con mi vecino durante más de un mes; yo le daba golpecitos en la pared y él golpeaba como respuesta. En realidad, estaban asesinándolo, porque no había organismo capaz de resistir, con aquella pobre alimentación, aquellos baños de vapor incesantes. Al cabo de algún tiempo los baños cesaron; pensé que tal vez había confesado o quizá se había muerto.

Me cambiaron para una celda peor que la anterior; entendí que era el castigo por mi falta de sinceridad con el teniente que me estaba interrogando. Sin embargo, las denuncias que estaban haciendo mis amigos en el exterior tenían su efecto; aunque me seguían amenazando, temían a la opinión pública extranjera. Desde luego, no iban a sacarme de aquella celda, pero querían que yo hiciera una confesión donde dijera que era un contrarrevolucionario, que me arrepentía de mi debilidad ideológica al escribir y publicar los libros que ya había publicado, que la Revolución había sido extraordinariamente justa conmigo. En fin, una confesión que constituyera una conversión y, desde luego, el compromiso de trabajar para ellos y de escribir libros optimistas. Me dieron una semana para pensarlo. Yo no quería retractarme de nada; no creía que tuviera que retractarme de nada; pero después de tres meses en la Seguridad del Estado, firmé la confesión.

Desde luego, eso solamente prueba mi cobardía; mi debilidad, la certeza de que no tengo madera de héroe y de que el miedo, en mi caso, está por encima de mis principios morales. Pero me consolaba pensando que, cuando estaba en el Parque Lenín, había escrito en el comunicado a la Cruz Roja Internacional, a la ONU, a la UNESCO y otras muchas organizaciones, que nunca lo publicaron, que las denuncias que yo hacía contra el régimen de Fidel Castro eran absolutamente ciertas y que todo aquello era la verdad, aun cuando en un momento dado tuviera que negarlo; yo sabía que podía llegar el momento de mi retractación.

Entonces, cuando le dije al oficial que estaba dispuesto a redactar mi confesión, él mismo me dio papel y lápiz. Mi confesión fue larga; hablaba de mi vida y de mi condición homosexual, de la cual renegaba, del hecho de haberme convertido en un contrarrevolucionario, de mis debilidades ideológicas y de mis libros malditos que nunca volvería a escribir; en realidad, renegaba de toda mi vida y sólo salvaba en ella la posibilidad futura de integrarme al carro de la Revolución y de trabajar día y noche para ella. Yo pedía, lógicamente, la rehabilitación, es decir, ir para un campo de trabajo, y me comprometía a trabajar para el Gobierno y escribir novelas optimistas. También hacía la loa a los esbirros que me habían denunciado, diciendo que eran grandes personas a las que yo debía haber obedecido siempre: Portuondo, Guillén, Pavón, eran héroes. Aproveché para decir de Hiram Pratt todo lo peor que de él sabía, pero ellos no me hicieron mucho caso, porque les era muy preciada su labor de informante en los medios intelectuales y en el bajo mundo habanero.

Una vez redactada la confesión, el teniente la leyó con calma. A los tres días vino a mi celda y me felicitó; se veía eufórico y era evidente que estaba muy presionado por sus superiores para que yo acabara de firmar la confesión y sacarme de allí. Después supe que periódicos extranjeros habían publicado que yo estaba desaparecido y que no aparecía relacionado en ninguna de las prisiones de La Habana; era hora ya de que la Seguridad del Estado me sacara de allí y volviera a llevarme al Morro; eran cuatro meses de incomunicación.

En mi confesión, desde luego, no aparecía nadie que pudiese ser perjudicado y viviera en Cuba, ni mis amigos del extranjero. En fin, todo quedó como que yo era un contrarrevolucionario que había sacado mis manuscritos fuera de Cuba, que había publicado todo aquello, y que ahora me arrepentía y prometía no volver a tener nunca más contacto con el mundo occidental, ni escribir ni una línea contra la Revolución cubana. También prometía rehabilitarme sexualmente.

Una vez firmada mi confesión, me llevaron otra vez para mi celda. Pocas veces me sentí más miserable. Estuve allí como quince días más antes de que me trasladaran nuevamente para el Morro y tuve una entrevista con el teniente Gamboa; allí estaba también el teniente Víctor, que se veía entre enfurecido y amable. En realidad, ninguno de ellos podía imaginarse que aquella confesión era auténtica, pero no podían esperar jamás una declaración auténtica en una celda de torturas.

Durante toda aquella confesión, ellos insistían en que yo declarase haber corrompido a dos menores de edad, que eran aquellos dos delincuentes que se robaron mi ropa y la de Coco Salá en la playa. Por cierto, Coco Salá nunca fue a la cárcel por cuanto era informante de la Seguridad del Estado. Una vez que aclaró quién era en la estación de policía, salió libre, en tanto que a mí se me encarceló.

Mi juicio sería por un delito común grave: corrupción de menores. Hasta de violación se hablaba. De este modo, para evitar un escándalo internacional, yo sería condenado por un delito común. Así, encerrándome, por lo menos ocho años, me aniquilaban y separaban del mundo literario.

En los días siguientes a mi confesión, a veces, uno de los soldados que cuidaban el pasillo abría la escotilla y se ponía a conversar conmigo; me imagino que era por orientación del teniente Gamboa. Aquel guapo mulato abría la escotilla y a veces conversaba más de una hora conmigo; se rascaba los testículos y yo me erotizaba; así, muchas veces, yo me masturbaba mientras él caminaba frente a mi puerta.

Una noche, mientras yo dormía, él entró y me pidió fósforos; yo no podía tener fósforos en aquel lugar. Habló cinco minutos conmigo y después se marchó. Quizá fue una manera de inquietarme. Desde aquella noche soñaba que entraba a mi celda y hacíamos el amor. Tal vez él sabía que yo me masturbaba mirándolo y quizá se divertía con ello, pero de todas formas, nuestras conversaciones se prolongaron hasta que fue trasladado de allí.

Antes de la confesión yo tenía una gran compañía; mi orgullo. Después de la confesión no tenía nada ya; había perdido mi dignidad y mi rebeldía. Por otra parte, me había comprometido con el teniente a colaborar con ellos en lo que pudiera y podían pedirme que yo hiciese un acto público en el que recitase todo aquel texto. Además, después de mi confesión, podían eliminarme hasta físicamente.

Ahora, estaba solo con mi miseria; nadie podía contemplar mi desgracia en aquella celda. Lo peor era seguir existiendo por encima de todo, después de haberme traicionado a mí mismo y de haber sido traicionado por casi todos.

Otra vez el Morro

Finalmente, me llevaron de regreso para el Morro; me pusieron en la galera número diez, en la cual estaban los asesinos mayores ya de cuarenta y cincuenta años que habían cometido numerosos delitos; había muy poca humanidad entre aquellos presos recalcitrantes. El cazador de gorriones también estaba allí. Un día en que íbamos para la visita, un guardia se le acercó y le cayó a patadas; él era ya viejo y caminaba muy despacio, pero desde aquel día se quedó paralítico. No tenían silla de ruedas en aquel lugar, de modo que permanecía acostado o en un pequeño banquito se arrastraba hasta llegar al baño. No sé después qué fue de él; al salir lo dejé allí.

Como aquellos presos ya no tenían nada que esperar, las relaciones sexuales allí eran más obvias. Recuerdo a una loca negra que dijo: «Aquí hay que empezar a singar». Y ella misma, con una sábana, hizo una especie de tienda de campaña en su litera e inició allí una gran templeta; los hombres hacían cola para templarse a la loca. A veces, ella alquilaba por cigarros aquel apartamento hecho con sábanas.

En aquella galera también entraban marihuana y cocaína con mucha facilidad. Al parecer aquellos presos tenían viejas relaciones con los guardias y sabían cómo arreglárselas con ellos; existía un negocio entre los guardias y los presos que se pagaba con dinero en el momento de la visita.

Como yo había prometido rehabilitarme, un buen día me sacaron de aquella galera y me llevaron para la galera de los trabajadores, es decir, para la galera número seis. Aquella galera tenía muy poca ventilación y en ella había cientos de presos, pero tenía un privilegio: podíamos realizar trabajos en el patio o en la azotea del Morro y por lo menos así la vida no era tan aburrida y se corría quizá menos peligro de ser asesinado.

232

En aquella galera había personas que, como yo, habían firmado su retractación o eran militares de Fidel Castro que habían cometido algún crimen. Por ejemplo, había allí un hombre que había sido teniente y que estaba condenado a veinticuatro años por haber asesinado a su esposa y al amante de ésta; más adelante lo dejaron en libertad.

En la galera de los trabajadores, el ambiente no era tampoco de camaradería, sino de delación; casi todos allí eran chivatos y podían denunciar a otro preso por cualquier cosa, como por tener relaciones homosexuales, por entrar cualquier producto prohibido o fumar marihuana, que era el sueño de casi todos ellos. Delataban a los otros sin ningún escrúpulo con tal de obtener algún privilegio.

A mí me pusieron de lavandero junto a diez o doce presos más, guiados por un guardia llamado Rafael que era implacable con nosotros. Íbamos a la terraza del Morro y allí, con unos tanques de agua, teníamos que lavar la ropa de todos los oficiales y los soldados. Desde luego, la ropa de los presos nunca se lavaba, pero nosotros, cuando Rafael hacía la vista gorda, aprovechábamos y lavábamos nuestras ropas, quedándonos en calzoncillos.

Desde allí podíamos al menos ver La Habana y el puerto. Al principio yo miraba la ciudad con resentimiento y me decía a mí mismo que, finalmente, también La Habana no era sino otra prisión; pero después empecé a sentir una gran nostalgia de aquella otra prisión en la cual, por lo menos, se podía caminar y ver gente sin la cabeza rapada y sin traje azul.

Un día, desde la azotea, vimos a un preso amarrar una cuerda a la cerca de alambres de púas y lanzarse por la pendiente hacia el vacío tratando de escapar. Descendió colgado de la cuerda y, cuando llegó al fin de ésta, le faltaban como cien metros de altura para llegar a la costa; se tiró entonces y llegó al suelo con las dos piernas partidas. Así, siguió arrastrándose en dirección a la orilla del mar. Los guardias, por puro sadismo, porque aquel hombre no tenía la más mínima posibilidad real de escaparse, lo mataron a tiros. Todo esto ocurrió durante la visita y todos los familiares tuvieron que estar allí durante horas, hasta descubrirse quién había traído la soga.

Varios fueron los intentos de fuga que se hicieron en el

Morro; lógicamente, el sueño de todo preso es escaparse de la cárcel. Una vez uno lo logró y todos fuimos castigados durante un mes. Para los guardias constituía una especie de ofensa terrible el hecho de que un preso se hubiese escapado. Luego supimos que ya el preso había sido capturado; era de esperar que aquello ocurriera, pues no es nada fácil permanecer prófugo en Cuba, con todos los sistemas de vigilancia que han sido creados en el país.

Al hombre lo trajeron todo lleno de heridas y de golpes y lo pasearon por delante de nuestras celdas, dándole patadas y puñetazos; estaban dándonos el ejemplo de lo que nos podía suceder a nosotros si intentábamos escapar. Desde luego, un preso ya condenado que practica la fuga es condenado a más años de cárcel. Pero todos seguíamos soñando con la fuga, a veces, de una manera delirante.

Había un preso que soñaba con que la familia le trajese un globo que él inflaría allí mismo y que luego dirigiría hacia el norte, para llegar así a Estados Unidos. Otros pensaban en disfrazarse de civiles y escapar; cosa absolutamente imposible.

Cuando llegó mi juicio, lo primero que sorprendió al jurado fue que aquellos muchachos, supuestamente corrompidos por mí, no eran menores de edad; y además, que tenían una corpulencia de más de seis pies de alto. El fiscal y el presidente del tribunal indiscutiblemente querían condenarme. Uno de los muchachos, a los que decían yo había violado, fue interrogado; compareció vestido con su uniforme de colegial y peinado con la rayita a un costado; parecía un ángel. Pero cuando le preguntaron si había tenido relaciones sexuales conmigo, dijo que no. El tribunal volvió a repetir la pregunta, el muchacho me miró y dijo que no; este muchacho era el testigo de cargo más importante que existía contra mí. Hubo un momento en que el presidente del tribunal, enfurecido, se puso de pie y dijo: «Bueno, pero ¿te la mamó o no te la mamó?». El muchacho dijo que no.

No sé lo que sucedió con aquel muchacho que reaccionó de aquel modo. Se suponía que la Seguridad del Estado lo había trabajado para que dijera que yo era culpable, pero lo cierto es que no lo hizo; quizás en el último momento se llenó de dignidad o tuvo miedo o compasión; quizá lo hizo por machismo y para que aquello no quedara en su expediente. El muchacho se limitó a decir que había habido una proposición para ir un rato a compartir a una casa. El presidente del tribunal le preguntó quién le había hecho esa proposición y el muchacho, insólitamente, se volvió y señaló a Coco Salá. El presidente volvió a mirarlo enfurecido y repitió la pregunta; el muchacho volvió a señalar a Coco Salá. El presidente me miró entonces con un odio como nunca antes nadie me había mirado.

Faltaba la declaración del segundo testigo; un muchacho más joven aún con el cual tanto Coco como yo habíamos tenido relaciones sexuales. Cuando éste declaró fue más parco todavía que el anterior; dijo que él no sabía nada, que el otro amigo de él lo había llamado y le había dicho que dos maricones le habían hecho una proposición, pero que él le había dicho que dejara eso y no había ido a ninguna parte. Eso enfureció aún más al tribunal; los llamaron mentirosos y los amenazaron con la posibilidad de ser condenados por perjurio, pero los muchachos se mantuvieron firmes en su actitud.

De todos modos, el tribunal pronunció una larga arenga diciendo que yo era un contrarrevolucionario y un inmoral y que la pena que se me debía aplicar era la de corrupción de menores. El abogado de la defensa, acobardado por las amenazas de la Seguridad del Estado, apenas habló. El juicio quedó inconcluso para sentencia; Coco Salá quedó en libertad y a mí me llevaron nuevamente para el Morro.

Los mismos guardias que me acompañaron al juicio se encargaron de decirle a todo el mundo en la prisión que a mí se me acusaba de corrupción de menores y de mamarle el miembro a aquellos muchachos; desde entonces me apodaron La Ternera. Tuve, a partir de entonces, muchas ofertas dentro de la galera de los trabajadores, aunque yo, desde luego, me negaba por precaución.

En la azotea del Morro, un joven rubio que tenía unos veinte años, un día se sacó el miembro y comenzó a masturbarse mirando el mar; me hizo una seña para que me acercara, pero yo no me atreví; sólo lo miré y él me miró y así eyaculó, entregando toda su vitalidad al oleaje.

En la azotea se efectuaban también los círculos de estudio. Consistían en leer de manera monótona los discursos de Fidel Castro y estar de acuerdo con todo lo que decía; generalmente, no había ningún contratiempo en esa rutina. Esto fue así hasta que subieron a la azotea a un grupo de jóvenes presos que eran testigos de Jehová; se habían negado a ir al Servicio Militar Obligatorio y por esa razón se encontraban encarcelados. El oficial le dio el periódico *Granma* con el discurso de Fidel a uno de aquellos jóvenes para que leyera y éste se negó, argumentando que su religión no le permitía leer aquello; el oficial le entró a culatazos con su fusil y lo tiró en el suelo; allí lo pateó mientras le pegaba con el rifle en la cabeza, en el vientre, en las costillas. Le dio tantos golpes, que incluso otros oficiales corrieron y le dijeron que lo dejara porque lo iba a matar. El oficial le dio entonces el periódico a otro de aquellos muchachos y le ordenó que leyera; mientras leía, el muchacho temblaba y lloraba sin cesar. Han pasado quince años y no puedo olvidar a aquel muchacho.

Pero además de los testigos de Jehová, otros también se enfrentaron a las injusticias. Recuerdo a un negro joven que estuvo gritando en el patio de la cárcel durante más de una semana: «Abajo Fidel Castro, Fidel Castro asesino, hijo de puta, traidor». Los guardias llegaban y le daban patadas y culatazos. Lo habían amarrado pero seguía gritando contra Fidel Castro todos los improperios posibles, con ese odio típico del cubano, que empieza mentándole la madre y termina gritándole maricón a quien lo ofende. Nunca vi a nadie tan enfurecido contra el dictador. Los soldados no sabían qué hacer además de golpearlo.

Una semana demoró la Seguridad del Estado en determinar qué iban a hacer con aquel negro hasta que lo ataron en una camilla, le pusieron una inyección, dijeron que estaba loco de remate y lo llevaron para un manicomio. Sí, la valentía es una locura, pero llena de grandeza.

Un día fui llamado al «rastrillo», es decir a la puerta de entrada del Morro; otra vez los presos con gran algarabía decían que seguramente era para darme la libertad y que yo les dejara todo lo que tuviera porque me iba para la calle. Allí lo que me dieron fue la sentencia; me condenaban a dos años de cárcel por abusos lascivos; no pudieron condenarme por corrupción de menores. Aun en un país como Cuba entonces, los esbirros tenían que regirse por las mismas leyes que ellos habían hecho; por ese motivo no pudieron condenarme a veinte o treinta años. Aquello era un triunfo para mí.

Con mi sentencia regresé a mi celda; los presos al ver aquel papel fino en que estaba grabada mi sentencia, saltaron de alegría y me decían: «Danos ese papel para hacer una breba», es decir un cigarro; yo cogí la sentencia, se la tiré por entre las rejas y ellos fumaron esa tarde brebas hechas con el papel oficial del Ministerio de Justicia.

Al día siguiente, la Seguridad del Estado vino a buscarme para llevarme a Villa Marista. Allí me aguardaban los tenientes Gamboa y Víctor; este último parecía enfurecido. Me preguntó si ya sabía la sentencia y le contesté casi riéndome que sí lo sabía, que había sido condenado a dos años. La furia de Víctor era cada vez más evidente. Gamboa trataba de conciliar, diciendo que ésa no era la sentencia, sino sólo las conclusiones provisionales. Yo lo corté aclarándole que aquélla sí era mi sentencia.

Ahora, de no aceptar mi sentencia, sólo podían condenarme levantándome una causa política.

Ya en mi celda, volví a ver por la escotilla al mulato oriental que tanto conversaba conmigo; me saludó muy amablemente. El se entretuvo conversando conmigo, quizá para dar tiempo a que yo, mientras miraba sus piernas hermosas, pudiera masturbarme.

No estuve mucho tiempo esta vez en la Seguridad del Estado; a los tres días me llamaron de nuevo Víctor y Gamboa. Ahora tenían una expresión muy diferente y me saludaron sonriéndose de oreja a oreja; decían estar muy contentos porque mi condena fuera sólo por dos años y porque yo me incorporara al plan de rehabilitación y colaborara con ellos.

Lo primero que tenía que hacer era entregarles una lista de gente que fuera enemiga de la Revolución; yo les dije que estaba encantado de hacerlo. Me dieron un papel y yo escribí los nombres de todos los agentes de la Seguridad del Estado que me habían delatado, cuyos nombres yo había leído en la lista que me había mostrado el abogado: Bienvenido Suárez, José Martínez Matos, Otto Fernández y otros muchos que se dedicaban a la delación por pura maldad, como el teniente de la cuadra donde yo vivía y la presidenta de mi CDR. Desde luego, en la lista pude haber agregado los nombres de Coco Salá, Hiram Pratt, mi tía, pero no lo hice; en el fondo ellos también habían sido víctimas de aquel régimen. Después de hacer la lista, me enviaron de nuevo al Morro con la promesa de que en poco tiempo me llevarían para una granja de rehabilitación.

Al llegar allí, me enviaron de nuevo para la galera número diez; vi aquello como una mala señal. Evidentemente, los agentes de la Seguridad no habían quedado convencidos de mi conversión, ni con la lista de contrarrevolucionarios que yo había confeccionado para ellos.

En aquella celda el hambre era enorme; en ella dormía un cocinero que tenía una bolsa llena de panes. A veces yo soñaba con aquellos panes y, en cierta ocasión en que tuve una oportunidad, me robé uno de aquellos panes y lo mordí con tanta fuerza que me partí los dos dientes postizos. Fue uno de los momentos de mayor desolación que tuve en aquel sitio, porque aunque yo no tenía relaciones sexuales con ningún preso, por lo menos pretendía ser agradable a la vista y poder sonreír; ahora con aquellos dos dientes del centro partidos no podía ni sonreír; yo me pasaba el día tratando de fijarme aquellos dientes a su base y lo lograba, pero en cuanto hablaba se me volvían a caer.

Ahora, sin dientes, mi fama se volvió aún peor; no solamente era La Ternera, sino La Ternera Desdentada.

En medio de esta situación conocí a un preso que se llamaba Rogelio Martínez y escribía poemas; él supo que yo era escritor y me tomó cierta admiración. El tenía que llevar un archivo de los diferentes presos que había en las galeras con sus diferentes causas y los crímenes que habían cometido; a mí me sacaba por las noches con el pretexto de que yo le organizara una especie de tarjetero. Tenía algo así como una oficina y podía caminar por el patio de la prisión; se vestía con una bata de enfermero aunque no fuera enfermero.

Lo que quería en realidad era leerme sus poemas que, desgraciadamente, eran bastante malos, románticos y trasnochados; hablaban siempre de mujeres que eran como sirenas y que además lo habían traicionado. Eran una mezcla de erotismo y cursilería rimada; verdaderos ripios. Pero era un placer poder salir de aquella galera y estar con aquel pobre joven que necesitaba de un público que le oyera sus poemas. A veces se las arreglaba para conseguir un plato de comida y comíamos juntos mientras hacíamos aquellas lecturas literarias.

238

Nos entreteníamos con las ratas, que durante la noche se acumulaban cerca de las rejas donde él tenía su improvisada oficina; nunca vi tantas ratas reunidas, ni tampoco las vi más grandes que aquéllas en ningún lugar; algunas eran más grandes que una jutía. Aquellos cientos de ratas reñían a mordiscos y armaban tal alboroto que el poeta detenía su lectura para atender el juego de aquellos animales.

El teniente Víctor venía a visitarme esporádicamente; por él me enteré, según me comunicó muy enfurecido, que mi novela *El palacio de las blanquísimas mofetas* había sido publicada en Francia y Alemania; me mostró un ejemplar de la publicación sin ni siquiera permitirme tocarlo. Era mi libro, pero yo ni podía tocarlo.

La publicación de aquel libro era una prueba de que yo existía y eso los ponía enfurecidos. Mis amigos habían sabido moverse en Europa haciendo una campaña sobre la situación de incomunicación en que yo vivía. Víctor me hizo redactar una carta dirigida a mi editor en Francia, en la que yo le decía que estaba en perfecto estado de salud y que pronto tal vez podría regresar a mi casa.

A mí en varias ocasiones me llamaron «a cordillera»; me hacían recoger mis pertenencias y hacer una larga fila junto a los presos, pero a última hora, no sé qué tarjeta chequeaban y comprobaban, al parecer, que yo no podía salir del Morro y me regresaban nuevamente a mi galera número diez, con los dos o tres presos recalcitrantes que allí quedaban. Desde luego, a los dos o tres días, la galera se volvía a llenar con los nuevos presos que ingresaban.

Desde mi galera podía ver cómo salían, después de la hora del recuento, algunos presidiarios de diversas celdas; eran los agentes de la Seguridad que se hacían pasar por presos.

Un día nos llamaron a todos los presos de la galera número diez para que pasáramos, inmediatamente, por el rastrillo y nos trasladaron para la galera número uno, que era subterránea; quedaba encima de las celdas de castigo. No sé por qué hicieron aquello, pero lo cierto es que nos situaron en la parte más húmeda del Morro; cuando la marea subía, el agua llegaba hasta nuestros pies.

De allí sacaron a un grupo de presos para trabajar en el Combinado del Este, que era una cárcel moderna desde donde nadie podía escaparse jamás. Pero yo continué allí, al margen casi de cualquier estímulo para seguir viviendo.

Un día fue a visitarme Norberto Fuentes; era muy extraño porque sólo los familiares de primer grado podían ir a visitarnos allí: madre, hijos, hermanos. Norberto, según me dijo, lo había logrado por un pariente que trabajaba en el Morro; llevaba un cartucho de gofio y una novela de Lisandro Otero. Desde luego, yo sabía que él trabajaba para la Seguridad del Estado y que su visita no podía ser más que un contacto creado por la Seguridad, pensando quizá que yo iba a confesar ante Norberto que lo que quería era irme del país. Yo, desde luego, le dije todo lo contrario de lo que sentía y le manifesté, una vez más, mi deseo de integrarme al «carro» de la Revolución. Norberto me abrazó y me dijo que, seguramente, de un momento a otro yo estaría en libertad; que habría grandes cambios en la política cultural cubana.

De todos modos, yo seguí unos meses más en el Morro. De vez en cuando, nos proyectaban películas soviéticas; eran verdaderamente horribles. La celda donde hacían las proyecciones era un sitio sórdido y los presos se orinaban en el piso; uno tenía que sentarse sobre los orines de los demás presidiarios. Nunca sentí una soledad más grande que en aquellos momentos.

Una noche, el combatiente de turno me dijo que me presentase con mis pertenencias en el rastrillo; eso me había ocurrido ya tantas veces que lo hice mecánicamente, sin ninguna ilusión, aunque prefería cualquier cosa a seguir en aquella mazmorra. En el rastrillo estaba el teniente Torres, un mulato rechoncho de cara llena de granos, un verdadero criminal que se complacía humillando a los presos; era famoso por su malignidad. Me miró con sus ojos de serpiente y me dijo que él mismo me llevaría a una granja de rehabilitación.

Yo tenía una bolsa llena de ropa de la prisión, que había guardado cuando trabajaba como lavandero. Torres me dijo irónicamente: «Vaya, te has enriquecido; llegaste aquí sin nada y ahora sales con todo un gran equipaje». Fuimos hasta el carro de Torres; yo me iba a sentar detrás y él me dijo que podía sentarme delante, junto a él. Puso el carro en marcha y atravesamos La Habana. Todo brillaba ante mí después de haber estado encerrado en aquellas celdas del Morro; la ciudad ya no me parecía deteriorada, sino limpia y brillante.

Cuando llegamos a la esquina de la calle 20 y la Quinta Avenida de Miramar, vi junto a uno de los grandes árboles que allí crecían a Heberto Padilla, que venía caminando por la acera; blanco, rechoncho y desolado, era la imagen de la destrucción. A él también habían logrado «rehabilitarlo»; ahora se paseaba por entre aquellos árboles como un fantasma.

Una prisión «abierta»

Llegamos a una prisión, llamada abierta, situada en el Reparto Flores, a un costado de Miramar. Torres le hizo una señal y habló al oído al guardia que cuidaba aquella prisión. Entramos allí y me dieron colchoneta y uniforme nuevos. Aquella prisión estaba al borde del mar y tenía hasta un pequeño malecón donde uno podía caminar y sentarse; era un cambio notable.

Pude darme un baño en las duchas, situadas en un tablado encima del mar. Abrí la boca para que el agua entrara en mí purificándome y mis dientes postizos fueron a dar al mar.

Al día siguiente por la madrugada nos levantaron, hicieron el recuento y nos llevaron para el trabajo, que consistía en construir edificios para los soviéticos. Trabajábamos desde la madrugada hasta las ocho o las nueve de la noche. Yo trabajaba como ayudante de un albañil que se llamaba Rodolfo; era un hombre de unos cuarenta años, que había ayudado a los rebeldes que luchaban contra Castro a principios de la Revolución y había sido condenado a muerte; después le habían conmutado la pena por la de treinta años de cárcel.

Muchos allí estaban condenados a treinta años y ya llevaban presos casi quince; habían envejecido debido al trabajo forzado. Toda la vida de aquellos hombres había sido destruida por aquel sistema; habían entrado a la cárcel con dieciocho años y muchos de ellos ya tenían casi cuarenta y sólo estaban a mitad de su condena.

Solamente descansábamos los domingos por la tarde, y cada quince días recibíamos visitas. En una de aquellas visitas vino Juan Abreu, quien al verme con el uniforme y la cabeza rapada no pudo contener las lágrimas; traté de consolarlo y le dije que a la próxima visita me trajese un ejemplar de *La Ilíada*, para seguir con su lectura. Cuando ya Abreu se marchaba llegó Norberto Fuentes; optimista, me dijo que lucía muy bien y que, seguramente, estaría allí sólo unos meses. Yo, desde luego, me mostré también optimista con él y le prometí que una vez que saliera de allí sólo escribiría elogios a la Revolución de Fidel Castro.

En la próxima visita Juan Abreu me trajo *La Ilíada*. En cuanto se fue comencé a leer el último canto que no pude terminar a causa de mi captura en el Parque Lenín. Cuando terminé de leerlo lloré como no lo había hecho desde que estaba en la prisión. Rodolfo, que dormía al lado de mi litera y no podía comprender que yo estuviese llorando por haber terminado de leer un libro, trataba de consolarme. Me decía que no me preocupara; que seguramente mi madre vendría a visitarme en la próxima visita; que no tenía por qué llorar porque pronto me darían la libertad.

Todos los días cuando llegaba la hora del baño yo buscaba en el fondo del agua tratando de encontrar mis dientes, pero era inútil tratar de hallarlos.

Una tarde me llamó uno de los presos que servía de enlace entre nosotros y los oficiales de la prisión. Me dijo que un personaje me estaba esperando en la oficina. Entré y allí estaba Víctor, que se puso de pie y me saludó entusiasmado; me felicitó y me dijo que estaba enterado del buen comportamiento que yo llevaba en la prisión y que era una lástima que yo cargase tantas carretillas de tierra, por lo que él procuraría que me cambiaran para algún trabajo burocrático, allí en la prisión; pero que todo marchaba muy bien y, casi seguramente, pronto estaría en libertad. Me pidió también que le hiciese una carta a mis editores en Francia, diciéndoles que yo estaba ya prácticamente en libertad y que iba todos los fines de semana a mi casa. Yo hice la carta y Víctor partió entusiasmado; había obtenido otro triunfo. Lo que él no sabía era que a través de Juan Abreu yo le enviaba notas subrepticias a mis amigos en Francia diciéndoles la verdadera situación en que yo me encontraba, y que hiciesen todo lo posible por sacarme del país.

Víctor venía con frecuencia y me preguntaba quiénes habían venido a verme. Yo sabía que allí estaba vigilado y por ello le dije a Juan en la próxima visita que no volviera a verme más; que eso lo comprometía. Mientras estuve allí no volví a ver a Juan; Norberto, sin embargo, sí venía con frecuencia, pero su nombre no tenía por qué ocultárselo a la Seguridad del Estado porque él era parte de ella.

Los presos podían encerrarse en algunas habitaciones de las construcciones para los soviéticos y tener allí relaciones eróticas. Generalmente, el maestro de albañil elegía a uno como peón y ése terminaba siendo su amante; de esta manera las relaciones se podían llevar con mayor facilidad, pues o el maestro y el peón trabajaban juntos y no era extraño que estuvieran encerrados en una de las habitaciones de aquellos edificios, o se hacían horas extras durante la noche, lo cual se inscribía como un mérito.

Rodolfo, al seleccionarme a mí como su peón, tenía aspiraciones eróticas conmigo. Todos aquellos hombres, condenados a treinta años de cárcel, tenían muy pocas posibilidades de tener relaciones con alguna mujer. Por cierto muchas rusas, esposas de soviéticos, a la hora que nosotros pasábamos, se sentaban sin blúmers y cruzaban las piernas con la intención de provocarnos. Algunos de los presos, supe después, se escapaban por la noche de la prisión y hacían el sexo con aquellas rusas; eso era condenado ferozmente, no sólo por la fuga, sino por traición política. Pero a las rusas aquello las divertía muchísimo y cada vez que pasábamos se las arreglaban para alzar más las piernas para que los presos pudieran admirarlas. Eran unas verdaderas «jamoneras», como se decía en lenguaje cubano.

Rodolfo me contaba cuánto lo excitaban aquellas rusas, especialmente una rubia de enormes muslos y tetas descomunales; me decía que no podía más y yo le miraba desde mi litera su sexo y lo veía erguirse mientras me hablaba de aquella rusa. Nunca me decidí a extender una mano y tocar aquel promontorio; nunca me atreví a desempeñar, en la práctica, el rol de la rusa.

Recuerdo que había otro preso joven que yo había conocido ya en el Morro, que me hizo proposiciones. El era peón también y, mientras preparábamos la mezcla para nuestros maestros de albañil, me decía: «Chico, si vas a esperar hasta que te dejen en libertad, se te va a oxidar el culo». Yo no le hacía caso y seguíamos trabajando en forma amistosa.

El edificio donde yo trabajaba daba al patio de una mujer que había sido una artista cubana famosa, Xionara Fernández, que después había caído en desgracia política; era el típico ejemplar femenino que obsesionaba a los hombres cubanos. Diaria-

244

mente, ella salía a cortar unas rosas que tenía sembradas en su jardín y con toda intención se inclinaba de una forma que enseñaba todas sus nalgas a los presos; todos los días, a las diez de la mañana, se celebraba la ceremonia de las rosas. Los presos, ya preparados para ese momento, se masturbaban; era un hermoso homenaje que ella recibía con extremo placer.

Mi mejor amigo durante este tiempo fue también un cocinero al que le llamaban Sancocho, porque según los presos, lo que preparaba de comida era un verdadero sancocho para cerdos. Era un hombre de unas trescientas libras, una especie de bola humana; su mayor inquietud era preparar aquella comida, por lo que lo hacía con tal pasión que era el alma de aquel comedor. Su verdadera pasión no era la gula, sino poder participar en los preparativos de aquella comida.

A mí me tomó afecto desde que llegué y siempre se las arreglaba para traerme algo de la comida que había sobrado. El estaba condenado a quince años de cárcel, también por problemas políticos, y conocía la historia de casi todos los presidiarios; me decía de quién debía cuidarme, con quién no debía hablar ni una sola palabra. Era indiscutiblemente homosexual, pero nunca me dijo nada acerca de ello. Nuestra amistad fue platónica, fue una hermandad tácita; todos los presos le decían despectivamente Sancocho, pero yo le llamaba Gustavo, que era su nombre. Fue tal vez la persona más noble que llegué a conocer en aquella prisión; tenía esa extraña inteligencia para poder sobrevivir en cualquier circunstancia y esa sabiduría propia del preso, que es capaz de olvidar que existe algo que esté más allá de los muros de su prisión y que puede sobrevivir con las pequeñas tareas diarias, con las pequeñas rencillas, con los pequeños chismes de nuestro alrededor. Con la ayuda de Sancocho, provisto de una espumadera, encontré en la costa cerca de las duchas, mis dientes postizos.

A mediodía Sancocho nos llevaba, con los otros cocineros, el almuerzo al lugar donde estábamos trabajando; era imparcial en el reparto de la comida; cuando me daba más a mí era porque sobraba. Un día Sancocho estaba de pie mirando una rastra enorme llena de cabillas que iba a ser descargada junto al edificio donde nosotros estábamos trabajando; en un momento en que el chofer retrocedió violentamente, una de las cabillas atravesó el enorme cuerpo de Sancocho matándolo al instante. No sé si fue un simple accidente o no; quizás el chofer no lo hizo siquiera por inquina personal contra él, sino sólo por divertirse; para muchos allí era gracioso ver cómo una cabilla reventaba aquel cuerpo tan voluminoso. Nadie nunca volvió a mencionar a Sancocho.

Por suerte para mí, por aquellos días hubo una movilización general y todos los que trabajábamos allí fuimos trasladados al campo para construir una escuela; una de las tantas Escuelas Secundarias Básicas que se construyen en Cuba con mano de obra esclava; es decir, con los presidiarios.

Llegamos a una enorme plantación donde en quince días teníamos que construir una escuela en el campo, para que luego vinieran los estudiantes y limpiaran aquellos platanales trabajando gratis para el Gobierno. Era casi agradable cambiar de lugar y poder estar en el campo y oler las plantas; había un arroyo y uno podía bañarse en él en los escasos momentos libres. Se trabajaba día y noche; muchas de aquellas escuelas se construían a tal velocidad y con tan pocos recursos que al cabo de uno o dos meses se derrumbaban, pero ya eso no era un problema nuestro; el problema era terminar aquella escuela cuanto antes.

A pesar del incesante trabajo, los presos estábamos más contentos allí; podíamos hacer nuestras comidas al aire libre y por las noches algunos hasta tocaban tambores con un taburete y bailaban. Era fácil distinguir los cuerpos que se internaban en los platanales para tener sus aventuras eróticas.

Una noche alguien se sentó en mi litera; pensé que estaba allí por equivocación. En medio de aquella oscuridad sentí que unas manos me tocaban el pecho y oí cómo aquella persona me decía: «Soy Rodolfo». Después se acostó en mi litera donde apenas cabía yo solo, y procurando hacer el menor ruido posible, se bajó los pantalones. Allí en pleno barracón, rodeado de más de quinientos presos masturbé a Rodolfo, quien, a última hora, no pudo dejar de escapar un alarido de placer.

Al otro día continuamos nuestro trabajo sin mencionar para nada lo ocurrido; además, nunca lo volvimos a repetir. El me seguía hablando de su novia hipotética y de lo mucho que la iba a gozar cuando saliera de pase.

Yo tenía una gran preocupación: no sabía si aún estaba sifilí-

246

tico. Lo primero que le dije al médico en el Morro, después de haber recuperado el conocimiento, era que había tenido sífilis hacia el año 1973. Había sido una gran tragedia curármela porque todo estaba controlado por el Gobierno y los medicamentos necesarios estaban en manos del Estado. Otro terror era que en mi infancia había tenido meningitis y un médico me había dicho que la sífilis podía desarrollarme nuevamente la meningitis.

A través de amigos en el exterior, pude conseguir la penicilina y, en los chequeos que me hice, la sífilis había prácticamente desaparecido. De todos modos, una vez que salí de la Seguridad del Estado, el médico, clandestinamente, me volvió a poner la dosis de penicilina requerida para la enfermedad, aunque me dijo que ya estaba curado.

Cuando regresamos al Reparto Flores, mientras me estaba bañando, llegó al baño un mulato imponente que, no bien entró a la ducha, su sexo se irguió de una manera impresionante. Yo siempre he sido sensible a este tipo de hombres; él se me acercó con el sexo erguido y, por suerte, logré que mi mano enjabonada lo frotase varias veces para que eyaculase. Nunca vi a una persona más feliz después de eyacular; daba saltos sobre el tablado y decía estar muy contento de haberme conocido. Me dijo que teníamos que vernos al día siguiente después de las doce y yo le dije que sí, aunque no pensaba hacerlo. De todos modos, misteriosamente, al otro día aquel mulato fue trasladado. En mi paranoia, pensaba que me lo habían enviado para saber si continuaba en mis prácticas sexuales, porque en mi retractación yo había prometido no volver a tener contactos homosexuales.

Algunos domingos podíamos bañarnos en el mar; era una gran alegría poder meterme en aquellas aguas y alejarme al menos cinco o seis metros de la costa; esto, claro, se hacía sin permiso de los guardias y había que poner a vigilar a uno de los presos para que nos avisara en el caso de que viniese algún guardia. Naturalmente, cuando un preso ha llegado a la granja abierta no intenta escaparse porque sabe que si lo hace será devuelto a la prisión cerrada y está convencido de que no hay escapatoria; es un privilegio para él estar allí; algunos hasta tienen en ocasiones permiso para ver a sus familiares. A mí me iban a dar un pase y yo no lo acepté, pues no tenía ningún lugar donde pudiera quedarme; Norberto Fuentes me dijo que podía quedarme en su casa, pero yo preferí permanecer en aquel sitio hasta que me llegara la libertad.

Teóricamente, donde yo estaba no se permitían homosexuales; éstos se tenían que quedar en el Morro o eran llevados a una especie de campos de concentración, pero siempre algún homosexual se infiltraba en aquellas granjas para hombres; además de mi caso, había una loca muy evidente a la cual llamaban La Condesa (pero su nombre era Héctor), que recibía todas las noches en el patio de la granja. No sé cómo se las arreglaba para hacer té y hablaba de ballet, poesía y otros temas de carácter artístico. Allí podíamos leer libros, de modo qué siempre había algo que comentar. El caso es que, como Héctor era muy notorio por su vida homosexual, se encontró con la situación de que un día los hombres le dijeron que no podía seguir allí por maricón; eso implicaba volver al Morro. Me pidió consejo y yo le dije que hiciera una lista de todas las personas con las que se había acostado allí y los amenazara con denunciarlos por ello; así lo hizo y la lista era enorme. Cuando los hombres se enteraron de aquello, dieron marcha atrás al asunto de la expulsión: «Caballeros, dejen eso; aquí hay hombres casados y nos van a comprometer», empezaron a decir. En fin, que la amenaza de que se descubriera que aquello no era más que una cueva de bugarrones impidió que Héctor fuese expulsado por los mismos presos que se lo habían templado, y allí pudo terminar su reeducación, reeducando también a los hombres en los baños cuando los demás dormían.

A finales de 1975 ya se comentaba entre los presos políticos la posibilidad de una conversación entre funcionarios de Fidel Castro y Estados Unidos acerca del indulto de los presos políticos y su salida hacia Estados Unidos. Desde luego, aquello era un dilema enorme. Fueron a Cuba algunos senadores, y la Seguridad del Estado escogió a los presos que se entrevistarían con los senadores norteamericanos; de modo que estos señores no se llevaron una impresión muy mala de las prisiones cubanas.

Por aquellos días, vino Víctor a visitarme y me dijo que yo estaba a punto de salir, y que ellos podían tal vez conseguirme algún trabajo; yo no tenía ni idea de lo que iba a hacer con mi libertad, ni acerca de dónde iba a vivir. Mis verdaderos amigos eran muy pocos; siempre son pocos cuando uno está en desgracia. Los otros, los policías, ofrecían una ayuda dudosa.

248

Me llegó la «libertad» a principios de 1976 y me fui a vivir por dos o tres días a la casa de Norberto Fuentes. Este me leyó la obra que estaba escribiendo; un mamotreto horroroso sobre Hemingway, dedicado nada menos que al teniente Luis Pavón; uno de los hombres más siniestros del aparato inquisitorial de Fidel Castro, el cual nos había perseguido a todos los escritores y había destruido el teatro cubano; un verdadero homofóbico.

Desde luego, Norberto me daba albergue por orden de la Seguridad del Estado, mi estancia en su casa era una especie de interrogatorio sutil. Me enseñó un libro de Cabrera Infante que acababa de publicarse en Europa, *Vista del amanecer en el trópico*. Me lo dio a leer para ver lo que yo opinaba. Naturalmente le dije que era un libro «contrarrevolucionario», aunque excelente. Así, me ofreció toda una serie de literatura imposible de adquirir en Cuba, a no ser para un oficial de Fidel Castro.

Tenía que salir del apartamento de Norberto, pero no sabía dónde meterme. Lo primero que quería era rescatar el manuscrito de mi novela *Otra vez el mar,* que debía estar en el techo de la casa donde yo había vivido. Desde luego, cuando llegué a la casa me encontré con que en la puerta había un candado y no podía entrar. La segunda meta era curarme de la sífilis y la tercera era llegar hasta el mar donde había pasado los momentos felices de mi juventud. Después, quería ir a Oriente a ver a mi madre y allí, ver a un dentista y soldarme a la plancha postiza mis dos perdidos dientes.

Una noche me puse de acuerdo con los hermanos Abreu para ver si podíamos rescatar el manuscrito de mi novela que estaba en el techo de la casa de mi tía. Ellos se quedaron en la esquina, y de madrugada yo me subí al techo y levanté las tejas; no había nada. Aquello me aterrorizó; realmente, la labor policial era eficaz.

Ahora, tenía que comenzar a escribir mi novela de nuevo, pero no tenía ni máquina de escribir, ni papel, ni un lugar donde sentarme a trabajar. Antón Arrufat hizo una colecta y con ella pude sobrevivir unos días en el hotel Colina, frente a la Universidad de La Habana. Norberto Fuentes estaba al tanto de todos mis pasos.

En el hotel Colina se apareció Víctor; llevaba un sobre bajo el brazo. Me dijo que yo no había sido del todo sincero con él; yo me mostré asombrado y él como respuesta sacó del sobre la novela que yo había guardado en el techo. La única respuesta que pude darle fue que yo ni siquiera recordaba el sitio en que la había dejado y que para mí no tenía ya ningún valor y que lo que quería era que desapareciera. Tener que dejar aquel manuscrito en manos de la Seguridad del Estado me enfureció tanto que me prometí volver a escribirla como fuese.

Castro Palomino fue el médico al cual acudí para curarme la sífilis. Era un hombre de otro tiempo, que milagrosamente conservaba su consulta; me recibió detrás de un enorme buró y, después de hacerme un análisis, me dijo que no tenía que preocuparme porque no era contagioso y era fácil de curar; él mismo consiguió unas inyecciones de penicilina y me las regaló. Le pregunté cómo le podía pagar por aquello y aquel señor, que tenía más de ochenta años, me dijo: «Lo único que quiero es que le digas a Rodríguez Feo que no se olvide de traerme la revista *Playboy* que hace meses me prometió». Rodríguez Feo había sido la persona que me había puesto en contacto con él.

Yo deambulaba por La Habana con seis pomos de penicilina buscando alguna persona que me inyectara; Amando López, la Gluglú, fue uno de los que lo hizo; Oscar Rodríguez también; la madre de los Abreu lo mismo.

Amando López me llevó a dormir a su cuarto, que daba a la cocina de la casa de una señora llamada Elia del Calvo. Esta mujer había sido esposa de un comandante de la Revolución castrista, que en una de las tantas empresas guerrilleras de Fidel en el extranjero fue asesinado; le decían Pichilingo. Ella se pasaba todo el día hablando de Pichilingo y, como estaba sola en aquella casa tan grande, tenía veintisiete gatos.

Las otras habitaciones de la casa estaban casi todas vacías. Una de ellas la tenía una francesa llamada Julie Amado que era de una voracidad sexual incontrolable, aún más desmesurada que la del mismo Amando López y la mía. Elia no dormía; su enorme cama estaba ocupada por las gatas; ella se sentaba en una silla y ponía los pies en la cama, mientras todas aquellas gatas dormían junto a sus pies entre platos de pescado semipodrido.

Para pasar al cuarto de la francesa o de Amando había que pasar primero por el cuarto de Elia. Recuerdo que Amando vigilaba el momento en que Elia diera algún pestañazo para entrar a la casa con algún hombre. Yo dormía en esas oportunidades en la sala o aguardaba fuera de la casa. Una noche en que uno de los delincuentes que entraba con Amando pasó frente a la cama de Elia, éste pisó a una gata y Elia, al ver aquel hombre frente a su cama, soltó un alarido y se formó un escándalo enorme. Aquella mujer quería sacar de su casa a Amando López; yo intervine y le dije que lo que sucedía era que íbamos a hacer una lectura; ella amaba la literatura y Amando pudo entonces quedarse esa noche con su amante de turno. También la francesa tenía problemas con los hombres que llevaba a su cuarto; creo que Elia sentía envidia de ellos.

Yo era como su confesor; se pasaba el día hablándome mal de ellos y diciéndome que eran unos vagos. Elia me dio albergue, finalmente, en su casa a condición de que le buscara pescado para sus veintisiete gatas y le escribiese sus memorias; iba detrás de mí por toda la casa, contándome su vida y yo con una libreta iba anotándolo todo. No sé qué era más difícil para mí; si escribir aquella historia cursi y enloquecida de Elia o hacer aquellas interminables colas para traerle pescado a sus gatas.

Por suerte, ella tenía una máquina de escribir y, mientras le pasaba en limpio sus memorias, aprovechaba para reescribir por tercera vez mi novela *Otra vez el mar;* esto lo tenía que hacer con mucho cuidado porque Elia era una estalinista empedernida; según ella, el mismo Fidel Castro era demasiado generoso y padecía de debilidades ideológicas. Un día me dio un largo informe sobre la conducta depravada y antisocial de Amando López; pensaba presentar aquel informe a uno de sus amigos de la Seguridad del Estado. Yo logré que desistiese de aquel propósito, diciéndole que a lo mejor Amando era un alto agente de la Seguridad del Estado. A lo mejor no le estaba diciendo más que la verdad. Son tantos los informes que los agentes hacen de los mismos agentes, que me imagino que a veces tendrán que archivarlos sin seguir ningún proceso de investigación.

La situación en aquella casa era, verdaderamente, insoportable. Era una casa absolutamente enloquecida en la que uno abría una gaveta para sacar una toalla y lo que salía en su lugar era una gata dando alaridos; algunas gatas se tiraban por el balcón, quizá tratando de suicidarse, pero Elia no las dejaba morir; bajaba corriendo y armaba un alboroto enorme y la traía de nuevo a casa. Todos los gatos errantes, Elia los recogía y los metía en la casa; llegaron a ser más de cincuenta.

Lo único bueno era que podía ver el mar; verlo, porque ya no se podía entrar en él. Por orden del Gobierno sólo podían ir a las playas los trabajadores sindicados autorizados que pagaran una cuota mensual al sindicato. Por otra parte, aquellos trabajadores tampoco podían visitar la playa que deseasen, sino aquélla que perteneciera a su sindicato. Para dividirlas habían hecho enormes muros que entraban hasta el mar; la burocracia había llegado también al mar. Yo que no tenía trabajo, no podía ni acercarme a ninguna de aquellas playas y lo más que podía hacer era sentarme frente al mar en el Malecón.

Tampoco permitían bañarse frente al Malecón; al que cogieran bañándose allí era arrestado. ¿Cómo vivir en una isla sin tener acceso al mar? Siempre había pensado que lo único que nos había salvado en Cuba de la locura absoluta era la posibilidad de llegar al mar, entrar en el agua y nadar.

Para ir a la playa había que hacer una inmensa cola y tomar una guagua que nos llevara a Guanabo y allí, siempre bajo vigilancia, desvestirse bajo algún matorral y cargar con nuestras ropas, sin tener siquiera un lugar donde guarecernos. Por lo demás, era casi imposible llegar a Guanabo desde La Habana; las colas comenzaban desde la madrugada para llegar a aquella playa más allá del mediodía, y no tener allí siquiera donde tomar un vaso de agua. Luego, para regresar, había que estar nuevamente en una cola durante horas para llegar a la casa de madrugada. Más que un paseo a la playa aquello era una especie de tarea agobiante; se había perdido el sentido de disfrutar de la vida, de hacer las cosas sin que eso implicase un inmenso sacrificio. Aquel viaje no era un paseo, sino una penitencia.

En pleno verano fui a ver a mi madre a Holguín. Cuando

llegué a mi barrio parecía que nada había cambiado desde los años cincuenta y allí, frente a la puerta de la casa de mi abuelo, estaba mi madre barriendo, como siempre. Mi madre me dijo, al preguntar por mi abuela, que ésta estaba muy grave en el hospital; toda la familia estaba en la casa, sólo faltaba mi tía Orfelina que llegaría de un momento a otro; la muerte de mi abuela era inminente.

Cuando murió mi abuela, murió para mí todo un universo; con ella desaparecía toda posibilidad de contar con alguien que en medio de una simple conversación se detuviese y empezase a invocar a Dios. Desaparecía una sabiduría, una manera de mirar la vida, completamente diferente. Yo hubiese querido llorar mirando aquel rostro con el cual se iba todo un pasado de brujas, fantasmas y duendes; con el que se iba toda mi infancia, que había sido lo mejor de mi vida, pero no pude.

A los pocos días regresé para La Habana y llamé a Lezama; no había vuelto a hablar con él desde antes de entrar a la cárcel. Me saludó alegre y me dijo que fuera a verle; esa misma noche lo visité. No me preguntó por mi tiempo en la prisión, sino que me habló de literatura desde el principio. Le impresionó mucho que mi abuela hubiese muerto, pero me dijo que las abuelas nunca mueren, precisamente porque han tenido nietos; que mientras yo escribiera ella estaría a mi lado.

Aquella noche llegó también Virgilio Piñera y nos leyó un poema llamado «La fotografía», dedicado a Olga Andreu. Lezama se animó y leyó también algunos poemas de su libro en preparación, mientras María Luisa preparaba el té. Virgilio me dijo que estaba haciendo unas traducciones de unos poetas africanos, pero que a veces ni su nombre podía aparecer en ellas; sin embargo, le habían dicho que había cierta esperanza de que le permitieran salir del país.

Lezama había obtenido una invitación de la UNESCO para viajar fuera de Cuba, sin embargo a última hora la rechazó. Tenía miedo al frío, al extranjero; se sentía cansado. Aunque el gobierno además no le había dado el permiso, María Luisa quería que, de todos modos, dieran el viaje; ella tenía secretas aspiraciones de quedarse fuera de Cuba, pues tenía a casi toda su familia en Estados Unidos y *Paradiso* ya era una obra reconocida internacionalmente; quizás hasta podrían vivir de una manera holgada. Lezama terminó aquella conversación diciendo: «Irse a París y quedarse es deprimente, pero regresar es imposible». María Luisa se retiró disgustada a su habitación y nosotros tres empezamos a chismear sobre temas locales y acerca de la mezquindad de algunos de los escritores de la UNEAC. Lezama dijo que le había prohibido la entrada en su casa a Miguel Barniz y a Pablo Armando Fernández, que no eran sino policías. Y en cuanto a Heberto Padilla, Lezama se limitaba a decir enfurecido: «Ese canalla, ese canalla». Después de la confesión de Padilla, Lezama y María Luisa hicieron una depuración de sus amistades. En cuanto a Eliseo Diego, Cintio Vitier y Fina, Lezama decía que eran unos miserables y contaba cómo Cintio y Fina fueron a Puerto Rico a dar una conferencia donde dijeron maravillas de Castro y luego recorrieron el país comprando zapatos para después revenderlos en bolsa negra en La Habana. A medianoche nos despedimos y Lezama me dijo: «Recuerda que la única salvación que tenemos es por la palabra; escribe». Y me dijo con entusiasmo que estaba esperando que le llegaran pronto sus obras completas, publicadas por la casa Aguilar. No llegó, sin embargo, a conocer esas obras. Mientras alimentaba las gatas de Elia se me acercó un día Amando López y me dijo: «¡Cómo se nos fue Joseíto!». Y yo le pregunté: «¿Qué Joseíto?». Y me dijo: «¿No te has enterado? Ayer se murió Lezama Lima». Entonces me mostró una pequeña nota que, entre varias noticias insignificantes anunciaba en términos muy breves esta noticia: «Efectuado el sepelio de José Lezama Lima».

No anunciaron su muerte sino su sepelio. Lo hicieron para evitar que sus tantos admiradores se reunieran en la funeraria.

Esa noche fui a la casa de Julio Gómez, donde se reunían bellos adolescentes. Este hombre era un personaje un poco deforme; era una especie de tortuga erguida sobre sus patas traseras. Amando López se las arreglaba para llevarle toda clase de jóvenes, casi siempre delincuentes, que terminaban robándole cualquier cosa. A este hombre, homosexual ostensible, nunca lo depuraron a pesar de toda la depuración que se efectuó en el teatro; al parecer trabajaba para la Seguridad del Estado. La noche en que enterraron a Lezama yo fui a visitarlo y me lo encontré en una casa llena de adolescentes en trusa, todos prestos a acostarse con cualquiera de nosotros. Yo me fui para el portal de la casa y en un momento determinado empecé a gritar. Amando y Julio se me acercaron sin saber lo que me pasaba, mientras yo gritaba: «¡Hoy enterraron a Lezama Lima, hoy enterraron a Lezama Lima!».

La muerte de Lezama y la de mi abuela en el mismo año me sumieron en el mayor desamparo que puede padecer un ser humano. A partir de entonces, la realidad se hacía cada vez más evidente. Cómo explicarle a Amando, Julio y aquellos muchachos que saltaban a mi alrededor casi desnudos que después de aquellas muertes yo no volvería a ser jamás la misma persona.

Elia del Calvo insistía en que yo podía demandar a mi tía por cuanto había vivido en aquella casa durante más de quince años y por la ley tenía derecho a mi cuarto; era una mujer que aún creía en las leyes y me hizo ir a un juez para levantar una causa contra mi tía Orfelina para que me devolviera el cuarto.

Mi tía se alarmó con todo aquel alboroto. Después de todo, era cierto que yo tenía derecho a vivir en aquel cuarto. Yo tenía derecho pero mi tío ocupaba un cargo político bastante alto y el juicio quedó inconcluso y se suspendió en varias ocasiones. Mi tía temía que yo volviera a ocupar aquel cuarto porque ella, a pesar de sus sesenta años, lo utilizaba para meter allí al bodeguero o al hombre que le limpiaba el jardín y tener relaciones sexuales con ellos.

Por desgracia para ella, a pesar de todas las amistades de la Seguridad del Estado a las que llevó al juicio, la presidenta del CDR, que sabía de sus actividades eróticas y de todos sus negocios sucios y de los robos de sus hijos en el barrio, declaró a mi favor. No lo hizo porque me apreciase a mí, sino porque quería perjudicar a mi tía. El juez declaró, una vez más, que el juicio quedaba inconcluso, pero esta vez dijo que debía seguir en otra instancia, fuera de aquella zona. Mi tía se veía en serio peligro de perder el cuarto.

A esas alturas, me encontraba yo un día comprando pescado para las gatas de Elia, cuando se abrió la puerta de una guagua y de ella salió Hiram Pratt, quien me saludó de una manera efusiva. Yo estuve a punto de insultarlo, pero en ese momento lo que salió de mi boca fueron los dos dientes postizos, y cayeron sobre el rostro de Hiram Pratt, que comenzó a reírse a carcajadas. Yo no pude aguantar la risa tampoco y nos abrazamos; sabía que abrazaba a un policía, a un delator, pero también a un poeta excelente con el que había pasado maravillosos ratos en mi vida.

Nos citamos para vernos al día siguiente en el Parque Lenín, lugar donde habíamos tenido tantas aventuras eróticas. Allí, recorrimos todo el parque haciendo colas para comprar quesitos de crema y chocolates. Después fuimos a la represa, ahora llena de agua, en la cual yo había estado prófugo. Cuando estábamos en el puente de la represa, empecé de nuevo a gritar diciéndole a Hiram que no podía concebir que se hubiera muerto Lezama; Hiram cogió unas ramas de flor de mariposas y comenzó a azotarme con ellas; me quité toda la ropa y frente a la represa seguí gritando mientras Hiram me azotaba y aquello se llenaba de gente. Finalmente, en medio de un gran alarido me tiré a la represa; nadé hasta el fondo y salí por la orilla. Aquel acto de exorcismo me volvió a la realidad.

Hiram me trajo la ropa y allí mismo, en menos de cinco minutos, nos habíamos puesto de acuerdo con toda una pandilla de adolescentes para templar en unos matorrales cerca de allí. Nos pasamos a todo aquel pequeño ejército y cuando terminaron de singarnos se nos reviraron y comenzaron a apedrearnos. Nosotros corrimos desesperados por aquellos matorrales; nos trepamos por un alambrado de más de tres metros y los muchachos hicieron lo mismo y nos persiguieron por todo el parque. Cada uno de nosotros tomó un rumbo distinto y yo llegué a mi casa de madrugada con las manos destrozadas por las heridas de la cerca de púas por la que tuve que saltar.

Al día siguiente, Hiram se apareció destruido a la casa de Elia y se lo presenté en esas condiciones; le dijimos que habíamos sido asaltados por unos delincuentes. Elia lo hizo pasar y Amando López le curó las heridas. Mientras lo vendábamos, él me dijo que esa noche quería presentarme a un delincuente enloquecido que admiraba mucho mis libros y que quizá podía resolver con él el problema de la vivienda.

Esa noche en la cafetería de Radiocentro estaba aquel personaje flaco, de ojos saltones y de rostro evidentemente mafioso; se llamaba Rubén Díaz y me dijo que había leído todos los libros que yo había publicado fuera de Cuba; que su madre y su padre vivían en el extranjero. Este personaje tenía dos cuartos en el antiguo hotel Monserrate; me dijo que estaba vendiendo uno y que incluso podía mudarme para allí hasta que consiguiese el dinero.

Esa misma noche fuimos a ver aquellas habitaciones; no había ningún tipo de mueble allí, excepto una cama colombina, que cuando uno se sentaba iba a dar al suelo; las cucarachas reinaban en aquel lugar y había un enorme basurero en una de las esquinas. Rubén, para demostrarme que él era el dueño de aquellos cuartos, revolvió aquel enorme mar de papeles buscando la libreta de abastecimiento y, por fin, la encontró. Para mudarme allí, lo único que tenía que hacer era anotarme en aquella libreta de abastecimiento y ya formaba parte del núcleo familiar. Había allí varios vasos llenos de orines; el baño no existía porque Rubén había vendido la taza del inodoro y sólo quedaba un hueco. Era un hombre que, una vez que su familia se había marchado para el extranjero, había ido cayendo en una suerte de depauperación progresiva. Era un marihuanero empedernido y tenía una enorme debilidad por la literatura; me mostró un largo poema. No se alumbraba con luz eléctrica sino con una vela, porque no tenía dinero para pagar la electricidad y se la habían cortado hacía más de un año, aunque su consumo mensual no era más de uno o dos pesos. A mí aquel lugar me pareció tétrico, pero pensé que, de vivir con Elia y sus gatos, era preferible habitar uno de aquellos cuartos; esa mima noche me quedé a dormir en el piso e Hiram, que vivía también un poco ambulante, se quedó allí conmigo; esa noche Hiram me confesó que sus últimas aventuras eróticas, las más plenas, las tenía ahora con su abuelo; un viejo de unos ochenta años que vivía también en La Habana, junto a una tía; la casa era muy pequeña e Hiram dormía con su abuelo. Una noche, mientras dormía, sintió a su abuelo masturbándose a su lado; Hiram se lanzó al falo del abuelo y comenzó a mamárselo, hasta que, finalmente, su abuelo lo poseyó. Desde entonces, su abuelo lo poseía todas las noches y, según Hiram, él solamente sentía ya un pleno orgasmo cuando era templado por su abuelo. Le dije que su amor sería bastante efímero, porque su abuelo ya no tendría muchos años de vida. Y así mismo fue; la desenfrenada vida erótica que Hiram desató en aquel anciano lo mató ese mismo año. Esta vez fui yo quien, mientras Hiram daba enormes alaridos en el Parque Lenín, lo azotaba con los largos tallos de las flores de mariposa.

Hiram decidió que Elia tenía que conocer pronto a Rubén. Me dijo: «Esa vieja tiene dinero; puede vender cualquier tareco de su casa y conseguirte los mil pesos que Rubén quiere por el cuarto». Así, se lo presentamos como un muchacho serio que quería ayudarme, pero que necesitaba los mil pesos para poder salir de sus apuros económicos. En realidad, aquel hombre era un delincuente redomado que ya en varias ocasiones había vendido el cuarto; cobraba y después expulsaba a la persona del cuarto y se lo vendía a otra. Esto era muy fácil porque como en Cuba la venta de casas no está permitida legalmente, hay que confiar en la buena fe de la persona que vende, pues la persona que compra jamás aparece en la propiedad del apartamento. Ramón había hecho eso varias veces; la última vez que lo hizo fue a otro delincuente, al cual echó con la policía después de cobrarle los mil pesos; pero ahora el delincuente rondaba la casa y le pedía su dinero, amenazándolo con darle un tiro en cualquier momento.

Rubén estaba muy asustado y quería conseguir aquel dinero. Con la mejor ropa que tenía se presentó ante Elia del Calvo; la entrevista no duró mucho. Elia estaba tomándose un trago de ron y Rubén le dijo: «Señora, me podría usted vender una línea de ron». Y Elia le respondió: «Yo no soy ninguna bodeguera para estar vendiendo bebida». Rubén le pidió entonces por favor que le diera un trago y Elia se paró para ir a la cocina a buscar un vaso; Rubén aprovechó ese momento para empinarse la botella y, cuando Elia regresó, ya estaba completamente borracho. Hiram también se había empinado la botella. Elia se puso roja de furia, nos llamó ladrones y nos dijo que nos retiráramos de su casa inmediatamente.

Cuando yo llevaba ya tres días en el cuarto, alguien tocó a la puerta y era Elia del Calvo con dos bastones; me saludó como si nada hubiera pasado y me dijo: «Tengo un plan para que consigas este cuarto. Vé a la casa de tu tía y dile que renuncias al cuarto, que ya tienes ganado, si te da mil pesos; pero eso sí, me terminas mis memorias». Creo que ella misma mandó algunos emisarios a ver a mi tía; ella tenía también muchas relaciones con gente del Partido Comunista y enviaba a viejas vestidas de negro y con bastón, que inspiraban un gran respeto; mandaba a otros a hacer llamadas con voz engolada como si fuera mi abogado el que estuviera al teléfono, y muchas otras cosas por el estilo. Por otra parte, mi tío tenía en aquel momento otro juicio y mi tía tenía problemas con la presidenta del CDR; es decir, que ellos en aquel momento estaban en desgracia. Por todo esto, cuando yo me presenté en la casa de mi tía y le hice mi proposición, mi tía me abrazó llorando y me dijo que ella siempre me había querido mucho y quería lo mejor para mí, y que como yo había tenido tantos problemas en aquel cuarto era mejor que no volviera a él. En realidad, todos los problemas que había tenido en ese cuarto los había tenido por culpa suya, aunque no se lo dije en aquel momento. Mi tía me dijo que iba a hacer todo lo posible por conseguir el dinero en un plazo de quince días.

Mientras tanto, yo seguía en la casa de Elia del Calvo; mi situación era difícil pues no obtenía trabajo. El siniestro Víctor había conseguido el teléfono de Elia del Calvo y a cada rato me llamaba y me prometía un trabajo a cambio de que yo comenzara a hacer una literatura revolucionaria y socialista; una vez me llevaron a una casa en el Vedado donde se reunían muchos agentes de la Seguridad del Estado con el plan de que yo empezara a escribir novelas, cuentos y artículos elogiando a la Revolución y a Fidel Castro; y no sólo eso, sino que renunciara también a mi vida homosexual. La mujer que había allí, que era una de las jefas de la Seguridad, me dijo: «Chico, las mujeres son mucho más atractivas que los hombres». Sentí que ése era el parecer personal de ella.

Yo prometí regenerarme completamente y escribir la gran novela épica de la revolución castrista. Mientras tanto, seguía en la casa de Elia reescribiendo *Otra vez el mar*. Amando López me dijo que yo tenía derecho a reclamar mi trabajo en la UNEAC y escribió una carta diciendo que en un día y hora determinados yo me aparecería allí a firmar el libro de entradas. Mandé la carta y ese día me presenté en la UNEAC; para entrar me fue difícil, pero al fin logré hablar con Bienvenido Suárez. Todos me miraban como se mira a un personaje de otro planeta, como a un apestado. Miguel Barniz me vio y me dio la espalda aterrorizado, Nicolás Guillén cerró sus puertas. Bienvenido Suárez me recibió con su sonrisa hipócrita y me dijo que él sentía mucho no poder devolverme mi trabajo allí, pues el que había estado preso más de un año no podía regresar a su trabajo; que incluso, de acuerdo con la nueva legislación socialista, el que estuviera fuera de su trabajo por un período mayor de seis meses y un día no podía regresar a él.

Debía seguir buscándole pescado a los gatos; ese mismo pescado era lo que muchas veces comía yo.

Como era tan difícil dormir en la casa de Elia, yo me quedaba a dormir a veces en la casa de Ismael Lorenzo, que era un cubano que nunca había publicado nada en Cuba, pero que en cambio se dedicaba a escribir novelas con una disciplina minuciosa. Era una enorme casa en La Habana Vieja; en el último cuarto yo podía dormir a veces y encontrar un poco de tranquilidad. Era un amigo con el que podía hablar abiertamente acerca de nuestro terror y planificar una vez más la forma de abandonar el país. Ya su mujer se había ido del país, pero él no había podido aún salir de Cuba. Quería irse clandestinamente; había una familia de apellido Hidalgo que pensaba conseguir un bote y yo, desde luego, podía darme por incluido en esa fuga. Durante años Ismael soñó con aquel bote imaginario que nunca llegó.

La actitud de Ismael fue completamente contraria a la de casi todos los escritores de la UNEAC y la de mis amigos anteriores. La gente de la UNEAC fue especialmente miserable; todos me negaron el saludo. De pronto, yo me convertí en una persona invisible. Antonio Benítez Rojo, que era oficial de la Casa de las Américas, dejó de saludarme; no me veía cuando yo pasaba; así sucedió con casi todos. Y otros, tal vez por simple cobardía, se olvidaron de mi presencia, aunque habíamos compartido una larga amistad, como fue el caso de Reinaldo Gómez Ramos. Reinaldo se acercó a mí para decirme que había unos manuscritos míos que estaban en su casa y que él no los podía guardar más; que tenía que destruirlos o entregármelos. Yo le di cita en la esquina de su casa para recoger los manuscritos, aunque ya no confiaba en nadie y pensaba que podía ser un informante de la Seguridad del Estado. Reinaldo se me acercó absolutamente aterrorizado y me los entregó; yo los tomé y los tiré por el tragante del desagüe del alcantarillado. Era lo mejor que podía hacer en un caso como aquél, porque en caso de que fuera un informante, ya no podía delatarme pues no existía ninguna prueba. Pero aun cuando no hubiese sido informante, como persona dada al chisme, le hubiese podido comunicar a sus amigos, al mismo

Coco Salá, que me había devuelto aquellos manuscritos; esto hubiera sido terrible para mí. Era lamentable la actitud de muchos de aquellos amigos en los que yo había depositado mi confianza y ahora, en un momento en el que no tenía ni donde vivir, no podían siquiera guardarme aquellos manuscritos.

Hastiado de toda aquella gente que no sabían ser amigos, en los momentos en que había que serlo realmente, redacté un modelo de carta un poco irónico que se llamaba Orden de Rompimiento de Amistad. El modelo decía así:

Señor:
De acuerdo con el balance de liquidación de amistades que cada fin de año realizo, basado en rigurosas constataciones, paso a comunicarle que usted ha pasado a engrosar la lista del mismo.
Atentamente,

Reinaldo Arenas

Hice innumerables copias mecanografiadas de esta especie de modelo y se las mandé a toda la gente que pensé habían tenido conmigo una actitud deshonesta. A la primera persona que se lo mandé fue a Nicolás Guillén; luego, lógicamente, a Reinaldo Gómez, a Miguel Barniz, a Otto Fernández, a Roberto Fernández Retamar.

Hiram Pratt, siempre con su típico diabolismo, hizo más de cien copias y se las envió, imitando mi firma, a casi todos mis amigos verdaderos. Esto creó una enorme confusión, por cuanto gente como Ismael Lorenzo, Amando López y la propia Elia del Calvo recibieron esa comunicación. No tardé en enterarme de que había sido Hiram Pratt y entonces le redacté a él una orden de rompimiento de amistad; por mucho tiempo dejamos de hablarnos y él aprovechó para seguir enviando estas órdenes a todas aquellas personas que me habían hecho algún favor. Yo, en venganza, le hice unos trabalenguas burlescos; ésa era otra de mis armas contra aquellos que me hacían mal.

Todos estos trabalenguas, durante el año 1977, se hicieron famosos en toda La Habana; incluían a más de treinta personas conocidas en el mundo de la farándula habanera y en el mundo literario.

Una de las cosas más lamentables de las tiranías es que todo lo toman en serio y hacen desaparecer el sentido del humor. Históricamente Cuba había escapado siempre de la realidad gracias a la sátira y la burla. Sin embargo, con Fidel Castro, el sentido del humor fue desapareciendo hasta quedar prohibido; con eso el pueblo cubano perdió una de sus pocas posibilidades de supervivencia; al quitarle la risa le quitaron al pueblo el más profundo sentido de las cosas. Sí, las dictaduras son púdicas, engoladas y, absolutamente, aburridas.

Hotel Monserrate

Mi tía, por fin, consiguió los mil pesos y pude mudarme para el cuarto de Rubén. Hicimos una especie de contrato clandestino en el cual se estipulaba ante mi tía y sus dos hijos delincuentes como testigos, que él, Rubén, me vendía aquel cuarto en forma definitiva y, por el mismo, aceptaba la suma de mil pesos. Aquel documento, sin embargo, no se podía mostrar a las autoridades cubanas, a no ser en un caso muy extremo, puesto que la venta de una casa en Cuba es un acto ilegal. Pero era una forma de tener a Rubén comprometido, pues si intentaba quitarme el cuarto, yo podía mostrar aquel documento, aunque ambos fuéramos a la cárcel.

Aquel lugar, el hotel Monserrate, antes había sido bastante bueno, pero ahora no era otra cosa que un edificio de quinta categoría y completamente habitado por prostitutas. Las prostitutas utilizaban el hotel para realizar sus negocios, pero cuando llegó la Revolución de Castro adquirieron la propiedad del cuarto donde vivían, me imagino que lo harían a través de sus relaciones con los nuevos oficiales del Ejército Rebelde. Desde luego, eso fue a principios de la Revolución; cuando yo me mudé para aquel sitio, sólo quedaban algunas de aquellas mujeres retiradas o semirretiradas; a otras, la vejez las había rehabilitado y ahora ocupaban algunas de aquellas habitaciones con dos o tres hijos.

Aquello era una verdadera fauna que vivía allí al margen de la ley; si la policía venía, lo único que tenía que hacer era poner una reja en la puerta de entrada del edificio, que era la única que había, y todo el mundo quedaría preso.

En el primer piso vivía Bebita con su amiga; eran dos mujeres que tocaban el tambor y que diariamente se enredaban a golpes por problemas de celos. Bebita tenía otras amigas y solía llevarlas al cuarto mientras la amiga dormía, y cuando ésta se despertaba se armaba un estruendo que estremecía a todo el edificio; rodaban los platos y los vasos en medio de aquellos escándalos.

Al lado de Bebita vivían Blanca Nieves y los siete enanitos; era una familia de hermanos donde, ella y siete enanos, vivían de la bolsa negra y del juego.

Frente a Blanca Nieves y los siete enanitos vivía Mahoma, que era una loca de unos sesenta años que pesaba unas trescientas libras; adornaba su cuarto con flores de papel llenas de esperma, con papel brillante y portadas de revistas extranjeras; su cuarto era una extraña combinación de puertas falsas y simuladas tras papeles que cubrían las paredes, en las que guardaba el dinero y las botellas de bebidas alcohólicas. Mahoma se pasaba la vida haciendo enormes ramos de flores de una terrible cursilería que vendía en el edificio y por toda La Habana; hacía dinero vendiendo aquellas flores horrorosas pero con cierto encanto versallesco. Aquellos descomunales ramos de flores tenían un brillo y un resplandor imposibles en Cuba, donde no existían ni los más elementales materiales para hacer flores artificiales. Aquel hombre tenía siempre la casa llena de bugarrones delincuentes que acababan golpeándolo y robándole el dinero para luego escapar por el balcón mientras Mahoma gritaba. Vivía con su madre; una anciana de unos noventa años, que se desahogaba conmigo y con Bebita y su amiga, diciéndonos que ninguno de los hombres que su hijo traía a la casa servía para nada y no eran gente seria.

Un día, uno de aquellos hombres, que era amante de Mahoma y que además vivía en aquel mismo edificio con su mujer y su hijo, irrumpió en el cuarto de la loca con un palo y empezó a golpearlo por la cabeza; el cuarto se llenó de sangre y todos acudieron allí para tratar de salvarlo. Aquel hombre se dio a la fuga y Mahoma tuvo que ingresar en un hospital, pero a la semana ya estaba recuperado. Su madre, que había recibido un golpe en aquella batalla, murió unas semanas después.

Otras guerras que se sucedían, constantemente, eran las que tenían lugar en el segundo piso, que era donde yo vivía; por ejemplo, en la casa de Teresa. Teresa tenía un marido que, al parecer, compartía con su hermana; aquellas dos hermanas se entraban a golpes por todo el edificio de una manera asombrosa.

El agua se recogía en unos tanques viejos, que yo limpié;

había que estar al tanto para llenarlos porque el agua venía cada dos días. Rubén se moría, literalmente, de hambre; desde luego, tampoco tenía energías para trabajar ni quería hacerlo. Era bisexual y cuando me mudé para aquel sitio tuve que hacer grandes esfuerzos por quitármelo de encima, porque de vez en cuando se me metía en la cama. Finalmente, tuve que clausurar con ladrillos la puerta que comunicaba mi cuarto con el de Rubén. Aquel trabajo me lo hizo un albañil llamado Ludgardo que, por cierto, tenía una imaginación insólita; en su casa en Guanabacoa había creado algo así como unos canales aéreos por encima de los tejados de las casas, hechos de zinc, que permitían que cuando lloviese, el agua se acumulara en unos tanques que él tenía en su casa y, de ese modo, no le faltaba nunca el agua. Con latones a los que le abría huecos, había fabricado estrellas giratorias, aviones y otros aparatos, con los cuales completó un parque de diversiones para sus hijos. De cualquier pedazo de madera hacía un par de zapatos zuecos; toda su familia se pasaba el día chancleteando con aquellos enormes artefactos.

Rubén era un caso perdido; el sueño de su vida era comprarse un jean y ahora que yo le había pagado los mil pesos, le mostraron uno nuevo y quien se lo mostró le dijo que si llevaba doscientos pesos le daría otro igual a aquél y, lógicamente, fue y le llevó ese dinero. Allí le dieron rápidamente un paquete; él entregó el dinero y cuando llegó a mi cuarto y abrió el paquete, lo que había allí eran periódicos viejos; lo habían estafado. Yo trataba de controlarlo para que no gastara aquel dinero que le debía al otro delincuente, pero él no me hacía caso; era muy generoso con sus amigos y siempre los estaba invitando a comer; a mí mismo incluso me invitó una vez a comer en el restaurante Moscú, uno de los más sofisticados lugares para comer en La Habana por aquella época.

Víctor, lógicamente, supo enseguida mi dirección y fue a visitarme; me preguntó por mis nuevas amistades y una vez más me prometió trabajo. Para evitarle a mis verdaderos amigos cualquier complicación, puse en la puerta de mi cuarto un cartel que decía: SE AGRADECEN LAS VISITAS PERO NO SE RECIBEN. También junto a la pared puse con tinta roja la palabra: NO. Aquel «no» era mi protesta a cualquier policía disfrazado de amigo que quisiera visitarme.

A veces, a las tres de la mañana, Rubén escribía un poema y me tocaba a la puerta de mi casa para leérmelo; a mí no me quedaba más remedio que escucharlo.

En el tercer piso de aquel edificio vivía Coco Salá. La dueña de aquel cuarto era una prostituta francesa que siempre tenía unos escándalos enormes porque los hombres que llevaba allí no querían pagarle o porque ella quería robarles las carteras. Aquella mujer un día decidió largarse para Francia, harta de tanta miseria, y Coco se quedó con el cuarto.

Coco y yo no nos hablábamos, pero ambos estábamos al tanto de nuestras vidas y, en general, tratábamos de hacérnosla más imposible.

Una vez, Coco y un grupo de sus amigos, entre los que estaba Hiram Pratt, reunieron dinero para pagarle a un muchacho que cobraba como veinte pesos por templárselos a todos. En el momento en que el muchacho entraba en el edificio yo estaba en el ascensor; aquellas locas estaban todas reunidas en el balcón de Coco Salá esperando por él, pero yo, como el muchacho no sabía manejar el ascensor, le empecé a enseñar cómo se hacía y, para ello, subimos y bajamos varias veces del primer piso al quinto. Coco Salá y su camarilla veían subir y bajar el ascensor, que era como una especie de jaula colgante, sin que nos detuviéramos para nada en el piso donde ellos esperaban muy excitados. Finalmente, nos detuvimos en el piso donde yo vivía; el muchacho traía una piña y yo le propuse que nos la fuésemos a comer a mi cuarto; nos comimos la piña y después hicimos el amor.

Coco, enloquecido, iba de un piso al otro llamando al muchacho, mientras nosotros en mi cuarto, desnudos, nos moríamos de la risa; Coco jamás me lo perdonó. A partir de entonces, frente a mi cuarto comenzaron a aparecer toda clase de brujerías: patas de gallo, cabezas de palomas y otras cosas más.

Yo, por otra parte, había terminado de nuevo *Otra vez el mar* y la tenía guardada en las gavetas de la casa de Elia, lo cual era un gran peligro porque ella era una mujer muy revolucionaria; pero más peligroso era traerla para mi cuarto, pues en cualquier momento me hacían un registro, Coco me hacía una denuncia, o sino, algunas de las prostitutas rehabilitadas que vivían en mi edificio y que se habían hecho militantes del Partido Comunista.

En aquel momento se había desarrollado la fiebre de la barbacoa, es decir, de construir un piso de madera dentro de los cuartos, al cual se subía por una escalerita. Esto se hacía para tener un poco más de espacio para vivir en aquellas habitaciones; en las barbacoas muchas veces no se podía caminar de pie sino a gatas. Las barbacoas estaban prohibidas por el Gobierno y había que hacerlas de forma oculta; pero hasta Blanca Nieves y los siete enanitos tuvieron la suya.

Yo no quise quedarme atrás y conseguí en bolsa negra la madera para hacerla. Precisamente, un día en que iba cargando un tablón inmenso, Alejo Carpentier estaba dando una conferencia en la calle subido a una tribuna. Interrumpí su conferencia atravesándome con mi enorme tablón en el hombro entre el público y el escritor; me detuve allí y le comenté a alguien del público cómo aquel hombre ya no hablaba español, sino que producía un sonido gutural con un acento francés tan marcado que parecía una rana; la persona se echó a reír y yo también, y el extremo de mi viga golpeó la mesa donde Alejo daba su conferencia.

Cuando estuve en Oriente a ver a mi madre, conocí a un bello recluta de Palma Soriano con el cual tuve cierto flete pero, como yo entonces no tenía ninguna dirección que darle, nos citamos para tres meses después en la Terminal de Omnibus de La Habana. El día fijado fui al lugar acordado sin la menor esperanza de que aquel recluta estuviese allí; sin embargo estaba. Se llamaba Antonio Téllez, pero prefería que uno le dijera Tony. Fuimos a mi cuarto e insólitamente aquel muchacho nunca había tenido ninguna relación homosexual; cuando yo lo empecé a tocar, se reía; se veía que era un novato, le costaba trabajo excitarse y estaba nervioso. Finalmente, terminamos siendo buenos amigos.

Tony y Ludgardo fueron los que me hicieron la barbacoa; era un trabajo bastante duro. Había que abrir con mandarrias y pedazos de hierro unos enormes huecos en las paredes y era necesario hacerlo en silencio para que no nos escuchara la presidenta del CDR, por lo que había que envolver aquellos martillos en unos trapos para que no hicieran ruido. Era una verdadera odisea buscar y luego entrar las tablas en el edificio; lo hacíamos de noche. Bebita, su amiga, Mahoma y yo buscábamos por los basureros de La Habana Vieja pedazos de madera y tablas viejas.

Luego vino Nicolás Abreu con una enorme cantidad de pequeñas tablitas que se había llevado de diferentes basureros cerca de su casa en Arroyo Apolo; con ellas revestimos la barbacoa. Entre las vigas y aquel revestimiento quedó un enorme hueco donde pude meter mis manuscritos de *Otra vez el mar* y el documento firmado por Rubén Díaz, donde decía que aquel cuarto me lo había vendido por mil pesos.

Cerca de mi edificio estaba la parada de la guagua llamada «Parada del Exito» o «La Ultima Esperanza». Allí se reunían, frente a la Manzana de Gómez, todas las locas a fletear; tanta gente llegaba por allí que era difícil no ligar a alguien. Allí me encontré nuevamente con Hiram Pratt, quien en aquel momento era enemigo declarado de Coco Salá; nos volvimos a saludar, me preguntó dónde vivía y yo le dije que con Coco Salá. El se quedó estupefacto porque sabía que Coco era un policía y que a causa de él yo había ido a parar a la cárcel; no podía creer que viviéramos juntos. A partir de aquel día, Hiram empezó a regar por toda La Habana que yo vivía con Coco Salá y una noche fue con varios delincuentes amigos de él hasta la casa de Coco y golpearon la puerta gritándome enormes insultos; Coco sacó la cabeza y trató de golpear a Hiram con un palo de escoba, pero los delincuentes con los que Hiram iba acompañado le dieron a Coco una enorme paliza.

Durante meses, Coco vivió en un absoluto furor porque mi correspondencia y muchos visitantes, que eran para mí, tocaban a su puerta.

En el mismo piso de Coco vivía Marta Carriles con su familia y una esclava, La Gallega. Yo conocí a La Gallega en el momento en que intentaba darse a la fuga con uno de sus amantes; vi bajar una enorme maleta atada a una soga por delante de mi ventana; después sentí un enorme estruendo en el tercer piso y era Marta persiguiendo a La Gallega para que ésta no se fugase.

El esposo de Marta Carriles era camionero y traía viandas que Marta luego vendía por el barrio. Por otra parte, Marta era santera y había mucha gente que venía a consultarse a su casa. Tenía dos hijos bellísimos, uno de los cuales había tenido relaciones sexuales con Rubén; era un adolescente de unos quince años. El otro era también un hombre hermoso al que siempre veía en el ascensor acompañado de una mujer. Yo, que ni siquiera tenía dientes, no me hacía muchas ilusiones. Por otra parte, ponerme los dientes era casi imposible pues había que tener un certificado médico, un carné de trabajador, alguna autorización de un policlínico; ninguna de esas cosas yo las poseía y tal vez nunca las iba a poseer.

Sin embargo, recuperé mi sonrisa gracias a Alderete, que era un hombre de unos sesenta años, que trabajaba como travestí a veces en Tropicana, a veces en algún otro cabaret de menor rango. Había sido muy famoso por los años cuarenta y tenía una inmensa cantidad de pelucas de todos los colores; representaba a casi todas las artistas famosas de Cuba y su papel estelar era cuando representaba a Rosita Fornés, porque tenía más voz que la misma artista. Se cuenta que una vez Alderete metió a un delincuente en su casa que trató de robarle amenazándolo con un cuchillo, y la loca le dijo que se esperara un momento, que iba a buscarle el dinero y se metió en un closet; de allí salió disfrazado como si fuera una bellísima mujer y el delincuente quedó fascinado con aquella mujer que le mamó el sexo y le sacó la cartera que tenía tras la espalda; el muchacho no se dio cuenta de que aquella hermosa mujer era la loca vieja a la que él quería estafar. Más adelante, aquel delincuente se enamoró del personaje que representaba Alderete, quien se ponía los mejores atavíos para esperarlo.

Un día, aquel hombre comprendió que detrás de todos aquellos trapos y aquel maquillaje no había más que un maricón horrible; quizá lo sabía desde antes, pero lo cierto es que ese día decidió enfurecerse y robarle en venganza todo lo que tenía la loca; incluyendo su enorme colección de pelucas.

Yo lo conocí en medio de esa crisis depresiva que le produjo «el gran robo», como él llamaba aquel episodio. Completamente calvo y envuelto en una sábana, era realmente un ser tan horrible como el mismo Coco Salá. Pero al poco tiempo había vuelto a conseguir todas sus pelucas y sus trapos e imitaba de nuevo a Rosita Fornés.

Fue gracias a él que pude ponerme los dientes; conocía a un dentista que lo admiraba y que no me cobró ni un centavo por adherirme a la prótesis aquellos dos dientes que tanto necesitaba. Ya los dientes no se me caerían al piso cuando abriera la boca.

Aquello quizá fue lo que me animó a hacer ejercicios y comencé a dar brincos en la barbacoa que, como no estaba hecha con mucha seguridad, se vino al suelo y yo con ella. Me pasé como una semana sacando clavos con un martillo para deshacer la barbacoa hasta que consiguiera y colocara nuevas vigas. En esa faena estaba cuando me tocaron a la puerta dos franceses; un joven y una muchacha que venían de parte de Margarita y Jorge Camacho. Estaban como turistas en Jibacoa y permanecerían en La Habana durante una semana; desde luego, con ellos salió mi tercera versión de *Otra vez el mar*.

Aquellos franceses quedaron muy sorprendidos de la forma en que me conocieron, pues yo estaba en aquel momento con un short hecho de un pantalón que había cortado con un cuchillo, sin camisa y sacándole clavos a una serie de palos; no pensaban que un escritor viviera en esas condiciones, mucho menos después de leer mis libros en Francia. Me invitaron a comer en un restaurante y quisieron que yo fuera a Jibacoa, pero las autoridades no me permitieron entrar a la playa.

Los turistas se marcharon y yo pasé una semana aterrorizado, esperando la visita de la Seguridad del Estado. No sabía si habían podido sacar los manuscritos o si habían ido a parar a manos de Víctor. Por fortuna, pudieron sacarlos.

Estaba rodeado de tablas y tarecos, cuando sentí a Hiram Pratt por el pasillo, quien ya había descubierto que yo no vivía junto a Coco Salá; yo saqué la cabeza y le dije que esperara fuera. Rápidamente redacté una especie de documento burocrático, que era como una suerte de indulto donde le decía que la pena por la cual yo le había retirado mi amistad por un plazo de dos años se reducía sólo a seis meses, y que volviera a verme en ese plazo y yo le pondría las condiciones de nuestra futura amistad. Le entregué aquel documento y se marchó.

Un día Rubén me puso una cuota de cincuenta centavos cada vez que yo utilizara su baño; era un chantaje pero era su baño. Mi situación era cada vez más difícil y ya no tenía ni dónde caerme muerto, cuando se me apareció en mi puerta un adolescente bellísimo, descalzo y sin camisa y me pidió un cigarro; yo no tenía ninguno pero le dije que entrara y cerré la puerta. Me dijo que sabía que yo era escritor, pero a mí no me interesaba para nada hablar de literatura; yo lo quería a él. Supe que era el hijo mayor de Marta Carriles y que se llamaba Lázaro; Mahoma me dijo que era un joven excelente y el ascensorista, que era un loco y un delincuente.

Su madre Marta era una bruja, daba grandes escándalos a las vecinas y hasta se fajaba a piñazos con ellas y todos sus hijos. Pero el propio Lázaro me contaba lo horrible que era todo en su casa y al poco tiempo yo comprendí que era una persona distinta del resto de la familia; tenía evidentes problemas nerviosos, pero era alguien completamente diferente del resto de aquella familia de gente chusma y delincuente. Lázaro añoraba la calma y leer buena literatura.

Hicimos varias excursiones fuera de la ciudad; fuimos a Guanabo, nadamos en el Malecón aunque estuviera prohibido, cerca de La Concha nadamos también y un día, noté que tenía una necesidad de violencia peligrosa, pues jugando me lanzó tal golpe en la cara que yo temí que me hubiese partido mis dientes; yo me enfurecí y corrí detrás de él con un palo. Desde entonces, creo que nuestra amistad se hizo más profunda; él sabía que conmigo había que tener un poco de cuidado y yo supe que él había estado ingresado en el Hospital Psiquiátrico de Mazorra, por lo que le tomé más cariño.

Me enteré de que la familia, con tal de tener una boca menos para la comida, lo había llevado para aquel manicomio que era el más horrible de toda La Habana. Allí le habían dado una elevada cantidad de electroshocks. Una vez, según él mismo me contó, llegó a su casa a dormir y no le abrían la puerta porque un campesino le había traído a la madre un poco de carne de puerco, y ella y su padre se la estaban comiendo encerrados para no tener que darle a él, que era su hijo; aquella noche tuvo que dormir fuera. Después de aquella historia yo le dije que cuando quisiera podía quedarse a dormir en mi cuarto y le di una llave.

Nuestro mayor placer era caminar por toda la ciudad; a veces saltábamos las cercas y nos bañábamos en las playas prohibidas. Gracias a Rubén conocimos a otro personaje fascinante que siempre estaba inventando las maneras más insólitas para escaparse de la Isla. Según él, uno se podía marchar en una balsa plástica, siempre y cuando hubiese pescado algunos peces grandes, incluso podían ser tiburones, para amarrarlos a la balsa y dirigirlos hacia el norte; decía que de esa forma en unos tres días podíamos llegar a Miami. Se llamaba Raúl, según decía, porque uno nunca sabía los nombres reales de los amigos de Rubén.

En el teatro Payret se hacían siempre enormes colas porque ponían películas francesas y norteamericanas. Raúl calculaba que en la taquilla se recaudarían diariamente unos diez mil pesos y de ese modo elaboró un plan de robo insólito, que consistía en acercarse a la taquillera con un enorme balón de gas comprimido, abrirlo allí y provocar una inmensa nube de gas y robarse el dinero, para desaparecer luego entre la multitud. También pensaba acercarse a la taquillera con una botella de cloroformo y dárselo a oler para que ésta cayera desmayada y poder robar en ese momento.

Llegaron a inventar una máquina para fabricar pesos falsos y una noche se los llevaron a todos presos. La máquina la tenían en la casa de Julio Gómez, quien era muy amigo de Coco Salá. Lo insólito es que, así como Raúl desapareció para siempre, Julio y Rubén siguieron en libertad. Pero un día comprendí las razones; vi salir de la casa de Rubén al teniente Víctor.

A Rubén lo visitaba también una pintora que, aparentemente, había caído en desgracia y que se llamaba Clara Romero. Esta mujer había sido la esposa de Walterio Carbonell, un hombre que había ocupado ciertos cargos diplomáticos en Africa y luego había sido enviado por Castro a un campo de concentración en Camagüey. Un día, Rubén entró a mi cuarto quejándose de que Clara, en un momento en que él entró al baño, se había puesto toda su ropa y se la había robado. Rubén, Lázaro y yo fuimos hasta la casa de Clara, que era una especie de hueco o tugurio en un solar de la calle Monserrate; era una cueva sin ventanas, con una pequeña puerta. Clara tenía muchos hijos; los tenía negros, de ascendencia árabe, otros chinos; en fin, Clara practicaba un cierto internacionalismo sexual. Después del presidio de su esposo, practicó la prostitución y vivió de eso, porque sus cuadros nadie se los compraba, a pesar de que eran extraordinarios.

Por aquella época, ella y su esposo de turno, Teodoro Tapiez, visitaban a pintores conocidos como Raúl Martínez, Carmelo González y otros; mientras el marido elogiaba las pinturas, Clara se robaba los pinceles y los óleos para poder pintar y le compraba a los bodegueros, clandestinamente, sacos de harina o recogía pedazos de tela en los basureros. Así pintaba aquellos cuadros enormes que ocupaban paredes enteras de su apartamento.

Cuando llegamos, Clara nos mostró llena de regocijo una de sus piezas maestras; nos olvidamos de reclamar las ropas. Desde entonces, yo visitaba a Clara con cierta regularidad; ella se las arreglaba para tener siempre té y un huevo duro. De eso vivíamos casi todos en La Habana; los huevos se vendían por la libre y el té ruso se conseguía en el mercado, aunque con cierta dificultad.

Clara convocó un día a todos sus amigos y a sus hijos a una reunión en aquel pequeño cuarto donde casi nos asfixiábamos. Clara dijo: «Los he llamado porque tengo que darles una noticia terrible; se me han caído las tetas», y bajándose la blusa nos mostró dos pequeñas tetillas negras que le caían sobre el vientre. Aquello era una tragedia porque ya no podría dedicarse a la prostitución con la cual mantenía a sus hijos, a su madre y a Teodoro, que estaba estudiando en la universidad y no podía trabajar. Recuerdo que todos sus hijos la rodearon llorando a causa de la tragedia. Todos tratamos de consolarla, incluso su madre, quien le dijo: «No te preocupes, buscaremos la forma de ayudarte, pero ahora lávate esas piernas que las tienes llenas de churre». Efectivamente, las piernas de Clara estaban tan sucias que la madre cogió un cuchillo y empezó a raspárselas.

Hacía un calor enorme y Clara se quejó de que no hubiera allí una ventana; en aquel mismo instante empezamos a abrir un hueco en la pared con unos pedazos de machete para hacer una ventana; la pared tenía más de un metro de ancho y cuando llegamos al otro lado comprendimos que no daba a la calle sino a un inmenso convento, el de Santa Clara, que había sido abandonado por las monjas al triunfo de Castro. Aquel convento estaba prácticamente intacto y lleno de muebles, baúles, vitrales y toda clase de objetos.

Con una disciplina de hormiga nos dedicamos a desmantelar todo aquel convento y a vender todo lo que tenía dentro. De pronto, de aquel pequeño cuarto donde Clara vivía y donde apenas existía espacio para unas cuantas sillas, salían veinte o treinta sillones, cuatro o cinco baúles que, inmediatamente, vendíamos por toda La Habana; en una ocasión llenamos un camión.

Un día, la presidenta del CDR tocó a la puerta de Clara y le dijo que no se explicaba cómo era posible que ella tuviera todo aquello guardado en su cuarto; la puerta que daba al convento estaba tapada por uno de los cuadros que pintaba Clara. No quedaba más remedio que comprar a la presidenta del CDR y así se hizo; se le dijo que cogiera todo lo que quisiera, y aquella mujer cogió todo lo que pudo y no nos delató.

En mi cuarto instalé un baño sanitario, una cocina de mármol, una barbacoa de puro cedro y mi pequeña sala se llenó de muebles del siglo XVIII.

Por último, Lázaro y yo sacamos toda la madera del techo artesanal del convento; mi barbacoa era una especie de muestrario para la venta de aquella madera. Desde luego, Clara cobraba un porcentaje por todo lo que saliera de allí. Los mármoles rojos tuvieron un éxito muy especial; hasta la propia Elia y Coco compraron algunos.

Una noche, un policía nos detuvo mientras trasladábamos una gran cantidad de crucifijos, cálices de plata y otros objetos valiosos, y nos preguntó qué era toda aquella mierda; nosotros le dijimos que habíamos encontrado todo aquello en un edificio derrumbado de La Habana Vieja y que lo queríamos para adornar nuestras casas. A él le pareció que nada de aquello tenía ningún valor y nos permitió seguir con el cargamento.

Ludgardo puso una fábrica de zuecos de cedro, gracias al hueco de Clara. Para nosotros aquel hueco constituyó un verdadero tesoro; vendimos hasta las baldosas por toda La Habana.

Por último, Bebita dio la idea de hacer balcones y barbacoas en nuestro edificio y así lo hicimos con la madera y las baldosas del hueco de Clara; mi cuarto se convirtió de pronto en un apartamento que tenía hasta un balcón con rejas medievales. Hasta la presidenta del CDR de nuestro edificio tuvo su barbacoa.

Cuando Rubén vio en lo que se había convertido mi cuarto, me dijo que, como yo no tenía propiedad, en cualquier momento él volvería a hacerse dueño de él. Yo lo miré tranquilamente y le dije que, por supuesto, que sí tenía la propiedad de aquel lugar. Me pidió que se la mostrara y fui hasta mi pequeña cocina, saqué un inmenso cuchillo que había traído del convento y mostrándoselo le dije: «Aquí tengo la propiedad del cuarto». Después de aquello, nunca más me habló de este asunto.

Clara decidió dar una fiesta en el hueco después de haberlo vendido casi todo; compramos velas en bolsa negra y adornamos todo el convento con ellas. A medianoche comenzó la fiesta; sólo teníamos huevos duros y té, pero Clara había invitado a casi todos sus antiguos amigos, es decir, prostitutas retiradas, chulos elegantísimos, locas que solamente salían de noche; allí estaba Hiram Pratt. Esa noche Clara y yo elaboramos un documento en el que decíamos que, dadas las condiciones diabólicas de Hiram Pratt, sólo podíamos vernos en lugares como aquel hueco, en las copas de los árboles o en los fondos marinos y que lo perdonábamos definitivamente.

Hiram estaba escribiendo su autobiografía y esa noche nos leyó algunos pasajes. Hablaba allí de Clara como de una de las mujeres más cultas y una de las más grandes pintoras de este siglo; decía que yo era el Martí de su generación. Luego supe que Hiram cambiaba los textos de aquella autobiografía según el lugar en que la leyera. En otras versiones, yo aparecía como un delincuente y Clara como una «fletera mala».

En aquel hueco estaba también Bruno García Leiva, un personaje singular que siempre estaba caracterizando a alguien que no era él mismo, quizá porque él mismo no existía. Esa noche iba disfrazado de clérigo, con escapulario y hábitos negros, parecía en realidad un fraile y muchas de aquellas putas retiradas le pidieron la confesión y él se la dio solemnemente.

A veces se disfrazaba de médico y entrábamos al hospital Calixto García, Bruno me conducía a una de las salas de emergencia de aquel hospital, mientras yo soltaba alaridos lastimeros. El se apropiaba de certificados médicos, cuños y recetarios del hospital, que constituían un verdadero tesoro; Bruno vendía aquellos certificados a precio de oro a todo aquel que no quisiera ir a la agricultura. Los alcohólicos compraban las recetas para poder comprar el alcohol en las farmacias. Hiram Pratt, absolutamente alcoholizado, era uno de los que daba cualquier cosa por una de aquellas recetas.

Esa noche estaban también en el hueco Amando López, Sakuntala y Ludgardo. Este último era un mulato gigantesco al cual se le marcaban en el pantalón un falo y unos huevos enormes;

recuerdo que cada persona tenía que representar un número artístico y Amando se tiró en el piso cubierto por uno de los lienzos de Clara y, de una manera cada vez más febril, comenzó a cantar una especie de oda a Ludgardo que decía así: «Ay Ludgardo, ven que ardo, no seas lerdo, no seas tardo, que te muerdo, dame el dardo, dame el dardo, mi Ludgardo». Ludgardo, realmente, no era siquiera bugarrón, pero se divertía con aquello.

Yo dije algunos de mis pensamientos; uno de ellos era: «Me siento tan feliz cual si Minerva, después del trabajo voluntario, en pago a sus celestes honorarios, el Partido le otorgase una Materva».

Alderete llevó su colección de pelucas y entre las velas retumbó su voz de Rosita Fornés. Por último, Ludgardo declaró que allí tenía que haber algún tesoro enterrado por lo cual había que tratar de encontrarlo. Clara entonces hizo firmar un documento en el que jurábamos que, si se encontraba algún tesoro allí, había que darle a ella el cincuenta por ciento. De aquel modo la fiesta se convirtió en una especie de excursión hacia aquel descubrimiento. Cavando no descubrimos el oro, pero sí una cisterna de agua que funcionaba a las mil maravillas, lo que en La Habana Vieja era casi como un tesoro.

A partir de entonces vendíamos hasta doscientas latas de agua diariamente; frente al hueco de Clara se hacían enormes colas.

Clara y Amando López se las habían arreglado para dejar preso a Hiram Pratt en el hueco. Cuando pregunté las razones de aquello supe que habían descubierto lo que Hiram había escrito, realmente, acerca de Clara en su autobiografía; Clara, además, se había apoderado de la autobiografía de Hiram, donde en efecto aparecía ella como una bruja de setenta años que había contaminado de sífilis a toda La Habana, se había pasado a todos los marineros griegos, practicaba el lesbianismo con sus propias hijas y era informante de la Seguridad del Estado. Clara decía que Hiram permanecería amarrado en aquella caverna hasta que escribiera otra autobiografía y, por supuesto, ella jamás le devolvería la original. A los tres días, Lázaro y yo lo desatamos.

Ya para entonces de aquel convento sólo faltaban por venderse las paredes y fue eso lo que, justamente, hicimos Lázaro y yo; derrumbar las paredes interiores del convento, limpiar ladrillo por ladrillo y venderlos después por toda La Habana, lo cual era un negocio porque nadie en Cuba podía conseguir jamás un ladrillo.

Recibimos un anónimo de Hiram en el que decía que denunciaría a las autoridades superiores los delitos y las orgías que se estaban cometiendo en el hueco de Clara Romero.

Un día, la presidenta del CDR llamó a Clara y le dijo que unos policías le habían preguntado si era cierto que ella se dedicaba al tráfico ilegal de maderas y de agua. Aquella mujer le sugirió a Clara que suspendiera todas las ventas.

Lo único que podíamos hacer, para no dejar huellas de lo ocurrido, era derrumbar el convento, pero antes yo quería desmantelar lo que quedaba del techo para liquidar todas aquellas tablas. Era muy agradable ver toda La Habana Vieja desde aquella altura.

De pronto descubrimos, tratando de tumbar una pared, que existía otro recinto que nosotros desconocíamos donde había cuatro cajas de caudales completamente cerradas. Al parecer, las monjas habían hecho aquella falsa pared para esconder el verdadero tesoro. Como no encontrábamos la combinación para abrirlas, arremetimos contra ellas a golpes de mandarria durante una semana, hasta que logramos abrirlas; no tenían nada. Era evidente que ésa era la razón por la cual aquel sitio estaba abandonado; los funcionarios de Castro habían pasado por allí y habían saqueado aquellas cajas de caudales y no querían que nadie descubriera el robo. Si nos acusaban a nosotros de aquel robo, podíamos ir a la cárcel por malversación por un período de treinta años. Rápidamente, destruimos la pared que sostenía la poca estructura que aún quedaba en pie de aquel convento; cuando estaba a punto de caerse, Ludgardo le amarró una cuerda y desde el hueco de Clara tiramos con fuerza hasta que en medio de un gran estruendo todo aquello se vino abajo.

A los pocos días se desató una enorme epidemia de tifus en La Habana Vieja. Fidel Castro se paseó por todo aquel barrio y dijo que la enfermedad se debía a la gran cantidad de basura que había en la ciudad. En realidad, hacía más de tres años que no se recogía la basura en aquella zona; los edificios se derrumbaban y aquello era un verdadero paraíso para las ratas y toda clase de animales portadores de virus infecciosos.

La ciudad se llenó de camiones militares que llevaron a cabo una «ofensiva» de limpieza; así, en veinticuatro horas desapareció todo lo que quedaba del convento de Santa Clara.

A las pocas semanas Lázaro volvió a enfermarse de los nervios, lo que le ocurría a menudo. Se sentaba en la escalera del edificio, hablando solo, increpando al techo, diciendo cosas incoherentes. En esas ocasiones no conocía a nadie, ni siquiera a mí.

Quería escribir y no podía hacerlo; a las dos o tres líneas soltaba el papel y lloraba impotente. Yo le decía que él era un escritor aun cuando nunca lograra escribir una cuartilla y eso lo consolaba. Quería que yo lo enseñara a escribir, pero escribir no es una profesión, sino una especie de maldición; lo más terrible era que él estaba tocado por esa maldición, pero el estado en que se encontraban sus nervios le impedía escribir. Nunca lo quise tanto como aquel día en que lo vi sentado frente al papel en blanco, llorando de impotencia por no poder escribir.

Yo le prestaba los libros que pensaba podían ayudarlo en su formación literaria; era increíble como aquellos libros despertaban cada vez más su sensibilidad y le permitían descubrir lo que muchos críticos a veces no habían descubierto. A veces me llamaba desde el baño de su casa y empezaba a leerme fragmentos del *Quijote;* en ocasiones estas tertulias terminaban con pedradas que nos tiraban los vecinos porque no les permitíamos descansar.

En aquellas tertulias participaba un personaje enloquecido que se llamaba Turcio, quien había sido capitán de un barco y era amante de la literatura y que había llegado a la locura a causa de su mujer. Turcio hablaba sin cesar y cuando, por ejemplo, se producía una discusión entre dos mujeres, Turcio durante todo el día repetía sin cesar lo que aquellas mujeres se habían dicho. Así, cuando Lázaro y yo teníamos aquellas tertulias, Turcio durante el resto del día repetía, como una especie de superbocina, aquellos fragmentos de lectura. Otras veces salía al pasillo y comenzaba a pregonar todas las noticias que escuchaba: «No habrá carne durante todo este año»; «Llegó el pollo sólo para los menores de seis años»; «La ruta 32 ya no pasará más por aquí» y cosas así. Repetía todo lo que escuchaba su oído enloquecido.

Un día el recluta con el cual yo seguía teniendo amistad vino a mi cuarto con un primo suyo que era policía; vino uniformado y con pistola en la cintura. El recluta me dijo: «No te preocupes; lo traigo porque sé que con esto se adquiere más prestigio en el edificio y nadie se mete con uno». El policía era un oriental bugarrón que a los cinco minutos de estar en mi cuarto, se quitó la cartuchera con la pistola; cuando lo subí a ver la barbacoa, se sacó su hermoso miembro oriental. Abajo, estaba el recluta rojo de furia. Al cabo de una hora nos despedimos amistosamente. Turcio estuvo gritando todo el tiempo que la policía estaba en mi casa; lo que no podía imaginar ningún vecino era con qué arma tan contundente me estaba apuntando aquel policía.

A veces, cuando venía el recluta o el policía, a Lázaro le entraban ataques de celos. Yo le decía siempre la verdad; él era la persona a la que yo verdaderamente quería y los demás eran, solamente, para pasar el rato. Siempre he pensado que el amor es una cosa y la relación sexual es otra; el amor verdadero participa de una complicidad y una intimidad que no existe en las simples relaciones sexuales.

Lázaro tenía relaciones sexuales con mujeres y yo, lejos de exigirle que rompiera con ellas, alentaba aquellas relaciones; pensaba que así podríamos llegar a una mayor compenetración. A mí me gustaba tener relaciones con un hombre que sabía tenía relaciones sexuales con mujeres; yo quería ser su amigo, pero no la mujer que le cocinara y le atendiera en sus necesidades cotidianas. Así, cuando me poseyera, lo haría por amor a un amigo, no por compromiso. Por eso, me alegró la noticia de que se casaría con Mayra, una muchacha muy agradable que había sido su novia durante años. Pensaban que al casarse conseguirían una casa porque el padrastro de ella tenía buenas relaciones en el Gobierno. La boda se efectuó en el Palacio de los Matrimonios y yo fui el padrino.

La luna de miel la pasaron en Santa María del Mar, y Lázaro insistió en que yo fuera con ellos. Una noche Mayra tocó a mi puerta y me dijo que Lázaro se sentía mal de los nervios y quería que yo fuese a su cuarto; allí estaba él con uno de sus ataques. Nunca he podido comprender muy bien la locura, pero pienso que las personas que la padecen son una especie de ángeles que no pueden soportar la realidad que los circunda y de alguna manera necesitan irse hacia otro mundo. Cuando yo me acerqué me pidió que me quedara allí y puso su cabeza en mis manos; Mayra se comportó de una forma muy inteligente. Al día siguiente, ya estaba mucho mejor y los tres nos fuimos para la playa.

De todos modos, el padre de Mayra no pudo conseguirles el apartamento y tuvieron que irse para la casa de Marta Carriles. Construimos una barbacoa encima de la cocina. Marta había hecho otra barbacoa en la sala. La barbacoa de Lázaro era tan pequeña que no podían ponerse de pie dentro de ella. Una vez estalló la olla a presión contra el techo de la barbacoa y sonó como una bomba; todos los vecinos del edificio salieron corriendo pensando que era una explosión, mientras ellos seguían haciendo el amor en la barbacoa muertos de risa. Lázaro me llamó por la ventanita que tenían allí y yo me asomé por el balcón improvisado y le hice una seña; sabía lo que estaba ocurriendo allí y también lo disfrutaba.

Lázaro y yo fuimos juntos a Pinar del Río y nos bañamos desnudos en los arroyos, paseamos a caballo y disfrutamos de la naturaleza. Por las noches la colombina en que nos pusieron a dormir chirriaba furiosamente.

En una de aquellas casas de campo conocí la historia de La Gallega. Había tenido un novio que se la había llevado y la había preñado y, a los pocos meses, la había abandonado. Su familia la repudió, y Marta Carriles la aceptó con la condición de que fuese su criada; pero más que eso, era su esclava; trabajaba sin descanso, como mi madre. Tenía una hija, pero se la criaban los suegros en el campo y no le permitían verla.

A mi regreso al antiguo hotel Monserrate se dio allí uno de los escándalos más conocidos de su historia; tuvo lugar entre Hiram Pratt y Coco Salá. Hiram tenía un amante al cual, al parecer, quería mucho y que se llamaba Nonito; era un muchacho de Holguín. Hiram le había contado a Coco las dotes físicas de aquel adolescente y Coco, sin más trámites, cogió un tren y, se fue para Holguín y trajo a Nonito para La Habana, prometiéndole varios jeans y varias camisas. Un buen día, Hiram, que ya era nuevamente amigo de Coco, tocó a la puerta de éste, y quien salió a abrirle fue Nonito, absolutamente desnudo. A Hiram se le nubló la mente; fue a mi casa y me pidió una mandarria y otros objetos de carpintería y con todas esas armas subió al cuarto de Coco y le hizo pedazos la puerta de cristal; allí todas las puertas eran de cristal, aunque yo en la mía había puesto una plancha de hierro detrás del cristal. Coco y Nonito salieron con una escoba y el escándalo fue tan grande que Hiram no sólo rompió la puerta de Coco, sino la de Marta Carriles y la de una familia numerosa que eran testigos de Jehová. Toda aquella gente le cayó encima a Hiram y éste se refugió en mi cuarto; yo temía que me tumbaran mi puerta y por eso llamé a gritos a Bebita, que se apareció con un cuchillo seguida por Victoria. «Una guerra civil se produjo en el hotel Monserrate», clamaba Turcio. En medio de aquella locura todos salieron a resolver sus viejas rencillas; Mahoma fue atacado por Blanca Nieves y los siete enanitos; Teresa y su hermana volvieron a tirarse del pelo; Caridad González, la presidenta del CDR, era abofeteada por Marta Carriles; el ascensorista recibió unas cuantas patadas de uno de los Testigos de Jehová. Mientras tanto, Hiram y yo escuchábamos el estruendo de la batalla escondidos dentro de mi cuarto, y Bebita y Victoria, con fuertes voces varoniles, trataban de poner orden en medio de aquella situación.

Como el escándalo fue tan grande, al día siguiente Hiram Pratt y yo nos fuimos para Holguín; allí, después de una cola enorme, tomamos un ómnibus y fuimos a parar a Gibara; una vez más estuve en el mar de mi infancia, pero aquella ciudad ya era entonces una ciudad fantasma y el mismo puerto había sido invadido aún más por la arena.

De regreso en Holguín, comimos en la casa de la madre de Hiram, una pobre campesina, discreta pero al tanto de casi todas las aventuras eróticas de Hiram. Este aprovechó para presentarme a toda una serie de personajes casi célebres en el municipio; entre ellos a Gioconda Carralero, quien estaba casada con una loca terrible; ella amaba por encima de todo a su hombre, pero éste enloquecía por los adolescentes. Mientras estábamos allí, un adolescente llamaba al esposo de aquella mujer desde la calle gritándole: «Armando, maricón, dame el par de zapatos que me prometiste; no pienses que te metí la pinga por gusto». El escándalo era tan grande que Gioconda salió a la calle y le entregó el par de zapatos de Armando al adolescente.

Conocí también a Beby Urbino; era homosexual, pero nunca había practicado el homosexualismo. Vivía en una casa enorme que había sido invadida por las plantas silvestres. Su filosofía era que el amor y el sexo eran solamente una fuente de amargura. Yo nunca he podido vivir en la abstinencia y por eso le dije a Urbino: «Yo asumo el riesgo».

Hiram y yo nos paseamos por el Parque Calixto García; allí nos fue fácil ligar a una pandilla de adolescentes y nos fuimos para la Loma de la Cruz como un último homenaje a la ciudad de Holguín. Cerca de la Cruz fuimos poseídos por una docena de adolescentes y, luego, triunfales y rejuvenecidos, tomamos el tren para La Habana.

Lázaro trabajaba ahora como tornero en una fábrica. Tenía que levantarse temprano y hacer guardias los fines de semana; aquello le había vuelto a afectar los nervios. Muchas veces dejaba a Mayra en la barbacoa y venía a dormir a mi cuarto. Por último, llegó la zafra y Lázaro tuvo que irse a cortar caña a Camagüey; a los pocos días recibí una carta en la que me preguntaba qué era de mi vida y me decía que fuera a verlo.

Yo, acompañado por Pepe, su hermano, tomé uno de aquellos trenes infernales y al cabo de una semana llegué a un lugar llamado Manga Larga; de allí fuimos hasta el campamento. Allí nos encontramos a Lázaro que había tenido una crisis nerviosa y no podía trabajar en el campo de caña. Al día siguiente nos fuimos con él a trabajar; inmediatamente, sentí la sensación de haber entrado al Infierno cuando entré en aquel cañaveral. Nos quedamos una semana con él, pero, cuando vio que nuestra partida era inminente, comenzó a vociferar y se puso enloquecido.

Al cabo de un mes regresó y había perdido más de treinta libras; estaba muy enfermo de los nervios y su madre quería apoderarse del poco dinero que había ganado en la zafra. Recuerdo que Lázaro se levantó a medianoche y bajó de la barbacoa, tomó un machete que había traído consigo y vi cómo se lo acercaba al vientre; bajé corriendo y cuando traté de quitarle el machete intentó agredirme. Salté desnudo hacia afuera y llamé a los padres de Lázaro; ellos al verme en aquella forma vinieron enseguida y, cuando abrimos la puerta, cayó al suelo sin conocimiento. Estuvo como una semana en un estado de crisis terrible.

Su madre tocó a mi puerta con un cubo y dos jicoteas. Me dijo que san Lázaro le había dicho que nos darían suerte a mí y a su hijo; que nos quedáramos con ellas. Yo me quedé con las jicoteas, a pesar de que era lamentable verlas encerradas y muy difícil conseguirles comida, pues sólo comían carne o pescado.

Desde hacía tiempo, Hiram Pratt me había presentado a un extraño personaje que decía ser un ex preso político y que estaba haciendo todo lo posible por irse del país en una lancha; se llamaba Samuel Echerre y vivía en una celda de la catedral episcopal que estaba en el Vedado. En realidad, ya Samuel había hecho el intento de irse en una lancha junto a otros amigos por la parte sur del país, con la idea de poder llegar a la isla de Gran Caimán; Samuel sentía una pasión desenfrenada por Inglaterra y pensaba que, si llegaba a aquella isla, sería trasladado inmediatamente a la presencia de la reina Isabel, por quien sentía una pasión incontrolable. En medio del mar, el motor de la lancha se rompió y no hubo manera de poder arreglarlo, porque no encontraban la llave que era necesaria para abrir el motor. Como en aquellas circunstancias el motor era un estorbo, lo echaron al mar para seguir remando hasta la isla de Gran Caimán, pero entonces descubrieron que la llave estaba debajo del motor. Siguieron un poco a la deriva hasta que vieron tierra y comenzaron a dar vivas a la reina Isabel. Inmediatamente, fueron arrestados por unos milicianos y luego condenados a ocho años de cárcel. Samuel se rehabilitó y cumplió solamente dos años y medio. Cuando yo lo conocí, había salido de la cárcel y vivía en la iglesia episcopal, aunque su madre aún vivía, enferma de cáncer, en su casa en Trinidad. En una de las invitaciones que luego me hizo a su casa en Trinidad, pude ver allí una enorme foto de la reina Isabel de Inglaterra, en el centro de la sala. Debajo de aquella foto había una mesita donde Samuel, religiosamente, se sentaba todas las tardes a las cinco, completamente ataviado de negro, con sombrero de copa y guantes negros también, a tomar el té en compañía de algunos otros amigos.

Samuel atravesaba la ciudad de Trinidad con una temperatura superior a los cien grados, con aquellos atavíos y aquel sombrero de copa. No era solamente la manera rara en que se vestía, sino que su figura era una de las más estrambóticas que el género humano haya conocido: alto, desgarbado, con un pelo lacio que le chorreaba en la frente, con unos ojos saltones, con una nariz prominente y encorvada, con una boca desmesurada, con unos dientes gigantescos y una cara llena de granos, además de unas manos largas y huesudas; era la viva estampa de una de las brujas de Macbeth o de los cartones de Disney.

Aunque llevaba una vida erótica bastante abierta aún conservaba los hábitos de novicio, pues había estado estudiando la carrera religiosa en Matanzas y después se había trasladado a la iglesia episcopal en La Habana. La celda de Samuel, más que un sitio de meditación religiosa, era un centro de tertulias literarias; todas las noches se reunían allí más de quince personas. Había que saltar una alta cerca, atravesar todos aquellos pasillos, subir una larga escalera para llegar finalmente a la habitación de Samuel. Héctor Angulo, Roberto Valero, Amando López y otros amigos nos reuníamos a diario.

A solas, Samuel y yo hablábamos de la posibilidad de abandonar el país clandestinamente. Me dijo que conocía a una persona en Matanzas que por una fuerte suma de dinero nos podía sacar de la Isla.

Como a eso de las doce de la noche, en el cuarto de Samuel caía siempre una lluvia de piedras. Según él, eran la gente del CDR que en protesta por su actividad religiosa lanzaban aquellas piedras; había que cerrar las ventanas de todo el cuarto; aquellos ataques duraban diariamente una media hora y después volvía la calma. A esa hora Samuel servía el té con gran ceremonia, siempre invocando a su majestad británica, y comenzaba a leernos algunos de sus horribles poemas.

Al fin fuimos a Matanzas y, efectivamente, vimos a una mujer que dijo nos podía sacar del país. Pidió los nombres de los que íbamos a estar en el bote; yo no quise dar mi nombre ni el de Lázaro. Samuel fue muy explícito y habló con ella como si la conociera de mucho tiempo. Después nos quedamos en la casa de Roberto Valero, con quien recorrimos toda la ciudad de Matanzas y llegamos a la bahía donde nos bañamos. Nunca olvidaré la imagen de Samuel Echerre en short; aquel personaje completamente desgarbado, con aquel cuerpo huesudo, fue blanco de las piedras de los muchachos que por allí se bañaban; era funesto asumir el riesgo de estar al lado de un personaje tan horripilante. Yo me zambullí y cuando saqué la cabeza estaba, ¡qué horror!, al lado de un barco ruso. Desaparecí rápidamente.

Cuando llegué a La Habana me fue a visitar Víctor y me dijo: «Bueno, ¿y qué pasó con el barco en el que te pensabas ir clandestinamente?». Yo no sabía qué decirle; estaba informado de todo. Comencé a partir de entonces a sentir temor de todo el mundo, sobre todo de Samuel Echerre.

Víctor me dijo que yo era un contrarrevolucionario que no merecía la forma en que la Revolución se había portado conmigo, que en cualquier momento iría a parar nuevamente a la cárcel.

Por aquella época comenzó lo que podría llamarse la Guerra de los Anónimos; todo el mundo recibía anónimos insultantes. Hubo varios anónimos que me enviaron o que se enviaban a otras personas hablando de mí, donde yo aparecía como un personaje terrible, que incluso había asesinado a un adolescente; estoy seguro de que ese anónimo lo lanzó Coco. Pero yo no me quedaba atrás; todos los baños de La Habana fueron ilustrados por mí con enormes consignas contra Coco Salá, que decían que era la loca más fuerte del globo, que era chivato de la Seguridad del Estado; el propio Coco estaba horrorizado, pues cuando iba a fletear a los baños se encontraba con aquellos carteles y salía huyendo.

Uno de los anónimos que más estremeció a Coco fue el que se preparó sobre Samuel Echerre. Coco Salá le había dicho a Samuel Echerre que sus poemas eran verdaderamente espantosos y Echerre le retiró la palabra. Hiram y yo redactamos un comunicado y se lo enviamos a toda La Habana; era un llamamiento moral y patriótico a las almas respetables y morales de la ciudad, acerca de las orgías que desarrollaban en la iglesia episcopal. En realidad, el comunicado no estaba muy lejos de la realidad, pues Samuel metía en la iglesia a todo el que encontraba, incluso a un policía que resultó ser una loca tapada.

Había conocido antes que a Samuel a aquel policía. Recuerdo que me contaba que él y su otro compañero, cuando andaban en la perseguidora y veían a algún muchacho apuesto, le pedían identificación y después le decían que los tenía que acompañar a la unidad de la policía. Luego, en lugar de llevarlo para la unidad, lo llevaban para unos matorrales, le bajaban los pantalones y le mamaban el miembro.

Las tertulias de Samuel no eran tan sólo literarias, sino también eróticas; el mismo obispo a veces salía de su residencia en los jardines de la iglesia y se encontraba con diez o doce jóvenes en la celda de Samuel. Echerre les decía que estaban estudiando el libro *La oración común,* que era un libro que servía como de catecismo en aquella iglesia. El comunicado elaborado por nosotros hablaba de todas aquellas orgías y las describía con tintes aún más sombríos. Decía textualmente: «A medianoche se escuchan en la nave religiosa los alaridos más descomunales, producto de los más insólitos entollamientos». Después venía una lista de todas las personas que participaban en aquellas orgías, después de las doce de la noche, como una especie de misa negra en la iglesia episcopal. En la lista aparecían las personas con un epíteto que las caracterizaba; por ejemplo, Miguel Barniz, matrona lujuriosa, huraña bicha, matrona licenciosa; Aristóteles Pumariega, empedernido sátiro; Manuel Baldín, loca babosa; Cristina Fernández, más conocida como «El Hércules de Trinidad»; Nancy Padregón, quien, vestida de hombre, irrumpe en la catedral entre palabras obscenas, mientras parodia el Sóngoro Cosongo; Reinaldo Arenas, ex prófuga y bandolera; Hiram Pratt, travesti. Nosotros nos incluimos también en aquella lista para despistar e Hiram, que en aquel momento se hacía pasar por amigo íntimo de Samuel, le dijo que Coco estaba preparando un anónimo contra él que lanzaría por toda la ciudad. Al final del anónimo se decía que Samuel Echerre, completamente ataviado con los trajes religiosos, le entregaba en la puerta a cada participante el libro *La oración común.*

La carta circuló por toda La Habana y una de las primeras personas en recibirla fue el señor obispo de la iglesia episcopal. Como si aquello fuera poco, un día de misa, la carta apareció estampada en la puerta de la iglesia para que todos la leyeran. Casi todos los que leían la carta le agregaban algo. Se convirtió en algo así como una novela. Samuel estaba enfurecido y el obispo lo llamó para aclarar el asunto.

En la carta aparecía otro personaje dantesco llamado Marisol Lagunos, que era también ayudante o monaguillo de la iglesia y que aparecía con el epíteto de «pitonisa clandestina». Una noche, el obispo se levantó de madrugada y encontró a Marisol completamente desnudo, mientras era poseído por un negro enorme detrás del altar mayor; el obispo lo expulsó de la iglesia y le dijo además a Samuel Echerre que tenía sólo treinta días para abandonar el local. Samuel se presentó en la casa de Coco Salá con su paraguas negro y con Cristina, quien le cayó a piñazos a Coco, mientras éste amenazaba con llamar a la policía y juraba no haber escrito la carta. Marta Carriles salió en defensa de Coco y se entró a piñazos con Cristina.

A Coco le partieron varios dientes a golpes, aunque Samuel también recibió algunas bofetadas de Marta Carriles. De todos modos, nadie tomó aquella carta en serio y Samuel siguió viviendo en la iglesia.

Amando López se había mudado para un cuarto de la casa del pintor Eduardo Michelson; aquella casa era como una gran pajarera y cuando Amando se mudó para allí, me pidió que me fuera unos días a vivir con él para que lo ayudara a hacer toda una serie de arreglos.

Una noche, Michelson repartió a cada uno de sus inquilinos toda clase de armas: martillos, machetes, cuchillos. El asunto era que esa noche esperaba a un amante que era un absoluto delincuente; si él daba un grito, todos teníamos que correr armados en su ayuda. Afortunadamente, el grito no se produjo.

Durante el Festival Mundial de la Juventud y los Estudiantes, Michelson decidió hacer un minifestival en su casa; desde luego, era un evento clandestino, al que sólo se invitarían a las personas de confianza; yo llevé como invitados especiales a Mahoma y a Hiram Pratt. Todos teníamos que hacer alguna representación, y yo, ayudado por Mahoma y Hiram Pratt, que actuaban como coro, representé las cuatro grandes categorías en que se dividen las locas cubanas.

Aquella fiesta se prolongó hasta el otro día; nos moríamos de hambre pero nadie se atrevió a salir a la calle; los Comités de Defensa vigilaban todas las cuadras para que ningún antisocial pudiera ser visto por los extranjeros que habían venido al Festival. Por fin, Pedro Juan, otro de los inquilinos de Michelson, decidió disfrazarse de hombre y salió vestido de miliciano; hizo una larga cola y compró unos paquetes de espaguetis. Se hicieron en una batea. Michelson tenía guardado un galón de alcohol, y cuando fue a buscarlo lo que encontró en su lugar fue un galón de agua; armó tal escándalo que echó de su casa a todo el mundo, incluso a los que vivían allí pagándole una renta.

En aquel momento, una lluvia de piedras se precipitó sobre la casa rompiendo los pocos cristales que quedaban sanos en ella.

Michelson dijo que no había por qué preocuparse porque esa lluvia de piedras tenía lugar a diario y era el modo de agresión de unos vecinos suyos.

Yo, temiendo que en cualquier momento la policía irrumpiese en aquella casa, decidí irme para Matanzas hasta que terminara el Festival y me fui para la casa de Roberto Valero. Desde que Clara tuvo que cerrar su hueco, yo mantenía con Valero relaciones no sólo amistosas, sino mercantiles; llevaba ropa comprada en bolsa negra, o enviada por Margarita y Jorge, y la vendía en Matanzas con la ayuda de Roberto, que actuaba como un intermediario. También recogíamos limones y todo tipo de frutas en Matanzas y yo luego los vendía en La Habana.

Cuando llegué a Matanzas, Valero se encontraba en la Seguridad del Estado y su mujer estaba aterrada. Durante dos días no supimos nada de él; le habían hecho un registro en su casa y, por suerte, no habían encontrado nada realmente comprometedor. La misma noche en que lo soltaron fuimos a la casa de Carilda, que ofrecía una de sus tertulias clandestinas en su casa de Matanzas; Carilda, como Elia del Calvo, tenía también la casa llena de gatas. Ella leía durante aquellas tertulias enormes poemas, algunos cargados de una cursilería maravillosa y a la vez bellos; no tenía sentido del límite y por ese motivo, muchas veces, hacía el ridículo. Mientras leía, las gatas, más que saltar, volaban a su alrededor.

El amante de Carilda, un hombre mucho más joven que ella y completamente enloquecido, parodiaba los versos de aquella muer con una gruesa voz de barítono. Había sido cantante del teatro lírico y después, por haberse enfermado de los nervios, tuvo que abandonar esa profesión.

Carilda nos comentó al oído que estaba muy nerviosa porque su marido se había tomado esa noche treinta y cinco vasos de agua; tenía no sé qué desequilibrio en la próstata y tomaba agua constantemente. Además de su pasión por el agua, tenía otra debilidad: la de coleccionar sables; tenía un cuarto lleno y aseguraba que uno de ellos había pertenecido al general Martínez Campos.

Llegaba la mañana y todavía Carilda seguía leyendo sus infinitos poemas. Para el final dejó los poemas más eróticos, como aquél que decía: «Cuando te toco con la punta de mi seno, me

288

desordeno, amor, me desordeno». Después de leer todo lo que había escrito recientemente, dijo que todos aquellos poemas eran estreno mundial aquella mañana en Matanzas.

Uno de aquellos poemas tenía un acento marcadamente pornográfico, y el marido de Carilda irrumpió de pronto con el sable de Martínez Campos en la mano y gritó: «Te dije, puta, que no leyeras ese poema». Carilda no perdió su ecuanimidad y siguió leyendo; él tiró varios sablazos al aire y después golpeó a una de las gatas; fue en ese momento cuando Carilda perdió la paciencia y le dijo: «Todo te lo permito, menos que atropelles a mis gatas; ésta es mi casa y yo hago lo que me dé la gana». Y, para demostrarlo, se quitó la bata y se quedó en blúmers. El marido tiraba los sablazos cada vez más cerca de Carilda, hasta que le dio en la espalda; ella dio un grito y salió corriendo en blúmers por las calles de Matanzas, mientras su marido detrás de ella le gritaba: «Párate, puta». Carilda le suplicaba: «Por favor, mátame; pero no des este escándalo en mi ciudad». Pero marido y mujer se perdieron por las calles de Matanzas en medio de aquel espectáculo.

Al día siguiente, recaudé todo lo que pude con la venta de la ropa que Valero había hecho entre sus amistades; él mismo se había comprado una camisa hindú que le quedaba por la rodilla y después me confesó que estaba podrida. Regresé a La Habana, y cuando llegué a mi cuarto me encerré en él con candado; ésa era una técnica que yo practicaba ya desde hacía tiempo para despistar a la policía y a los visitantes inoportunos. Como la puerta tenía una especie de escotilla que daba a la barbacoa, yo podía cerrar la puerta con tres o cuatro candados a la vez y ponía un papel que decía que no me encontraba allí; después subía por la escotilla y caía dentro de la barbacoa. Nadie podía pensar que yo pudiese estar dentro del cuarto.

Por la madrugada sentí que alguien estaba forzando la puerta; me asomé cuidadosamente por la escotilla y vi a un negro gigantesco que había sido uno de mis amantes en los últimos meses quien, seguro de que no había nadie allí, forzaba la puerta. Cogí sigilosamente una tranca que tenía debajo de la cama para defenderme en caso de agresión; descorrí la escotilla y le di un golpe tan violento con el palo que lo dejé aturdido. El golpe lo había cogido desprevenido y, sobre todo, no podía explicarse de dónde había venido porque yo, inmediatamente después de darle aquel trancazo, cerré la escotilla. El negro se incorporó y yo volví a abrir la escotilla y le di otro trancazo; esta vez, no quiso ni averiguar de dónde venían aquellos golpes misteriosos y se echó a correr. Nunca más volvió por allí; quién sabe si no pensó que aquellos golpes venían de alguna fuerza diabólica e invisible que yo poseía.

Sólo Lázaro sabía que yo estaba en mi cuarto y a veces me traía comida que le robaba a Marta. Cuando terminó el Festival quité los candados; ahora la situación era aún más difícil, porque el Festival había arruinado totalmente al país y no había nada que comer. Para mí, todo se hacía más difícil por no poder tener trabajo.

La única compañía en medio de aquella crisis me la proporcionaron las dos jicoteas de Marta Carriles. Hacía tiempo que yo miraba con lástima cómo aquellos animales se morían de hambre; simbolizaban un poco mi propia vida. Tomé un saco y las llevé para el Parque Zoológico con la idea de echarlas en el lago donde vivían las jicoteas, pero, una vez allí, comprendí que, si era sorprendido por los guardias del parque con las jicoteas, pensarían que yo me las estaba robando y me mandarían a la cárcel, pues era tanta el hambre que, con frecuencia, se robaban animales del Zoológico para comérselos. Famoso fue el caso de la gente que mató al león del Zoológico de La Habana y se lo comió. Finalmente, pude depositar las jicoteas en el suelo; no corrían por la arena, volaban más bien; nunca vi dos animales más felices y con más energía. Corrieron hasta entrar en el agua y desaparecer en el lago, junto a las demás jicoteas. Sentí una tremenda sensación de alivio. A los pocos instantes, cayó un aguacero y todas las calles de La Habana se inundaron con aquella agua, mientras yo corría feliz bajo la lluvia.

En la iglesia episcopal se dio otro escándalo parecido al de Marisol. Había una ceremonia en la iglesia donde todos los novicios y aspirantes a sacerdotes podían vestir sus ropas más lujosas. En aquella ocasión, Echerre se vistió de blanco y se puso una especie de gorra verde, que era evidente que no le pertenecía, y era lo más cercano a una aparición sacada de una pesadilla escandinava. Samuel le había rogado a todos sus amigos que asistieran para que lo vieran en todo su esplendor; siempre fue muy exhibicionista.

Comenzó la ceremonia y Samuel hizo gala de todos sus atuendos; el obispo comenzó su sermón y, luego, la música del órgano empezó a fluir por todo el templo. Súbitamente, aunque la monja siguió tocando profesionalmente el instrumento, de aquel órgano no salían los sonidos acostumbrados, sino unos ruidos extraños; el coro se detuvo y, aunque la monjita seguía insistiendo en tocar su melodía, de aquel aparato lo que salía era un sonido infernal.

Casi todos los presentes, incluyendo al obispo, subimos al recinto en que estaban los tubos del órgano y allí pudimos saber de qué se trataba: Hiram Pratt, completamente desnudo, era poseído por el jardinero negro y, mientras se realizaba el acoplamiento, Hiram golpeaba los tubos del órgano y los pateaba. No sé si Hiram hacía aquello porque estaba en pleno delirio o porque el miembro del negro era tan descomunal que le obligaba a producir aquellos golpes en los tubos del órgano. Lo cierto es que en toda la historia de la iglesia episcopal nunca había ocurrido nada semejante. Hiram y el negro huyeron desnudos por los jardines. Pero el obispo, que sabía que Samuel había invitado a Hiram, le dijo esa misma tarde que tenía que abandonar su celda. Samuel le pidió un mes para hacerlo y lo amenazó con acudir a la Reforma Urbana. No sé cómo lo logró, pero prolongó su estancia en la iglesia por tres meses más.

Por suerte, ya para entonces era el año setenta y nueve y Fidel Castro decidió deshacerse de unos cuantos ex presos políticos, muchos de los cuales no tenían ninguna relevancia, y entre éstos estaba Samuel Echerre. Inmediatamente, Samuel asumió la categoría de gran personaje; era quien iba hacia el mundo libre. Hasta el mismo obispo le dio una pequeña recepción de despedida; todos visitamos otra vez aquella iglesia para decirle adiós a Samuel.

Aproveché para hablar a solas con él y enviarle a mis amigos Jorge y Margarita el recado de que, por favor, hicieran todo lo posible por sacarme del país secretamente; le advertí que les dijera a ellos que lo hicieran todo muy discretamente. Pero Samuel no hizo más que llegar a Europa y publicar en la prensa todo lo que yo le había pedido que mantuviera en secreto. A la semana de marcharse Samuel, se apareció Víctor en mi cuarto; venía con un ejemplar de *Cambio 16* donde con grandes titulares decía: REINALDO ARENAS DICE QUE LO SAQUEN DE CUBA O SE SUICIDA.

Así conservó Samuel el secreto que yo le había confiado; sencillamente había utilizado mi amistad para llegar a los órganos de prensa españoles y franceses.

Margarita y Jorge Camacho le dieron albergue por más de un mes; al ver que no pensaba irse de allí, le preguntaron en octubre, muy diplomáticamente, cuándo pensaba marcharse; Samuel dijo que tal vez para fines de año. Yo le escribí a Margarita y a Jorge diciéndoles todo lo que Samuel nos había hecho y ellos, que ya sabían quién era el personaje, lo pusieron en la calle, no sin antes darle incluso dinero para que se mudara para un hotel.

Desde que llegó a Europa, Samuel comenzó a enviarnos unas cartas insólitas; él sabía que toda nuestra correspondencia era revisada por la Seguridad del Estado; a algunos incluso les escribió a sus centros de trabajo o a la universidad. Todo cuanto decían aquellas cartas era para perjudicarnos. En una de las cartas me decía que había hecho todo lo posible por sacarme de Cuba; que había hablado con Olga, mi amiga francesa, para ver si lograba que pudieran sacarme en un barco mercante, clandestinamente.

En una carta enviada a Valero le decía: «Espero que todavía se reúnan en la iglesia episcopal o en algún otro lugar y celebren las tertulias contrarrevolucionarias que todas las noches celebrábamos juntos». Una similar le envió a Juan Peñate, que le costó perder el trabajo y, finalmente, fue ingresado en un manicomio. A Valero lo expulsaron de la universidad y aquello le costó también la prisión.

A mí no tenían de dónde expulsarme y ponerme en la cárcel hubiera sido más escandaloso, pero se me redobló la vigilancia y Víctor me dijo que, si aquello volvía a suceder, no tendrían ningún tipo de piedad con mi persona. Yo, desde luego, dije que no sabía nada y que Samuel había hecho todo aquello para perjudicarme.

Por entonces, a Virgilio Piñera lo visitó la Seguridad del Estado en su casa; lo insultaron, lo vejaron y le quitaron todos sus manuscritos, prohibiéndole volver a hacer cualquier tipo de lectura pública. Desde entonces, se sumió en una especie de angustia silenciosa y en el terror. Quien delataba las lecturas de Virgilio como contrarrevolucionarias era Miguel Barniz; esto lo pude comprobar después, cuando su amigo René Cifuentes, ahora en el exilio, me lo ratificó.

Adiós a Virgilio

Virgilio también llegó a la conclusión de que la única salvación posible era irse de la Isla. Un día me dijo, mientras caminábamos por La Habana Vieja: «¿Te enteraste de que le van a dar la salida a Padilla? Oye, si dejan salir a Padilla, nos dejan salir a todos». Desgraciadamente, no fue así; Virgilio nunca pudo salir.

Una semana después se presentó a mi puerta Coco Salá, que ya hacía algún tiempo que me hablaba, seguramente por orden de la Seguridad del Estado. Abrí la puerta y Coco me dijo: «Murió Virgilio Piñera; su cadáver está en la funeraria Rivero». Media hora más tarde llegó Víctor a darme la noticia y me dijo que lo mejor era que no me apareciese por allí. Era el colmo; ni siquiera podía ir a los funerales de mi amigo muerto.

En cuanto Víctor abandonó el cuarto, me vestí y me fui para la funeraria. Allí estaba también María Luisa, la viuda de Lezama, y algunos otros amigos; muchos no se atrevieron a ir. Pero en aquellos funerales faltaba lo principal: el cadáver de Virgilio Piñera. El cadáver había sido retirado por la Seguridad del Estado, con el pretexto de que tenían que hacerle una autopsia, cosa ésta completamente insólita, ya que la autopsia se le hace al cadáver antes de llevarlo a la funeraria.

Las autoridades cubanas informaron que había muerto de un infarto, aunque yo tengo mis dudas acerca de esa muerte. Víctor me había preguntado hacía muy poco tiempo si yo veía con frecuencia a Virgilio y quién era la persona que le hacía la limpieza de la casa. Evidentemente, querían saber cuándo Virgilio estaba solo en su casa y cuándo estaba acompañado por esa persona una vez por semana; un personaje tan siniestro como Víctor no hacía esas preguntas por pura curiosidad.

Al llegar a la funeraria y no encontrar en ella el cadáver de

Virgilio, sospeché que aquella muerte repentina podía haber sido un asesinato.

Fidel Castro ha odiado siempre a los escritores, incluso a los que están de parte del Gobierno, como Guillén o Retamar, pero en el caso de Virgilio el odio era aún más enconado; quizá porque era homosexual y también porque su ironía era corrosiva y anticomunista y anticatólica. Representaba al eterno disidente, al inconforme constante, al rebelde incesante.

Con su novela *Presiones y diamantes*, en la que se descubre la falsedad de un famoso diamante y es arrojado al inodoro, Virgilio cayó en total desgracia con Fidel Castro; era demasiado simbólico. El diamante se llamaba el Delfi, Fidel al revés.

Finalmente, el cadáver fue traído sólo unas horas antes del entierro y llevado al cementerio. En el momento preciso en que sacaban el cadáver de la funeraria, vi a Víctor con una expresión resplandeciente y satisfecha en el rostro; comprendí que habían terminado felizmente su trabajo.

El coche fúnebre de Virgilio marchaba a enorme velocidad; era prácticamente imposible seguirlo. La Seguridad del Estado trató por todos los medios de evitar que se formara una aglomeración con motivo de aquella muerte, pero una multitud de personas e incluso de muchachos jóvenes, montados en patines y bicicletas, persiguió el cadáver. Otros, más astutos, se fueron mucho antes para el cementerio y esperaron el cadáver allí.

Antes de bajar el cadáver de Virgilio, Pablo Armando leyó un pequeño discurso donde se decía que Virgilio era un escritor cubano que había nacido en Cuba y había muerto en Cuba; era lógico: fue así porque no lo dejaron salir.

Allí estaban silenciosos sus amigos y también sus enemigos; Marcia Leiseca, una de las más grandes agentes de la Seguridad del Estado, estaba toda vestida de negro, como una gran araña, supervisando que el cadáver fuera enterrado correctamente. Hasta última hora, parecieron temer que Virgilio se les escapase o lanzase su última carcajada irónica contra el régimen.

Cuando llegué a mi cuarto, me esperaba mi propio cadáver mirándome desde el espejo.

Yo creo que mi actitud durante los funerales de Virgilio puso en guardia a la Seguridad del Estado. Primero, había desobedecido las orientaciones de Víctor y había ido al sepelio. Después, me había convertido en la única persona que había hecho algún tipo de manifestación rebelde en favor de Virgilio; había dicho que todo aquello era realmente terrible. Ahora, nadie podía creer la patraña de que yo estaba rehabilitado, y creció la vigilancia sobre mi casa.

Carlos Olivares era el sobrino del embajador de Cuba en la Unión Soviética; era una loca mulata que se hacía pasar por hombre entre las demás locas para de este modo cautivarlas y obtener así alguna información; al parecer también había sido chantajeado por la policía cubana. Un día dio un enorme escándalo en el Bosque de La Habana, pues había invitado a un hermoso recluta a caminar por allí; Olivares se le insinuó al recluta y éste le pidió disculpas diplomáticamente, pero Olivares le pidió por favor que se lo templara, que de todos modos nadie se iba a enterar. Como el recluta insistía en que tenía que irse, Olivares se le paró delante y le dijo: «O me singas o grito». El recluta se puso nervioso y apuró el paso, pero Olivares comenzó a dar unos alaridos que resonaron en todo el bosque y varios policías de las unidades militares cercanas acudieron y el recluta declaró lo ocurrido; quizá desde entonces Olivares se convirtió en delator o tal vez lo era por simple maldad. Este fue uno de los tantos delatores que ahora visitaban mi casa por orden de la Seguridad del Estado.

Así transcurría mi vida a principios del año 1980; rodeado de espías y viendo cómo mi juventud se escapaba sin haber podido nunca ser una persona libre. Mi infancia y mi adolescencia habían transcurrido bajo la dictadura de Batista y el resto de mi vida bajo la aún más férrea dictadura de Fidel Castro; jamás había sido un verdadero ser humano en todo el sentido de la palabra.

Debo confesar que nunca me recuperé de la experiencia de la cárcel; creo que ningún preso se recupera de eso. Vivía lleno de terror y con la esperanza de poder escaparme de aquel país algún día. Toda la juventud cubana no pensaba en nada más que en eso; con frecuencia algunos trataban de entrar por la fuerza en las embajadas de otros países.

En la memoria de muchos estaba todavía la imagen de la rastra llena de jóvenes cubanos que, tratando de cruzar la cerca electrificada de la base naval de Guantánamo, fue ametrallada por las tropas cubanas.

En la embajada de México había exiliados cubanos que llevaban allí años y años, pues el gobierno mexicano, siempre sinuoso e inmoral, los mantenía en la embajada, quizá por orden directa de Fidel Castro. Allí se morían a veces de hambre; estaban en territorio mexicano, pero sometidos al chantaje de Castro. Era prácticamente imposible meterse en una embajada, aunque todos los jóvenes soñaban con ello.

Durante los primeros días de abril de 1980, un chofer de la ruta 32 se había lanzado con todos sus pasajeros contra la puerta de la embajada del Perú solicitando asilo político. Lo insólito fue que todos los pasajeros de la guagua decidieron también solicitar asilo político; ni uno solo quiso salir de la embajada.

Fidel Castro reclamó a toda aquella gente, y el embajador peruano le dijo que estaban en territorio peruano y que por las leyes internacionales tenían derecho al asilo político. Fidel Castro, días más tarde, en medio de una de sus perretas, decidió retirar la escolta cubana de la embajada del Perú, tratando quizá de perjudicar al embajador para que éste, finalmente, tuviera que claudicar y sacar a todas aquellas personas de la embajada.

Pero esta vez el tiro le salió por la culata; cuando se supo que la embajada del Perú estaba sin escolta, miles y miles de personas entraron en la embajada pidiendo asilo político. Una de las primeras personas que lo hizo fue mi amigo Lázaro, pero yo no creía en la posibilidad de ese asilo, porque el mismo periódico *Granma* había publicado la noticia; pensaba que se trataba de una trampa, y una vez que estuvieran todas aquellas personas dentro, Castro podría arrestarlas a todas.

En cuanto se supiera quiénes eran los enemigos, es decir, aquellos que querían irse del país, bastaba con meterlos a todos en la cárcel.

Lázaro se despidió de mí antes de marcharse para la embajada. Al día siguiente, ya la habían cerrado; dentro se habían metido diez mil ochocientas personas, y por los alrededores había cien mil tratando de entrar. De todas partes del país venían camiones llenos de jóvenes que querían entrar en aquella embajada, pero ya Fidel Castro se había dado cuenta de que había cometido un grave error al retirarle la escolta a la embajada del

Perú, y no sólo cerraron la embajada, sino que prohibieron la entrada a la zona de Miramar a todas las personas que no vivieran allí.

A los que estaban en la embajada les cortaron la luz y el agua; para diez mil ochocientas personas daban ochocientas raciones de comida. Por otra parte, el gobierno introdujo allí a numerosos agentes de la Seguridad del Estado, que incluso asesinaron a personas que, habiendo tenido altos cargos en el Gobierno, se habían metido en la embajada. Los alrededores de la embajada del Perú estaban llenos de carnés de la Juventud Comunista y del Partido que habían sido lanzados hacia la calle por personas que ya estaban dentro de la embajada.

El Gobierno trataba de disminuir el escándalo, pero ya todas las agencias de prensa en el mundo daban la noticia. El mismo Julio Cortázar y Pablo Armando Fernández, testaferros de Castro que en aquel momento estaban en Nueva York, declararon que eran sólo seiscientas o setecientas personas las que estaban en la embajada.

Un taxista lanzó su auto a toda velocidad contra la embajada, tratando de entrar, y fue ametrallado por la Seguridad del Estado; aún herido intentó salir del auto y entrar en la embajada, pero fue introducido en una perseguidora.

Los sucesos de la embajada del Perú constituyeron la primera rebelión en masa del pueblo cubano contra la dictadura castrista. Después, el pueblo trató de entrar en la Oficina de Intereses de Estados Unidos en Cuba. Todos buscaban una embajada en la cual meterse y la persecución policial alcanzó niveles alarmantes. Por último, la Unión Soviética llevó a Cuba a un alto personaje de la KGB y hubo una serie de conferencias con Fidel Castro.

Fidel y Raúl Castro habían estado frente a la embajada del Perú. Allí, por primera vez, Castro escuchó al pueblo insultándolo, gritándole cobarde y criminal; pidiéndole la libertad. Fue entonces cuando Fidel ordenó que los ametrallaran, y aquella gente que llevaba quince días sin apenas comer, durmiendo de pie, porque no había espacio para acostarse, y sobreviviendo en medio de excrementos, respondió cantando el himno nacional ante aquel tiroteo, que hirió a muchos.

A punto de que estallara una revolución popular, Fidel y la

Unión Soviética decidieron que era necesario abrir una brecha, dejando salir del país a un grupo de aquellos inconformes; era como hacerle una sangría a un organismo enfermo. En medio de un discurso desesperado y airado, Castro, junto a García Márquez y Juan Bosch, que aplaudían, acusó a toda aquella pobre gente que estaba en la embajada de antisociales y depravados sexuales. Nunca podré olvidar aquel discurso de Castro con su rostro de rata acosada y furiosa, ni los aplausos hipócritas de Gabriel García Márquez y Juan Bosch, apoyando el crimen contra aquellos infelices cautivos.

Se abrió entonces el puerto del Mariel, y Castro, después de declarar que toda aquella gente era antisocial, dijo que, precisamente, lo que él quería era que toda aquella escoria se fuera de Cuba. Inmediatamente, comenzaron los cartelones que decían: QUE SE VAYAN, QUE SE VAYA LA PLEBE. El Partido y la Seguridad del Estado organizaron una marcha voluntaria, entre comillas, en contra de los refugiados que estaban en la embajada. A la gente no le quedó más remedio que asistir a aquella marcha; muchos iban con la intención de ver si podían saltar la cerca y entrar en la embajada; pero los manifestantes no podían acercarse a la cerca, pues había una triple fila de policías frente a ella.

Comenzaron a salir desde el puerto del Mariel miles de lanchas repletas de personas hacia Estados Unidos. Desde luego, no salió del país todo el que quiso, sino todo el que Fidel Castro quiso que saliera: los delincuentes comunes que estaban en las cárceles, los criminales, los agentes secretos que quería infiltrar en Miami, los enfermos mentales. Y todo esto fue costeado por los cubanos del exilio que enviaron sus embarcaciones para buscar a sus familiares. La mayoría de aquellas familias de Miami se arruinó alquilando barcos para ir a buscar a sus familiares, pero cuando llegaban al Mariel, Castro las llenaba muchas veces de delincuentes y locos. Pero miles de personas honestas lograron también escapar.

Desde luego, para poder marcharse por el puerto del Mariel, las personas tenían que salir de la embajada del Perú con un salvoconducto que les daba la Seguridad del Estado e irse para su casa a esperar que el propio gobierno de Castro les diera la orden de salida. A partir de aquel momento era la Seguridad del Estado y no la embajada del Perú la que decidiría quiénes abandonarían el país y quiénes no. Muchos resistieron y no quisieron salir de la embajada, sobre todo los que habían estado más comprometidos con el régimen de Castro.

Las turbas organizadas por la Seguridad del Estado esperaban fuera de la embajada a las personas que salían con su salvoconducto y, en muchas ocasiones, les rompían el salvoconducto, con lo que perdían su condición de exiliados, y los apaleaban.

Se golpeaba sin cesar a la gente, ya no sólo por haber estado en la embajada del Perú, sino simplemente por haber puesto un telegrama a sus familiares en Miami, para que viniesen a buscarlos por el Mariel. Vi golpear a un joven hasta dejarlo inconsciente, tirado en la calle, por haber salido del correo después de poner uno de esos telegramas. Aquello se repetía a diario, por todas partes, durante los meses de abril y mayo de 1980.

A los veinte días, Lázaro llegó de la embajada; estaba casi irreconocible, pues no pesaba más de noventa libras y se moría de hambre. Había hecho mil peripecias para no ser golpeado. Ahora todo consistía en esperar a que le llegara la salida. El día en que le llegó, yo lo acompañé en un taxi hasta el sitio donde le hacían los documentos y me dijo: «No te preocupes que yo te voy a sacar de aquí, Reinaldo». Cuando salió de aquel taxi, vi cómo lo golpeaban aquellas turbas y le daban en la espalda con unas cabillas, mientras él corría bajo las piedras y las frutas podridas; en medio de aquello lo vi desaparecer hacia la libertad, mientras yo me quedaba allí, solo. Pero en el edificio casi todo el mundo se quería ir del país, por lo que encontré allí otra especie de asilo.

En medio de aquella guerra civil ocurrían cosas terribles. Un hombre, para evitar seguir siendo golpeado por aquella turba, había tomado su automóvil y se había lanzado contra algunas de aquellas personas que querían aniquilarlo. Inmediatamente, un agente de la Seguridad del Estado le dio un tiro en la cabeza y lo ultimó. Aquellas cosas eran publicadas por el propio periódico *Granma;* el hecho de que alguien hubiese matado a aquel «antisocial» era considerado como un acto heroico.

Las casas donde estaban las personas esperando su salida eran rodeadas por la turba y apedreadas; en el Vedado, hubo varias personas que fueron asesinadas a pedradas. Todo el horror que habíamos sufrido durante veinte años llegaba ahora a su máximo grado de espanto. Todo el que no fuera entonces un agente de Castro estaba en peligro.

Frente a la pared de mi cuarto habían colgado varios carteles que decían: QUE SE VAYAN LOS HOMOSEXUALES, QUE SE VAYA LA ESCORIA. Irme era, precisamente, lo que yo quería, pero, ¿cómo hacerlo? Irónicamente, el gobierno cubano a la vez que nos gritaba y nos insultaba para que nos fuéramos, nos impedía marcharnos. En ningún momento Fidel Castro abrió el puerto del Mariel para que saliera todo el que quisiera salir; sencillamente, su treta fue la de dejar salir solamente a aquellas personas que no pudieran perjudicar la imagen del Gobierno, pero no se les permitía salir a los profesionales graduados de la universidad, ni a escritores con libros publicados en el extranjero, como era mi caso.

Pero, como había la orden de dejar marchar a todas las personas indeseables y dentro de esa categoría entraban, en primer grado, los homosexuales, una inmensa cantidad de homosexuales pudo abandonar la Isla en 1980; otros, que ni siquiera lo eran, se hicieron pasar también por locas para abandonar el país por el puerto del Mariel.

La mejor manera de lograr la salida del país era demostrar con algún documento que uno era homosexual. Yo no tenía nada que me sirviera para demostrar aquello, pero tenía mi carné de identidad donde constaba que había estado preso por un escándalo público; ya eso era una buena prueba y me dirigí a la policía.

Al llegar me preguntaron si yo era homosexual y les dije que sí; me preguntaron entonces si era activo o pasivo, y tuve la precaución de decir que era pasivo. A un amigo mío que dijo ser activo le negaron la salida; él no dijo más que la verdad, pero el gobierno cubano no consideraba que los homosexuales activos fueran, en realidad, homosexuales. A mí me hicieron caminar delante de ellos para comprobar si era loca o no; había allí unas mujeres que eran psicólogas. Yo pasé la prueba y el teniente le gritó a otro militar: «A éste me lo mandas directo». Aquello quería decir que no tenía que pasar por ningún otro tipo de investigación política.

Me hicieron firmar un documento en el cual yo decía que me iba del país por problemas puramente personales, porque era una persona indigna de vivir en una Revolución tan maravillosa como aquélla. Me dieron un número y dijeron que no me moviera de la casa. El policía que me llenó los papeles me dijo: «Ahora ya sabes; si vas a dar una fiesta "de perchero", tienes que darla en tu casa, porque, si cuando te llega la salida no estás en tu casa, pierdes esta oportunidad». Creo que hasta aquel mismo policía hubiera estado encantado de ir a aquella imaginaria fiesta de perchero que decía iba yo a dar en mi casa.

Mi salida se había tramitado a nivel de barrio, de estación de policía, y todavía los mecanismos de persecución no estaban tan sofisticados en Cuba desde el punto de vista técnico. Por aquella razón pude salir sin que la Seguridad del Estado se enterara; salí como una loca más, no como un escritor; ninguno de los policías que me autorizaron, en medio del desorden general, sabía nada de literatura, ni tenía por qué conocer mi obra, por lo demás casi totalmente inédita en Cuba.

Después de una semana sin poder dormir, encerrado en aquel cuarto donde el calor era insoportable, una noche en que por fin me quedé dormido, tocaron a mi puerta; eran Marta Carriles y el padre de Lázaro que me gritaban: «Levántate, que te llegó la salida. Sabíamos que san Lázaro te iba a ayudar». Yo bajé en pijama corriendo y, efectivamente, en la puerta del edificio había un policía con un papel que me preguntó si yo era Reinaldo Arenas; yo le contesté que sí, lo más bajo que pude, y me dijo que tenía treinta minutos para estar listo y presentarme para salir del país en un lugar llamado Cuatro Ruedas.

Cuando subía corriendo por las escaleras, me tropecé con Coco Salá, que se mantenía muy alerta, y me dijo: «Allá abajo hay un policía buscándote, ¿qué es lo que quiere?». Yo, con el rostro lleno de terror, le dije que venían a buscarme para ponerme preso de nuevo, que me iban a hacer otro juicio. Se lo dije con tanto espanto, por el hecho de creerme descubierto por él, que me creyó.

Era muy difícil llegar entonces a Cuatro Ruedas en media hora, pero pasó una guagua y yo le dije al chofer que tenía la salida y que, si llegaba en menos de media hora a Cuatro Ruedas, le regalaba una cadena de oro. El chofer puso la guagua a toda velocidad y sin parar en ninguna parada, y llegué a tiempo. Allí me despedí corriendo de Fernando, el padre de Lázaro, y corriendo llegué al lugar donde esperaba un militar, le entregué mi libreta, el papel que me había dado el policía en mi casa y allí mismo me dieron un pasaporte y un salvoconducto que decía que yo era uno de los exiliados en la embajada del Perú. En la primera guagua que salió aquel día desde allí, me marché hacia el Mariel; para colmo, la guagua se rompió por el camino y hubo que esperar como dos horas para que otra guagua nos recogiera y nos llevara.

Llegamos al Mosquito, que era el campo de concentración que estaba situado cerca del Mariel; su nombre lo tenía muy bien puesto, por la cantidad de mosquitos que había allí. Esperamos dos o tres días en aquel lugar hasta que nos llegara el turno para salir por el Mariel. Vi allí a algunos amigos y también a muchos que sabía eran policías, ante los cuales traté de pasar inadvertido. Nos registraron, ya que no podíamos llevar ninguna carta, ni siquiera números de teléfono de ninguna persona en Estados Unidos; yo me había aprendido de memoria el de mi tía en Miami.

Antes de entrar en la zona donde ya todo el mundo estaba aprobado para abandonar el país, había que hacer una larga cola y entregarle el pasaporte a un agente de la Seguridad del Estado, que chequeaba nuestros nombres en un inmenso libro; allí aparecían relacionadas las personas que no podían abandonar el país y yo estaba aterrado. Rápidamente, le pedí una pluma a alguien y, como mi pasaporte había sido hecho a mano y la *e* de mi Arenas estaba cerrada, la convertí en una *i* y pasé a ser de pronto Reinaldo Arinas y por ese nombre me buscó el oficial en el libro; jamás me encontró.

Antes de salir a tomar las guaguas para el puerto del Mariel, otro oficial nos reunió y nos dijo que todos salíamos «limpios», que en ningún pasaporte aparecía que hubiésemos cometido ningún delito y que, por tanto, al llegar a Estados Unidos, sólo teníamos que decir que éramos exiliados de la embajada del Perú. Indiscutiblemente, había detrás de aquello algo sucio y siniestro; lo que querían era, precisamente, crear una enorme confusión a las autoridades norteamericanas con el fin de que no pudieran saber quiénes eran verdaderamente los exiliados y quiénes no.

Antes de montar en los barcos nos habían distribuido en distintas naves: en una estaban todos los locos, en la otra los asesinos y delincuentes más terribles, en la otra las putas y los homosexuales, y en la otra los jóvenes agentes de la Seguridad del Estado que serían infiltrados en Estados Unidos. A medida que nos iban montando en los barcos, los iban rellenando con personas sacadas de los diferentes grupos.

También hay que tener en cuenta que por aquel éxodo salimos ciento treinta y cinco mil personas; la mayoría de las cuales eran personas que, como yo, lo que querían era vivir en un mundo libre y trabajar y recuperar su humanidad perdida.

Finalmente, en la madrugada del 4 de mayo, me tocó mi turno. Mi bote se llamaba *San Lázaro* y me acordé de lo que me había dicho una vez Marta Carriles; era la una de la madrugada. Un militar nos tiró varias fotografías. A los pocos minutos nos alejamos de la costa. Ibamos escoltados por dos lanchas de la policía cubana; era una medida de precaución para evitar que personas que no hubiesen recibido el permiso de salida llegasen clandestinamente hasta aquellas lanchas.

Allí mismo, precisamente, se desarrolló un espectáculo terrible. Un guardacostas, en el momento en que salíamos, tiró su rifle al agua y comenzó a nadar hacia nosotros; rápidamente, las otras lanchas guardacostas se acercaron al militar y allí mismo, con las bayonetas, lo asesinaron en el agua.

El bote *San Lázaro* seguía alejándose de la costa; la Isla se fue convirtiendo en un conjunto de luces parpadeantes y luego todo fue una enorme sombra. Estábamos ya en el mar abierto.

Para mí, que desde hacía tantos años sólo deseaba marcharme de aquel horror, me era fácil no llorar. Pero había allí un joven, de unos diecisiete años, que en el Mariel lo habían montado en el barco y había dejado a su familia en Cuba, y estaba llorando desconsoladamente. Había allí unas mujeres con unos niños que, como yo, llevaban cinco días sin probar alimento. También había varios dementes.

El capitán del barco era un cubano que hacía veinte años se había marchado a Estados Unidos y había ido a Cuba a buscar a su familia; ahora se llevaba el barco lleno de desconocidos, con la promesa de que, cuando regresara otra vez, le dejarían sacar a su familia. En realidad, navegaba porque no le quedaba más remedio; me dijo que no sabía nada de navegación, pues él había alquilado aquella nave para buscar a su familia. No había tampoco nada que comer a bordo.

El viaje de La Habana a Cayo Hueso demoraba sólo unas siete horas, sin embargo nosotros llevábamos navegando más de un día y no llegábamos al dichoso Cayo Hueso. Finalmente, el capitán nos confesó que estaba perdido y no sabía con exactitud en qué punto se encontraba. Tenía una radio y trataba de comunicarse con otros barcos, pero no lo lograba.

Al segundo día, se le acabó la gasolina del bote y quedamos a la deriva en medio de la inmensa corriente del Golfo de México. Llevábamos tantos días sin comer que no podíamos siquiera vomitar; sólo vomitábamos bilis. Uno de los locos hizo varios intentos de lanzarse al agua y había que estarlo sujetando, mientras algunos de los delincuentes le gritaban que se controlara, que iba para la «Yuma»; el pobre loco gritaba: «Qué Yuma, ni Yuma, yo quiero irme para mi casa». Aquel hombre jamás se enteró de que íbamos para Estados Unidos. Los tiburones nos merodeaban, esperando que cayéramos al agua para devorarnos.

Finalmente, el capitán pudo comunicarse por radio con otro barco y éste llamó a un guardacostas norteamericano, quien avisó a un helicóptero. A los tres días se apareció el helicóptero norteamericano; descendió casi al nivel de las aguas y nos tiró fotografías e inmediatamente se marchó. Le dio la orden de rescate a un guardacostas y esa misma noche llegó el guardacostas; nos lanzaron unas sogas y nos subieron a bordo; amarraron el bote a la parte de atrás de aquel barco norteamericano y partimos. Nos dieron de comer en el barco, y poco a poco comenzamos a recuperar nuestras fuerzas y a sentir una gran alegría. Llegamos finalmente a Cayo Hueso.

Cayo Hueso

Cuando salí de mi edificio en Monserrate, la jefa de vigilancia del CDR se me acercó y me dijo: «No te preocupes que yo no te voy a delatar; lo que quiero es que, si ves a mi hijo, le digas que estoy bien». Insólitamente, cuando llegué a Cayo Hueso, al primero que me encontré fue a su hijo y le pude dar el recado de su madre. El me llevó para unos almacenes donde tenían todas las cosas donadas por exiliados de Miami para los que llegaban por el Mariel y me dio un par de zapatos nuevos, unos jeans y una camisa reluciente; me dio jabón y una inmensa cantidad de comida. Me bañé, me afeité y comencé a parecer de nuevo un ser humano.

Allí me encontré con un bailarín de la compañía de Alicia Alonso, quien me contó que un momento después de salir yo del Mariel mi nombre era gritado por todos los altoparlantes; la policía me buscaba. Después supe que todos tenían que mostrar su pasaporte antes de entrar al puerto y que paraban todas las guaguas preguntando por mí; la Seguridad del Estado y la UNEAC ya estaban alertas y, pensando que aún estaba en El Mosquito, llevaron a cabo una enorme pesquisa para evitar que yo me fuera del país.

Nos llevaron para unos albergues en Cayo Hueso hasta ver qué ubicación posterior nos daría Inmigración. En medio de aquella multitud, me encontré con Juan Abreu; al fin podíamos abrazarnos fuera de Cuba y ya libres.

En cuanto llegué a Miami traté de ponerme en contacto con Lázaro, y también con Jorge y Margarita Camacho, que en ese momento estaban en España. A Lázaro lo vi, por suerte, al llegar a la casa de mi tío; me estaba esperando y todavía nos parecía imposible que los dos, aunque con una diferencia de una semana, estuviésemos en Estados Unidos. A Margarita y Camacho les escribí; ellos se habían enterado de mi salida por un cable que había sido publicado en España; ahora yo intentaba recuperar mis manuscritos, y Margarita y Jorge, que estaban en su casa en el campo, no los tenían allí. Llamé entonces a Severo Sarduy, a quien ellos le habían entregado mis manuscritos; en esa primera llamada Severo me dijo que no los tenía. Le escribí desesperado a mis amigos Camacho y Margarita de nuevo y ellos me calmaron diciéndome que no me preocupara, que ellos tenían los originales.

Por fin, recibí todos mis papeles, lo cual fue para mí una experiencia indescriptible. Ahora, podía verlos y acariciarlos tranquilamente, aunque sabía que me llevaría años poder corregir aquellas páginas escritas tan apresuradamente.

Miami

La Universidad Internacional de la Florida me invitó a dar una conferencia el primero de junio de 1980. La titulé «El mar es nuestra selva y nuestra esperanza» y hablé por primera vez ante un público libre. Junto a mí estaba Heberto Padilla; él habló primero. Realmente, su caso fue penoso; llegó absolutamente borracho a la audiencia y, dando tumbos, improvisó un discurso incoherente y el público reaccionó violentamente contra él. Yo sentí bastante lástima por aquel hombre destruido por el sistema, que no podía encararse con su propio fantasma, con la confesión pública que había hecho en Cuba. En realidad, Heberto nunca se recuperó de aquella confesión; el sistema logró destruirlo de una manera perfecta, y ahora parecía que hasta lo utilizaba.

Desde que comencé a hacer declaraciones contra la tiranía que había padecido durante veinte años, hasta mis propios editores, que habían hecho bastante dinero vendiendo mis libros, se declararon, solapadamente, mis enemigos. Emmanuel Carballo, que había hecho más de cinco ediciones de *El mundo alucinante* y nunca me había pagado ni un centavo, ahora me escribía una carta, indignado, donde me decía que en ningún momento yo debí haber abandonado Cuba y, por otra parte, se negaba a pagarme; todo eran promesas, pero el dinero nunca llegó, pues aquélla era una manera muy rentable de practicar su militancia comunista. Ese fue también el caso de Angel Rama, que había publicado un libro de cuentos mío en Uruguay; en lugar de escribirme una carta al menos para felicitarme por haber salido de Cuba, porque él sabía la situación que yo tenía allí, por cuanto nos vimos en Cuba en el año 1969, publicó un enorme artículo en el diario *El Universal* de Caracas titulado: «Reinaldo Arenas hacia el ostracismo». Rama decía en aquel artículo que era un error que yo hubiese abandonado el país, porque todo se debía a un problema burocrático; que ahora estaría condenado al ostracismo. Todo aquello era extremadamente cínico; era ridículo, además, aplicado a alguien que desde 1967 no publicaba nada en Cuba y que había sufrido la represión y la prisión dentro de aquel país, donde sí estaba condenado al ostracismo. Comprendí que la guerra comenzaba de nuevo, pero ahora bajo una forma mucho más solapada; menos terrible que la que Fidel sostenía con los intelectuales en Cuba, aunque no por ello menos siniestra.

Para colmo, sólo se me pagó nada más que mil dólares por las versiones francesas de mis novelas, después de innumerables llamadas telefónicas.

Nada de aquello me tomó por sorpresa; yo sabía ya que el sistema capitalista era también un sistema sórdido y mercantilizado. Ya en una de mis primeras declaraciones al salir de Cuba había dicho: «La diferencia entre el sistema comunista y el capitalista es que, aunque los dos nos dan una patada en el culo, en el comunista te la dan y tienes que aplaudir, y en el capitalista te la dan y uno puede gritar; yo vine aquí a gritar».

El exilio

Recorrí por entonces varios países: Venezuela, Suecia, Dinamarca, España, Francia, Portugal. En todos dejé escapar mi grito; era mi tesoro; era cuanto tenía.

Ahora descubría una fauna que en Cuba me era desconocida; la de los comunistas de lujo. Recuerdo que en medio de un banquete en la Universidad de Harvard un profesor alemán me dijo: «Yo de cierta forma comprendo que tú puedas haber sufrido en Cuba, pero yo soy un gran admirador de Fidel Castro y estoy muy satisfecho con lo que él hizo en Cuba».

En aquel momento, aquel hombre tenía un enorme plato de comida frente a sí y le dije: «Me parece muy bien que usted admire a Fidel Castro, pero en ese caso no puede seguir con ese plato de comida, porque ninguna de las personas que viven en Cuba, salvo la oficialidad cubana, puede comerse esta comida». Cogí el plato y se lo lancé contra la pared.

Mis encuentros con esa izquierda festiva y fascista fueron bastante polémicos. En Puerto Rico eran bastante taimados; me invitaron a la Universidad y me pidieron que no hablara de política. Yo leí un trabajo sobre Lezama Lima y a continuación, un testaferro de Castro llamado Eduardo Galeano, leyó un largo discurso político atacándome, precisamente, porque yo había adoptado una actitud apolítica.

Evidentemente, la guerra contra los comunistas, los hipócritas y los cobardes no había terminado porque yo hubiera salido de Cuba.

Pero en el exilio, si bien es cierto que encontré toda una serie de oportunistas, hipócritas y traficantes con el dolor de los cubanos, también encontré personas honestas y extraordinarias, muchas de las cuales me ayudaron. El profesor Reinaldo Sánchez me invitó a trabajar como profesor visitante en la Universidad

Internacional de la Florida, donde preparé e impartí un curso de poesía cubana; conocí allí a estudiantes excelentes; era como una forma de volver a lo cubano pero de una manera más profunda porque no estábamos en nuestra tierra.

Además tuve la oportunidad de establecer relaciones con tres escritores, para mí fundamentales, de nuestra historia: Lydia Cabrera, Enrique Labrador Ruiz y Carlos Montenegro.

La sabiduría de Lydia me hacía sentirme otra vez junto a Lezama. Se había dado a la tarea de reconstruir la Isla, palabra por palabra, y allí estaba en un pequeño apartamento de Miami, escribiendo sin cesar, padeciendo toda una serie de calamidades económicas, con una enorme cantidad de libros sin publicar y habiendo tenido que costearse ella misma todos los que había logrado publicar en Miami.

Otros escritores vivían en situaciones aún más penosas; ése era el caso de Labrador Ruiz, uno de los grandes de la novela contemporánea; vivía y vive todavía de los servicios sociales. Tenía escritas sus memorias y no había encontrado nunca un editor.

Era paradójico cómo aquellos grandes escritores que habían salido de Cuba buscando libertad, ahora se encontraban con la imposibilidad de publicar sus obras aquí.

En ese caso estaba también Carlos Montenegro, un novelista y cuentista de primera magnitud, viviendo también de los servicios públicos en un pequeño cuarto de un barrio pobre de Miami; ése era el precio que había que pagar por mantener la dignidad. En realidad, al exilio cubano no le interesaba mucho la literatura; el escritor es mirado como algo extraño, como alguien anormal.

Al llegar a Miami me reuní con personas acaudaladas, dueños de bancos y comercios, y les propuse crear una editorial para publicar a los mejores escritores de la literatura cubana, que estaban ya casi todos en el exilio. La respuesta de todos aquellos señores, todos ellos multimillonarios, fue tajante; la literatura no da dinero, a casi nadie le interesa comprar un libro de Labrador Ruiz; Lydia Cabrera puede venderse en Miami, pero tampoco tanto; en fin, no resultaría.

«Nos interesaría tal vez publicar un libro tuyo, porque tú acabas de salir de Cuba y eres noticia», me dijeron. «Pero a esos autores nadie los va ya a comprar.»

Montenegro murió al año siguiente en un hospital público, absolutamente olvidado. Labrador agoniza en un pequeño cuarto de Miami. En cuanto a Lydia, completamente ciega, sigue escribiendo y publicándose ella misma sus libros en unas ediciones modestísimas que casi no circulan más allá del ámbito de Miami.

Una vez, fui a una presentación de un libro de Lydia Cabrera; había una anciana sentada debajo de una mata de mango, frente a una mesita, firmando sus libros; era Lydia Cabrera. Había dejado su enorme quinta en La Habana, su enorme biblioteca, todo su pasado, y ahora vivía en Miami en un modesto apartamento y firmaba a la intemperie, debajo de una mata de mango, sus propios libros que ella misma se publicaba. Al verla allí —ciega— comprendí que representaba una grandeza y un espíritu de rebeldía que tal vez ya no existía en casi ningún otro escritor, ni en Cuba ni en el exilio. Una de las mujeres más grandes de nuestra historia, completamente confinada y olvidada; o rodeada por gente que no había leído ninguno de sus libros y que lo que buscaba era una figuración periodística momentánea bajo el fulgor de aquella anciana. Era una especie de paradoja y, a la vez, ejemplo de las circunstancias trágicas que han padecido todos los escritores cubanos, a través de todos los tiempos; en la Isla éramos condenados al silencio, al ostracismo, a la censura y a la prisión; en el exilio, al desprecio y al olvido por parte de los mismos exiliados. Hay como una especie de sentido de destrucción y de envidia en el cubano; en general, la inmensa mayoría no tolera la grandeza, no soporta que alguien destaque y quiere llevar a todos a la misma tabla rasa de la mediocridad general; eso es imperdonable. Lo más lamentable de Miami es que allí prácticamente todo el mundo quiere ser poeta o escritor, pero sobre todo poeta; yo quedé sorprendido cuando vi una bibliografía de los poetas de Miami, escrita también por otra poeta miamense que, desde luego, no se hacía llamar poeta, sino poetisa; había más de tres mil poetas en aquella bibliografía. Ellos mismos se publicaban sus libros y se autonombraban poetas, y daban enormes tertulias a las que uno tenía que acudir porque si no quedaba como un apestado. Lydia le llamaba a aquellas poetisas «poetiesas», y tampoco llamaba Miami por su nombre sino «El Mierdal». Lydia me decía siempre que yo tenía que irme inmediatamente de Miami a Nueva York, a París, a España, pero me decía que allí no me quedara; ella nunca ha tenido cabida dentro de aquel contexto chato, envidioso y mercantil, pero con ochenta años, no tenía otro sitio donde meterse. Lydia Cabrera pertenecía a una tradición más refinada, más profunda, más culta; y estaba muy lejos de aquellas poetisas de moños batidos y de constantes cursilerías, donde lo que predominaba era la figuración momentánea, y quien pudiera publicar un libro en el extranjero, que alcanzara cierta resonancia, era considerado casi un traidor.

Me di cuenta inmediatamente de que Miami no era un sitio apropiado para quedarme a vivir. Lo primero que me dijo mi tío cuando llegué a Miami fue lo siguiente: «Ahora te compras un saco, una corbata, te pelas bien corto y caminas de una manera correcta, derecha, firme; te haces además, una tarjeta que diga tu nombre y que eres escritor». Desde luego, lo que quería decirme era que tenía que convertirme en todo un hombrecito machista. La típica tradición machista cubana en Miami ha logrado una especie de erupción verdaderamente alarmante. Yo no quise estar mucho tiempo en aquel lugar, que era como estar en la caricatura de Cuba; de lo peor de Cuba: el dime que te diré, el chanchullo, la envidia. No soportaba tampoco la chatadura de un paisaje que no tenía siquiera la belleza insular; era como una especie de fantasma de la Isla; una península arenosa e infecta tratando de convertirse en el sueño para un millón de exiliados de tener una isla tropical, aérea y bañada por el mar y la brisa. En Miami el sentido práctico, la avidez por el dinero y el miedo a morirse de hambre, han sustituido a la vida y, sobre todo, al placer, a la aventura, a la irreverencia.

Durante los pocos meses que viví en Miami no pude encontrar allí ni un poco de calma; viví envuelto en incesantes chismes y bretes y por lo demás, en incesantes cócteles, fiestas, invitaciones; uno era como una especie de extraño ejemplar que había que exhibir, que había que invitar, antes de que perdiese su brillo, antes de que llegase un nuevo personaje y uno fuese arrinconado. Yo no tenía paz para trabajar allí y mucho menos para escribir. También la ciudad, que no es ciudad, sino una especie de caserío disuelto, un pueblo de vaqueros donde el caballo ha sido sustituido por el automóvil, me aterraba. Yo estaba acostumbrado a una ciudad con aceras y calles; una ciudad deteriorada, pero donde uno podía caminar y reconocer su misterio, disfrutarlo a veces. Ahora estaba en un mundo plástico, carente de misterio y cuya soledad resultaba, muchas veces, más agresiva. No tardé, desde luego, en sentir nostalgias de Cuba, de La Habana Vieja, pero mi memoria enfurecida fue más poderosa que cualquier nostalgia.

Yo sabía que en aquel sitio yo no podía vivir. Desde luego, diez años después de aquello, me doy cuenta de que para un desterrado no hay ningún sitio donde se pueda vivir; que no existe sitio, porque aquél donde soñamos, donde descubrimos un paisaje, leímos el primer libro, tuvimos la primera aventura amorosa, sigue siendo el lugar soñado; en el exilio uno no es más que un fantasma, una sombra de alguien que nunca llega a alcanzar su completa realidad; yo no existo desde que llegué al exilio; desde entonces comencé a huir de mí mismo.

Allí en Miami, Lázaro tuvo otra crisis de absoluta locura, sólo que acrecentada. Allí todo el mundo vivía en un estado de perpetua paranoia, encerrado; hasta mi tía, al verla después de veinte años, me pareció más enloquecida. Cuando llegué a Miami hice unas declaraciones que creo a la gente no le gustó mucho pues dije: «Si Cuba es el Infierno, Miami es el Purgatorio».

En agosto de 1980 acepté una invitación para ofrecer una conferencia en la Universidad de Columbia, en Nueva York. Sin pensarlo preparé la conferencia en menos de dos horas y tomé el avión; huía de un sitio que no era el apropiado, para sumarlo a mis angustias y a mi manera de ser; huía también para siempre de mí mismo.

Las brujas

El desterrado es ese tipo de persona que ha perdido a su amante y busca en cada rostro nuevo el rostro querido y, siempre autoengañándose, piensa que lo ha encontrado. Ese rostro pensé hallarlo en Nueva York, cuando llegué aquí en 1980; la ciudad me envolvió. Pensé que había llegado a una Habana en todo su esplendor, con grandes aceras, con fabulosos teatros, con un sistema de transporte que funcionaba a las mil maravillas, con gente de todo tipo, con la mentalidad de un pueblo que vivía en la calle, que hablaba todos los idiomas; no me sentí extranjero al llegar a Nueva York. Aquella misma noche comencé a caminar por la ciudad; me pareció que en otra encarnación, en otra vida, yo había vivido en esta ciudad. Esa noche un grupo de más de treinta amigos, entre ellos Roberto Valero, Nancy Pérez Crespo y hasta el mismo Samuel Echerre, a quien ya yo había perdonado, tomamos un coche y atravesamos la Quinta Avenida, que ya el primero de septiembre comenzaba a ser invadida por la niebla otoñal.

Las brujas han jugado un papel muy importante en mi vida. Primero, las brujas que pudiera considerar pacíficas, espirituales, que reinan en ese mundo de la fantasía; aquellas brujas, a través de la imaginación de mi abuela, poblaron mis noches de infancia con sus misterios y sus horrores y me conminaron más adelante a escribir mi novela *Celestino antes del alba*. Pero otras brujas, de carne y hueso, también jugaron papeles predominantes en mi vida. Así, por ejemplo, la misma Maruja Iglesias, a la que todo el mundo llamaba la Bruja de la Biblioteca; fue ella quien influyó para que yo pasara a la Biblioteca Nacional y allí conociera a otra bruja, todavía más sabia y encantadora, María Teresa Freyre de Andrade, quien me dio su amparo y una serie de conocimientos también ancestrales; María Teresa pestañeaba como una bruja bien caracterizada en una obra de Shakespeare. Después conocí a Elia del Calvo, bruja también perfecta; tanto, que solamente se rodeaba de gatas; su figura y su personalidad fueron muy importantes en una época de mi vida. Ese tipo de brujas había hecho, hasta cierto punto indirectamente, que yo pudiese más adelante abandonar el país como una no persona, como alguien desconocido. En Miami, encontré también varias brujas que se dedicaban al tráfico de la palabra. Vestían —como las brujas— largos trapos negros, eran flacas y de quijadas prominentes, algunas escribían poemas y, al igual que Elia del Calvo, me obligaban a que yo los leyese. Realmente, el mundo está poblado de brujas; unas más benignas, otras más implacables; pero el reino no sólo de la fantasía, sino el de la realidad evidente pertenece a las brujas.

Al llegar a Nueva York me encontré con una bruja perfecta; aquella señora se pintaba el pelo de violeta, deseaba que su anciano esposo muriera rápidamente y coqueteaba con toda persona que se acercase a su casa; era un coqueteo platónico, ya que seguramente sólo intentaba llenar la inmensa soledad en que vivía en un apartamento del West Side de Manhattan, donde ella se daba a entender en un inglés que no había quién pudiera descifrar. Esta bruja se rodeaba constantemente de homosexuales y por lo tanto me acogió desde que llegué. Su hijo también era homosexual, aunque ella, como bruja, le había obligado a que tuviese una novia y más tarde a que se casase y hasta que tuviese varios hijos. La bruja, llamada Ana Costa, me dijo que tenía que quedarme en esta ciudad. Así, me ayudaba a que cumpliese mi destino; mi destino siempre terrible. Ella misma se las arregló para conseguir un apartamento que estaba desocupado en el mismo centro de Manhattan. «Alquílalo ahora mismo», me dijo. Y de pronto, yo que había llegado solamente por tres días a Nueva York, me vi con un pequeño apartamento en la calle 43 entre la Octava y Novena Avenida, a tres cuadras de Times Square, en el centro más populoso del mundo. Alquilé el apartamento inmediatamente y me encomendé otra vez, como siempre, al poder misterioso, maléfico y sublime de las brujas.

Bruja fue mi tía Orfelina, perfecta en su maldad; con ella viví durante más de quince años bajo el terror y la amenaza de ser denunciado a la policía, pero no puedo negar que ejercía sobre mí una extraña atracción; tal vez la atracción del mal, del peligro. Bruja memorable fue también en mi vida Clara Romero quien, precisamente, transformó a La Habana Vieja en una fábrica de zuecos y renunció a la prostitución con la caída de sus tetas, convirtiéndose en una extraordinaria pintora, a la vez que denunciaba a sus admiradores a la Seguridad del Estado.

Las brujas han conminado mi vida. Aquellas brujas nunca abandonaron la escoba, no porque pudieran volar, sino porque todas sus ansias y todas sus frustraciones y deseos se redimían barriendo y barriendo el corredor de mi casa, los patios, las salas, como si quisiesen barrer de esa forma sus propias vidas.

Así, junto a todas estas brujas, se destaca la imagen de la bruja mayor; la bruja noble, la bruja sufrida, la bruja llena de nostalgia y de tristeza, la bruja más amada del mundo: mi madre; también con su escoba, barriendo siempre como si lo que importara fuera el valor simbólico de esa acción.

Pero a veces las brujas adquirían una forma casi semimasculina y entonces podían ser aún más siniestras. Dentro de esas brujas que me acompañaron durante tanto tiempo en mi vida, cómo olvidar a Cortés, bruja temible, de figura perfectamente brujil, gracias a quien tuve que escribir tantas veces mi novela *Otra vez el mar* y que marcó mi vida con el horror durante toda la década del setenta; como olvidar a Coco Salá, bruja también perfecta, que parecía estar siempre en constante levitación, de figura realmente retorcida y siniestra, de cuerpo encorvado, gracias a quien fui a parar a la cárcel, a uno de los círculos más dantescos del Infierno. Y cómo olvidar a la bruja clásica, la bruja cerrada de negro, con guantes y capa negra, con ojos saltones y pelo ralo; la bruja de la enorme quijada y sonrisa siniestra, Samuel Echerre; bruja temible que me hizo conocer lo que significaba la verdadera traición y que, como bruja al fin, volvía a aparecer dondequiera que yo me encontraba; ahora, montado en el mismo coche en que yo atravesaba las calles de Nueva York.

Las brujas, que desde mi infancia me han acompañado, me escoltarán hasta las mismas puertas del Infierno.

Yo llegué a Nueva York, de mudada, el 31 de diciembre de 1980. Había tenido que regresar a Miami para terminar mi curso de literatura. Lázaro había venido antes y estaba en mi estudio. Llegué a las doce de la noche, en el momento en que toda la ciudad vivía la euforia del fin de año. A mi llegada, que yo consideré positiva, el taxista —quizá ya no se encuentre uno como éste— tuvo la paciencia de colocar las más de veinte maletas llenas de libros, trapos y manuscritos, que yo traía de Miami. Fue una verdadera odisea poder atravesar la ciudad en fin de año, sobre todo Times Square, donde había más de un millón de personas. Cuando llegué al apartamento, Lázaro no estaba allí y tuve que subir a un quinto piso, sin ascensor, con aquella cantidad de maletas y cajas de libros; el taxista me dijo que fuera subiendo las maletas, una a una, y que él se quedaría allí abajo hasta que yo terminara de subirlas. Cuando terminé y le pregunté cuánto tenía que pagarle, me dijo que quince dólares; yo le fui a dar veinte y me dijo entonces: «Eso es mucho dinero; mucho dinero»; fue una acción realmente insólita que quizá jamás me vuelva a ocurrir, pero a mí me pareció que con esa actitud, la ciudad me daba la bienvenida. Y en verdad, Nueva York durante los años 1981 y 1982 fue una verdadera fiesta. La nieve y el invierno fueron para mí todo un acontecimiento; disfrutaba viendo caer la nieve; era un placer inmenso caminar por la calle y sentir cómo nos caía encima; no sentía ni siquiera el frío. La nieve ha sido siempre una especie de añoranza incesante para todos los cubanos: José Lezama Lima, Eliseo Diego, Julián del Casal; casi todos los poetas, que nunca vieron la nieve, se pasan la vida añorándola; otros que la padecieron, se la pasaron renegando de ella, como Martí y Heredia. De una u otra manera, la nieve ha jugado un papel fundamental en nuestra literatura. Nosotros, Lázaro y yo, vivíamos ahora la euforia de la nieve y de una gran ciudad que no paraba nunca; allí estaba a cualquier hora del día o de la noche todo lo que uno quería; todas las frutas —muchas de ellas tropicales— que uno añoraba en Cuba se podían obtener en medio de la nieve. Era verdaderamente un sueño y una fiesta incesante. Yo trabajaba mucho entonces, pero nunca Nueva York fue tan vital; quizá nunca vuelva a ser como entonces, pero me queda el consuelo de haber vivido aquellos últimos años, antes de que llegara la plaga, antes de que la maldición cayese también sobre la ciudad, como siempre cae sobre todas las cosas realmente extraordinarias.

La revista *Mariel*

Había también una pequeña colonia de cubanos llegados por
el Mariel en Nueva York que a cada rato nos reuníamos y leíamos nuestros textos. El apartamento de René Cifuentes en la Octava Avenida era uno de los sitios de las reuniones; allí se hablaba de cualquier cosa, se criticaba, se leía. A veces se anunciaba
una fiesta de disfraces y cada cual se disfrazaba y era imposible
reconocerse uno mismo cuando se miraba en el espejo.

En Miami estaba Juan Abreu y otro grupo de amigos también llegados por el Mariel, como Carlos Victoria y Luis de
la Paz; en Washington estaba Roberto Valero, estudiando en la
Universidad de Georgetown; en Nueva York estaban Reinaldo
García, a quien yo le había perdonado ya su prudencia, René
Cifuentes y yo mismo. Se decidió fundar con todos aquellos ma-
rielitos la revista *Mariel*. Aquella revista se hizo debajo de una
mata de pino cuando yo fui a visitar a Juan a Miami; no teníamos, desde luego, ningún local ni la menor idea de cómo hacer
una revista; tampoco teníamos un centavo. La asesora literaria de
la revista fue, sin embargo, Lydia Cabrera, quien se brindó de
manera entusiasta a ayudarnos. La revista tenía que ser costeada
por nosotros mismos, que teníamos que imponernos una cuota y
pagarla rigurosamente. Nunca contamos con ninguna ayuda oficial. El primer número salió en la primavera de 1983 y fue dedicado a José Lezama Lima; era el sueño y la ilusión que Juan y
yo teníamos desde hacía muchos años, cuando vivíamos en Cuba.
Era como el renacimiento de aquella revista que llamamos *Ah, la
marea* y que hacíamos clandestinamente en el Parque Lenín.
Todos estábamos casi en la miseria, pero sacrificamos el poco
dinero que ganábamos para crear aquella revista; fue para nosotros
un gran acontecimiento. Tenía que ser una revista que sorpren-
diera al mismo exilio y, desde luego, a Fidel Castro. Irreverente,

aquella revista no tenía paz con nadie, se le hacían homenajes a los grandes escritores, se destapaba a los hipócritas y era contraria a la moral burguesa característica de un gran grupo de personas de Miami. En la misma revista hicimos un número consagrado al homosexualismo en Cuba, y se le hacían entrevistas a personas que padecían los prejuicios de una sociedad muchas veces conservadora y reaccionaria como era la de Miami y, en gran parte, la de Estados Unidos. La revista no caía bien, excepto a un pequeño grupo de intelectuales liberales; lógicamente, no podía caer bien a la izquierda festiva de Estados Unidos y a los hipócritas de esa izquierda, ni a los comunistas, ni a los agentes cubanos dispersos por todo el mundo, especialmente, por Estados Unidos, ni tampoco podía caerle bien, desde luego, a las poetisas de Miami. Todas las gentes establecidas en este país nos miraban como seres extraños; pero la revista siguió publicándose durante unos años. Recuerdo que yo mismo escribí un artículo titulado «Elogio de las Furias», donde decía que las Furias eran las únicas diosas que debían inspirarnos siempre, y me apoyaba en toda una serie de textos que iban desde *La Ilíada* hasta *La Isla en peso,* de Virgilio Piñera. No teníamos que guardar ninguna forma ni aspirábamos a ningún cargo. Yo nunca ni siquiera aspiré ni aspiro a ser ciudadano norteamericano. Después, algunos de los integrantes del comité de la revista se acobardaron o se alejaron. Debido también a problemas económicos, la revista tuvo que cerrar, pero ahí quedaron algunos números que constituyen un verdadero reto para la literatura del exilio y también para la literatura cubana en general.

Otro de los grandes éxitos de aquel momento fue la película *Conducta impropia,* de Néstor Almendros y Orlando Jiménez Leal. La película era el primer gran documento en el cual se denunciaba abiertamente la persecución que sufrían en Cuba los homosexuales y toda persona que no tuviese una conducta conservadora dentro del régimen de Fidel Castro; hasta aparecían los campos de la UMAP, personajes entrevistados que habían estado en esos campos, documentos represivos. Era además una película desenfadada, hecha con un gran sentido del humor; aparecían las locas que habían salido huyendo de Cuba y ahora eran travestis que cantaban en algún cabaret de Nueva York; aparecía el mismo Fidel Castro enfundado en su batahola verde, haciendo más bien el ridículo. La película tuvo una gran resonancia internacional, levantó polémicas enfurecidas y ganó el Premio de los Derechos Humanos como el mejor documental exhibido en Europa ese año.

Al gobierno de Castro le preocupó tanto aquella película que nombró a un grupo de locas oficiales, casi todas del Ministerio del Interior, para que se pasearan por todo el mundo dando conferencias y diciendo que en Cuba no perseguían a las locas. Aquellas pobres locas tenían incluso que partirse delante de todo un público y hacerse más afeminadas de lo que eran para demostrar que, irrebatiblemente, en Cuba no había persecución a los homosexuales. Claro, una vez que regresaron a Cuba tuvieron nuevamente que guardar sus plumas y no hemos vuelto a saber qué fue de aquella delegación oficial de locas cubanas. De todos modos, nos deben de estar agradecidas a nosotros, pues gracias a esa película pudieron darse su viajecito por Europa.

Néstor Almendros es un español republicano que salió huyendo de España durante la dictadura de Franco; vivió en Cuba y allí padeció la dictadura de Batista y luego la de Castro. Es un ejemplo de dignidad intelectual y artística y su actitud ha sido decisiva y valiente, aunque en muchos aspectos lo haya perjudicado. Famoso y con una excelente posición económica, pudo no habernos ayudado, lo cual hubiese sido hasta comprensible. La inmensa mayoría de los intelectuales norteamericanos, para dárselas de progresistas y traficar con el resentimiento lógico de los pueblos sometidos a otras calamidades, casi siempre han apoyado o han hecho la vista gorda ante los crímenes de Fidel Castro. Ahora, con la superestalinización del régimen castrista, que critica hasta las propias revistas soviéticas, me imagino que algunos intelectuales norteamericanos por conveniencias políticas y económicas estarán cambiando de mentalidad. Pero no se pueden olvidar la inmensa propaganda y las conexiones internacionales del gobierno de Cuba, mantenidas durante más de treinta años; tienen sus casas culturales, sus librerías, sus casas editoriales, sus agencias publicitarias diseminadas por el mundo entero y, sobre todo, en occidente, que es donde les interesa operar.

Yo recuerdo que, cuando llegué a Estados Unidos, un cubano en Washington me dijo lo siguiente: «Nunca te vayas a pelear con la izquierda». Para ellos, pelearse con la izquierda significaba atacar al gobierno de Castro. Pero cómo podía yo después de veinte años de represión callarme aquellos crímenes. Por otra parte, nunca me he considerado un ser ni de izquierda ni de derecha, ni quiero que se me catalogue bajo ninguna etiqueta oportunista y política; yo digo mi verdad, lo mismo que un judío que haya sufrido el racismo o un ruso que haya estado en un gulag, o cualquier ser humano que haya tenido ojos para ver las cosas tal como son; grito, luego, existo. Pero esa actitud me ha costado muy cara; tanto desde el punto de vista económico como desde el de la difusión de mis libros; tal es así, que cuando salí de Cuba mis novelas eran textos de estudio en la Universidad de Nueva York y a medida que yo tomé una posición radical contra la dictadura castrista, la profesora de literatura Haydée Vitale Rivera fue suprimiendo mis libros de su curso hasta el punto de no dejar ninguno. Y así lo hizo también con todos los demás cubanos que se habían asilado. Al final, en el programa sólo quedaban algunas novelas de Alejo Carpentier. Eso me ha pasado en muchas universidades de Estados Unidos y en el mundo entero; irónicamente, yo estando preso y confinado en Cuba, tenía más oportunidades editoriales porque, por lo menos, allí no me dejaban hablar y las editoriales extranjeras podían poner que yo era un escritor que residía en La Habana.

Desde luego, esta actitud no sólo se ha extendido a mí, sino a todos los cubanos exiliados, porque en el destierro no tenemos a un país que nos represente; vivimos como si nos estuviesen perdonando la vida; siempre a punto de ser rechazados. No tenemos un país, sino un contrapaís; la burocracia de Fidel Castro, siempre dispuesta a todo tipo de intrigas y componendas para aniquilarnos intelectualmente y si es posible físicamente. Esas situaciones han desatado entre muchos intelectuales cubanos cierta cautela.

Esa cautela política tiene su base sobre todo en el miedo a morirse de hambre; algunos ya no se atreven a firmar un documento crítico contra la dictadura castrista, otros prefieren sumergirse en un letargo apolítico y escriben artículos sobre Bélgica; la cobardía siempre es patética, pero la injusticia y la estupidez resultan mucho más irritantes.

Uno de los casos de injusticia intelectual más conocidos de este siglo fue el de Jorge Luis Borges, a quien sistemáticamente se le negó el Premio Nobel, sencillamente, por su actitud políti-ca. Borges es uno de los escritores latinoamericanos más impor-tantes del siglo; tal vez el más importante; sin embargo, el Pre-mio Nobel se lo dieron a Gabriel García Márquez, pastiche de Faulkner, amigo personal de Castro y oportunista nato. Su obra, además de algunos méritos, está permeada por un populismo de baratija que no está a la altura de los grandes escritores que han muerto en el olvido o han sido postergados.

Viajes

Desde hacía unos años yo quería ir a Europa y encontrarme con Jorge y Margarita en España, pero como no tenía ningún documento oficial, ni pasaporte que me sirviera para viajar, no podía salir de Estados Unidos. Había recibido varias invitaciones desde 1980, pero no fue hasta el año 1983 cuando pude viajar con un extraño e inseguro documento que se llamaba Documento para Refugiados y que casi ningún consulado del mundo quería admitir, ni los departamentos de inmigración, ni siquiera los carpeteros de los hoteles. Un refugiado siempre era un peligro, pues podía quedarse en cualquier sitio y, generalmente, no tenía un centavo. Aquel documento fue expedido por la ONU y enfurecía hasta a los mismos maleteros, quienes de un refugiado no esperaban ninguna propina.

De todos modos, después de mil peripecias, en 1983 pude viajar a Madrid; era mi primer viaje a Europa. Entré por Suecia y en compañía de Humberto López recorrí toda Suecia en trenes casi congelados; habíamos llegado casi hasta el Polo Norte. Yo, con mis papeles, con la sentencia donde se condenaba a un poeta a la cárcel en Cuba por haber escrito un libro donde aparecían toda una serie de insectos que alguien había identificado con Raúl y Fidel Castro. Con aquellos papeles, con aquella sentencia, atravesamos todo el país en invierno. Recuerdo que una vez nos quedamos en un lugar muy desolado; en la casa de un campesino sueco que estaba absolutamente deprimido porque su mujer lo había abandonado. No sé por qué el comité que nos había invitado decidió que nos quedásemos a dormir allí; quizá no había otro lugar donde quedarse. Yo, con todos mis papeles, trataba de convencer a aquel señor acerca de la soledad y la desesperación en que vivían los cubanos en Cuba; él sólo se lamentaba porque su mujer lo había abandonado, mientras yo miraba aquella casa destartalada bajo la nieve, sin comprender cómo la sueca no había abandonado a aquel hombre mucho antes.

En la Universidad de Estocolmo di una conferencia en la que, en realidad, lo que yo pretendía era leer algunos fragmentos del periódico *Granma;* era una manera irrebatible de ilustrarle a aquel público lo que estaba pasando en Cuba. Casi todo el público estaba compuesto por chilenos exilados de la dictadura de Pinochet y no me dejaban hablar, prácticamente, armando un tremendo alboroto y poniéndose de pie para insultarme; decían que lo que yo decía era absolutamente falso. Yo, en un momento determinado, saqué las leyes que el propio gobierno cubano había publicado en Cuba y se las leí; leí también toda la prensa cubana, pero no había manera de convencerlos; ellos vivían muy bien en Suecia, viajaban todos los años a Chile a pasar sus vacaciones y después regresaban y tenían en Suecia hasta un seguro social y apartamentos confortables. Yo iba envuelto en un enorme abrigo gigantesco que había conseguido en Nueva York por unos ochenta dólares. Fue para mí, de todos modos, un gran placer atravesar Estocolmo y ver, sobre todo, la guardia real del rey de Suecia, formada por unos adolescentes estupendos.

Antes de pasar por aquella universidad, había pasado Carlos Franqui y su esposa Margot, a los que también les habían hecho la vida imposible. A Margot incluso le habían puesto una llave, o algo por el estilo, para que cayera al suelo, donde rodó.

Debo reconocer que muchos intelectuales suecos me recibieron de otra manera; tenían otra actitud con respecto a la dictadura de Fidel Castro, conocían muy bien el caso de Armando Valladares y muchos otros intelectuales que estaban presos y con ellos pude hablar; incluso me publicaron varias entrevistas y hasta llegué a hacer conexiones con algunas editoriales, de las cuales por cierto jamás tuve noticias.

Llegar a España fue para mí un enorme acontecimiento sentimental; allí estaban Jorge y Margarita Camacho esperándome, después de tantos años; desde 1967, nos veíamos ahora en 1983. Durante todos aquellos años nunca dejaron de escribirme ni una semana, ni habían dejado de intentar sacarme del país por cualquier vía. Ahora, súbitamente, estábamos juntos, paseándonos por el Prado de Madrid; era verdaderamente un sueño. Después tomé un tren y me fui a visitar París con ellos. Juntos, pasé uno de los momentos más memorables que puede pasar una persona al descubrir una de las ciudades más hermosas del mundo; el hecho de descubrir una ciudad es ya un hecho único, pero si además tenemos el privilegio de hacerlo con los amigos que más queremos, ese hecho se convierte en algo verdaderamente insólito.

Yo siempre he pensado que a los escritores es mejor leerlos y conocerlos de lejos, pero no conocerlos personalmente porque se pueden sufrir terribles desengaños. Mi amistad con Lezama, Virgilio Piñera y Lydia Cabrera, además de que en lo humano también eran personas extraordinarias, estaban marcadas por el signo de la dispersión o de la maldición. Después, conocí a muchos escritores notables, algunos superfamosos, pero prefiero no mencionarlos; estuve mucho más cerca de ellos leyendo sus libros. Por suerte, creo que he olvidado sus ínfulas personales; tampoco he querido hacer de estas memorias un tratado de literatura ni de mis relaciones públicas con personajes supuestamente importantes porque, en definitiva, ¿qué cosa es lo importante?

Una noche, por truculencias del azar me vi en la residencia del rector de una prestigiosa universidad norteamericana. Esa noche se habían dado cita allí numerosos escritores de fama mundial. Una de las figuras que más me aterrorizó fue la de Carlos Fuentes; aquel hombre no parecía un escritor, sino una máquina computadora; tenía una respuesta exacta y al parecer lúcida para cualquier problema o pregunta que se le planteara; lo único que había que hacer era apretar un botón. Los profesores norteamericanos proliferaban por allí en forma alarmante y, además, cada uno llevaba, como los enfermeros de un hospital, una gran chapa metálica pegada al pecho donde aparecían sus nombres y títulos.

Carlos Fuentes se expresaba en un inglés perfecto y parecía ser un hombre que no tuviera ningún tipo de dudas, ni siquiera metafísicas; era para mí lo más remoto a lo que podía compararse con un verdadero escritor. Aquel señor, elegantemente vestido, era una enciclopedia, aunque quizás un poco más gruesa. Muchos escritores de este tipo reciben grandes premios literarios, incluyendo hasta el Cervantes o el Nobel y pronuncian unas conferencias impecables.

Salí de aquella reunión aterrorizado. Por suerte, pude tomar un tren local y llegar a Nueva York. Pero dentro de aquella fauna, tengo que destacar la figura de Emir Rodríguez Monegal, el amante de la gran literatura, con una intuición que iba más allá de sus méritos académicos, que eran desmesurados. Este hombre no era un profesor en el sentido convencional del término; era un gran lector y tenía la magia de inculcarle a sus discípulos el amor a la belleza. Fue el único maestro latinoamericano en Estados Unidos que dejó una escuela.

A los tres años de mi salida de Cuba yo había participado en tres películas: *En sus propias palabras,* de Jorge Ulla; *La otra Cuba,* de Carlos Franqui y Valerio Riva; y *Conducta impropia,* de Néstor Almendros y Orlando Jiménez Leal.* Por otra parte, había viajado por gran parte de Europa, había escrito o reescrito seis de mis libros, había fundado una revista literaria, había logrado que mi madre viniese desde Holguín hasta Nueva York, después de miles de trámites rocambolescos, y que pasara tres meses conmigo en esta ciudad y se llevara un enorme cargamento de ropa con el cual vistió a casi todo el barrio de Vista Alegre donde vivían sus familiares y sus amigas en Holguín. Ya para esa fecha yo había sido invitado a más de cuarenta universidades y había tenido aventuras memorables con los negros más fabulosos de Harlem, en el Central Park o en la populosa Calle 42. Y había escuchado a Jorge Luis Borges leer personalmente sus poemas.

Por las noches, acompañado por René Cifuentes, Jorge Ronet o Miguel Contreras, me dedicaba a recorrer los lugares más alucinantes de Manhattan. Como si el tiempo me sobrara, también me había inscrito en un gimnasio y parte del día me lo pasaba corriendo. Los fines de semana iba a las playas neoyorquinas.

Algunas de esas playas estaban rodeadas de unos enormes herbazales, un poco parecidos a la hierba de guinea cubana y dentro de ellos se encontraban cientos de locas, desnudas y erotizadas, dispuestas siempre a pasar un rato agradable. Era como si yo recuperase mis buenos tiempos; aquéllos en que recorría a pie las playas de La Habana. Yo vivía ahora mi tiempo perdido y de nuevo casi recobrado; aquellos tiempos de mis aventuras

---

* Conviene añadir su participación en la película *Havana* de Jana Bokova, BBC, 1990. *(N. del E.)*

submarinas y de la euforia de mi creación literaria. Sólo que ahora contaba con la facilidad absoluta para hacer y escribir lo que quisiera, para desaparecer por un mes sin darle cuentas a nadie, para coger un carro y recorrer todo este país. Así, una de mis grandes aventuras, compartida con mi amigo Roberto Valero, su esposa María Badías, y Lázaro, fue recorrer todo el país en un carro, donde, por primera vez, respiramos la sensación de libertad y el goce de una aventura sin sentirnos perseguidos; la satisfacción de sentirnos vivos.

La locura

En 1983 me llamaron de un hospital fuera de Nueva York. Lázaro había tenido un accidente automovilístico y se encontraba en un estado bastante grave; había chocado contra un árbol. Al día siguiente del accidente, lo trasladaron a un hospital privado en Manhattan; cuando se enteraron de que no tenía dinero ni seguro, lo pusieron en la calle; de allí una ambulancia lo recogió, después de hacer toda una serie de trámites y fue a parar a otro hospital donde pasó más de un mes con una pierna absolutamente destrozada y se temía que hubiese que amputársela; además había recibido varios golpes en la cabeza. Salió del hospital finalmente y su salida coincidió con la llegada de su madre de Cuba; ya no era la misma persona. Ya no era el joven ágil que corría detrás de mí por el Central Park; le habían puesto una varilla en la pierna y cojeaba; el tiempo llevado en el hospital lo hizo engordar y perder su figura. Cuando salió del hospital, vino para mi cuarto; subía despacio las escaleras, con un sentimiento de derrota. Es difícil olvidar la imagen de aquel muchacho que había sido tan hermoso y que ahora subía despacio las escaleras. Su madre, en vez de ayudarlo, contribuyó a enfermarlo más de los nervios. Lázaro terminó ingresado por varios meses en la sala psiquiátrica del hospital público de la ciudad; yo iba a verlo todas las semanas cuando tenía visita. Aquella sala ofrecía un espectáculo dantesco en el peor sentido del término; había allí todos los tipos de locos posible, que se pasaban el día y la noche gritando. Cuando yo llegaba a aquel edificio, sentía un enorme sentimiento de desconcierto y desasosiego.

Un día, cuando salía del hospital, vi a un niño pelado al rape y delgado que regaba con una enorme manguera un árbol gigantesco; pensé que aquel niño era Lázaro, desde niño sin padre, y ahora solo en un hospital de dementes.

329

Cuando salió del hospital estaba bastante mal, pero de todas maneras tenían que darle el alta; regresó a mi cuarto; era difícil vivir con él por su estado de nervios. Le conseguí un cuarto en la Calle 31 que era aún más pequeño que el mío, pero con una ventana que daba a un árbol enorme. Yo lo ayudaba aunque mi posición económica nunca ha sido muy espléndida en el exilio, y poco a poco fue incorporándose nuevamente a la sociedad; comenzó a trabajar en una compañía de aviación y estaba muy entusiasmado con su trabajo, pero la compañía quebró y se quedó sin trabajo de nuevo. Así estuvo un tiempo pero consiguió luego un trabajo de portero. Ya no éramos los mismos; habíamos visto el horror de un hospital en Nueva York; la locura, la miseria, el maltrato, la discriminación. De todos modos, había que seguir adelante y enfrentar las nuevas calamidades que se avecinaran.

Nuestra amistad continuaba. El tenía planes siempre y una gran imaginación, pero no cuajaban en una obra perdurable. Lázaro ha sido en el exilio para mí el único asidero a mi pasado; el único testigo cómplice de mi vida en Cuba; con él siempre he tenido la sensación de poder volver a ese mundo irrecuperable. Es difícil poder tener comunicación en este país o en cualquier otro cuando se viene del futuro. Y nosotros los cubanos, los que sufrimos por veinte años aquella persecución, aquel mundo terrible, somos personas que no podemos encontrar sosiego en ningún lugar; el sufrimiento nos marcó para siempre y sólo con las personas que han padecido lo mismo, tal vez podemos encontrar cierta comunicación.

La inmensa mayoría de la humanidad no nos entiende y no podemos tampoco pedirle que nos entienda; tiene sus propios terrores y no puede, realmente, comprender los nuestros, aun cuando quisiera; mucho menos compartirlos.

Trabajando como portero, Lázaro conoció en el mismo edificio a una americana y se casó con ella. Me invitó entonces a que pasara unas vacaciones en Puerto Rico. Allí lo estimulé a que escribiera sus memorias como uno de los diez mil asilados en la embajada del Perú. Escribió el libro que se llamó *Desertores del Paraíso* y fue editado por Néstor Almendros y Jorge Ulla; el libro tuvo muy buena acogida de la crítica. Después comenzó a tomar clases de fotografía y es hoy un excelente fotógrafo, aunque sigue trabajando como portero, oficio que es uno de los mejores del mundo. Visitando a Lázaro en la puerta de su edificio, saqué la mayor parte de las ideas de mi novela *El portero* que, desde luego, está dedicada a Lázaro. Desde hace muchos años nuestra amistad se transformó en una suerte de hermandad. Si algunas veces siento pena de irme de este mundo, es por saber la soledad en que se quedará viviendo ese hermano, entre enloquecido y genial, que con sus treinta y dos años no ha podido dejar de ser un niño; pero también siento pena por Jorge y Margarita, y por mi madre, perdida en uno de los barrios de Holguín. En fin, que ni siquiera puedo morirme en paz.

Desalojo

También en 1983 el dueño del edificio en que vivía decidió echarnos del apartamento; quería recuperar el edificio y necesitaba tenerlo vacío, para repararlo y alquilarlo por una mensualidad mayor a la que nosotros pagábamos. Fue una guerra entre el dueño y los inquilinos; aquél se las arregló para rompernos el techo de la casa y el agua y la nieve entraban en mi cuarto. Era difícil mantener una guerra contra los poderosos, sobre todo cuando uno no tiene ni la residencia en un país extranjero y desconoce hasta el idioma y el lenguaje jurídico. Finalmente, tuve que abandonar el cuarto en que vivía. Me trasladaron para un viejo edificio, cerca de la casa en que antes habitaba. En este país la cosa más normal es que la gente se esté mudando con frecuencia, pero yo en Cuba una de las cosas que más había padecido era el hecho de no tener un lugar donde vivir y tener que andar siempre ambulante; tener que vivir en el terror de que en cualquier momento me pusieran en la calle y no tener nunca un lugar que me perteneciera. Y ahora en Nueva York tenía que pasar por lo mismo. De todos modos no me quedó más remedio que cargar mis bártulos y mudarme para el nuevo tugurio. Después me enteré de que las personas que siguieron firmes en el apartamento cogieron hasta veinte mil dólares del dueño para mudarse. Mi nuevo mundo no estaba dominado por el poder político, pero sí por ese otro poder también siniestro: el poder del dinero. Después de vivir en este país por algunos años he comprendido que es un país sin alma porque todo está condicionado al dinero.

Nueva York no tiene una tradición, no tiene una historia; no puede haber historia donde no existen recuerdos a los cuales aferrarse, porque la misma ciudad está en constante cambio, en constante construcción y derrumbe, para levantar nuevos edificios; donde ayer había un supermercado, hoy hay una tienda de verduras y mañana habrá un cine; luego se convierte en un banco. La ciudad es una enorme fábrica desalmada, sin lugar para acoger al transeúnte que quiera descansar; sin sitios donde uno pueda, simplemente, estar sin pagar a precio de dólar la bocanada de aire que se respira o la silla en que nos sentamos a tomarnos un descanso.

El anuncio

En 1985 murieron dos de mis grandes amigos: Emir Rodríguez Monegal, la persona que mejor había interpretado todos mis libros, y Jorge Ronet, junto con quien yo había emprendido enormes aventuras nocturnas. Emir murió de un cáncer fulminante; Jorge murió del SIDA; la plaga que, hasta ese momento, tenía solamente para mí connotaciones remotas por una especie de rumor insoslayable, se convertía ahora en algo cierto, palpable, evidente; el cadáver de mi amigo era la muestra de que muy pronto yo también podía estar en esa misma situación.

Los sueños

Los sueños y también las pesadillas han ocupado gran parte de mi vida. Siempre fui a la cama como quien se prepara para un largo viaje: libros, pastillas, vasos de agua, relojes, una luz, lápices, cuadernos. Llegar a la cama y apagar la luz ha sido para mí como entregarme a un mundo absolutamente desconocido y lleno de promesas, lo mismo deliciosas que siniestras. Los sueños han estado siempre presentes en mi vida; la primera imagen que recuerdo de mi infancia es de un sueño; un sueño terrible. Yo estaba en una explanada rojiza y unos enormes dientes se me acercaban por ambos lados, pertenecientes a una boca inconmensurable que hacía un extraño ruido, y mientras los dientes avanzaban, se hacía más agudo; cuando iban a devorarme, despertaba. Otras veces, estaba yo jugando en uno de los altos aleros de la casa del campo y, de pronto, por un movimiento equívoco, sentía un extraordinario escalofrío, las manos me sudaban, resbalaba y comenzaba a caer en un inmenso vacío oscuro; aquella caída se prolongaba como una infinita agonía y despertaba antes de reventar.

Otras veces los sueños eran en colores y personajes extraordinarios se acercaban a mí, ofreciéndome una amistad que yo quería compartir; eran personajes descomunales pero sonrientes.

Más adelante soñaba con Lezama, que estaba en una especie de reunión en un inmenso salón; se oía una música lejana y Lezama sacaba un enorme reloj de bolsillo; frente a él estaba su esposa, María Luisa; yo era un niño y me acercaba a él; abría sus piernas y me recibía sonriendo y le decía a María Luisa: «Mira, qué bien está, qué bien está». Ya para entonces él había muerto.

Otras veces soñaba que, aunque había estado en Estados Unidos, había regresado a Cuba no sé por qué razón —tal vez por el desvío de algún avión o porque me habían engañado y me habían dicho que podía ir sin ningún problema— y me veía de nuevo allí; en mi cuarto calenturiento y sin poder salir; estaba condenado a quedarme allí para siempre. Tenía que recibir un extraño aviso para irme al aeropuerto, alguien tenía que recogerme en algún automóvil y no llegaba; yo sabía que ya no podía salir más de allí; que vendría la policía y me arrestaría. Ya había recorrido el mundo y sabía lo que era la libertad, y ahora, por una extraña circunstancia, estaba en Cuba y no podía escapar. Despertaba y, al ver las paredes deterioradas de mi cuarto en Nueva York, sentía una indescriptible alegría.

En otro sueño, quiero acercarme a la casa donde estaba mi madre y hay una tela metálica frente a la puerta. Llamo y llamo para que me abran la puerta; ella y mi tía están al otro lado de la tela metálica y yo les hago señales, me llevo la mano al pecho y de mi mano empiezan a salir pájaros, cotorras de todos los colores, insectos y aves cada vez más gigantescas; comienzo a gritar que me abran, y ellas me miran a través de la tela metálica; yo sigo produciendo toda clase de gritos y de animales, pero no puedo cruzar la puerta.

En algún sueño yo soy un pintor; tengo un estudio vasto y pinto enormes cuadros; yo creo que los cuadros que pinto tienen que ver con los seres queridos; en ellos predomina el azul y en él se disuelven las figuras. De pronto, entra Lázaro joven, esbelto; me saluda con un tono de desencanto; camina hasta la gran ventana que da a la calle y salta por la ventana; yo comienzo a gritar y bajo las escaleras; el apartamento estaba en Nueva York, pero al bajar las escaleras estoy en Holguín y allí está mi abuela y varias de mis tías; les digo que Lázaro se ha tirado por la ventana y todas corren a la calle, que es la calle 10 de Octubre, donde está la casa que habita mi madre; allí, contra el fango y bocabajo está Lázaro muerto. Yo le levanto la cabeza y miro su hermoso rostro enfangado; mi abuela se acerca, contempla su rostro y mira hacia el cielo diciendo: «¿Por qué, Dios mío?». Más adelante, traté de interpretar aquel sueño de diversos modos; no fue Lázaro el muerto, sino yo; él es mi doble; la persona a quien más yo he querido es el símbolo de mi destrucción. Por eso era lógico que las personas que fueron a ver el cadáver fueran mis familiares y no los de Lázaro.

He soñado que en mi infancia el mar llegaba hasta mi casa; llegaba cruzando decenas de kilómetros y todo el patio se inundaba; era maravilloso flotar en aquellas aguas; yo nadaba y nadaba, mirando el techo de mi casa inundado, oliendo el olor del agua que seguía avanzando en una enorme corriente.

En Nueva York soñé una vez que podía volar, privilegio imposible para un ser humano, aun cuando a los homosexuales nos digan pájaros. Pero yo estaba ahora en Cuba y volaba sobre los palmares; era fácil, sólo había que pensar que uno podía volar. Estaba después cruzando la Quinta Avenida de Miramar y las palmas que la bordeaban; era hermoso ver todo el paisaje mientras yo, dichoso y radiante, lo sobrevolaba más arriba que las copas de las palmeras. Despertaba aquí en Nueva York y aún me parecía que estaba por los aires.

Estando en la playa de Miami pasando unas vacaciones tuve un sueño terrible. Estaba en un inmenso urinario lleno de excrementos y tenía que dormir allí. En aquel lugar había centenares de pájaros raros que se movían con gran dificultad. Aquel lugar se poblaba cada vez más por aquellos horribles pájaros, que iban cerrando la posibilidad de escapatoria; todo el horizonte quedaba sellado por aquellos pájaros que tenían algo de metálicos y hacían un ruido sordo, como de alarmas. De pronto, descubría que todos ellos habían logrado meterse en mi cabeza y que mi cerebro se agigantaba para darles albergue; mientras ellos iban albergándose en mi cabeza, yo envejecía. Pasé varias noches en Miami con la misma pesadilla y me despertaba bañado en sudor. Tomé un avión de regreso a Nueva York. Como siempre, me fui a la cama lleno de cosas y con un gran vaso de agua, preparándome para el sueño. Antes de dormir, siempre leo por lo menos una o dos horas, y estaba terminando la lectura de *Las mil y una noches*. Estábamos ya en 1986; Lázaro había estado hablando conmigo un rato y se acababa de marchar; no había salido aún del edificio, cuando sentí un enorme estallido en el cuarto; era una verdadera explosión. Pensé que era uno de mis amantes celosos o algún ladrón que había roto la ventana de cristal que daba a la calle; evidentemente, el estruendo fue tan grande que tenían que haber cogido una barra de hierro y haberla lanzado contra la ventana. Cuando llegué a la ventana, el cristal estaba absolutamente intacto. Algo muy extraño había ocurrido dentro del cuarto: el vaso de agua sobre la mesa de noche, sin que yo lo hubiese tocado, había hecho explosión; se había pulverizado. Llamé corriendo a Lázaro que aún no había abandonado el edificio e hicimos una enorme inspección en todo el apartamento; yo pensé que me habían disparado y que le habían dado al vaso, pues en varias ocasiones yo había sido amenazado de muerte por la Seguridad del Estado cubana; en otras ocasiones habían entrado a mi apartamento y registrado mis papeles; otras veces la ventana que yo había dejado cerrada, estaba abierta y nada se habían llevado, por lo que no podía ser un ladrón. Pero el misterio de aquella noche sigue siendo para mí totalmente indescifrable. ¿Cómo era posible que un vaso de vidrio hubiese estallado haciendo aquella explosión tan descomunal? Al cabo de una semana comprendí que aquello era un aviso, una premonición, un mensaje de los dioses infernales, una nueva noticia terrible que me anunciaba que algo realmente novedoso estaba por ocurrirme; que ya en ese momento me estaba ocurriendo. El vaso lleno de agua era quizás una especie de ángel guardián, de talismán; algo había encarnado en aquel vaso que durante años me había protegido y me había librado de todos los peligros: enfermedades terribles, caídas de árboles, persecuciones, prisiones, disparos en medio de la noche, pérdida en medio del mar, ataques por pandillas de delincuentes armados en Nueva York en varias ocasiones. Una vez fui asaltado en medio del Central Park; unos jóvenes me registraron, con una pistola apuntándome la cabeza, para sólo encontrar cinco dólares; me manosearon tanto mientras me registraban, que terminamos haciendo el amor y, al final, yo les pedí por favor que me dieran un dólar para regresar a mi casa y me lo dieron. Ahora, toda aquella gracia que me había salvado de tantas calamidades parecía terminar.

Otra vez, había llegado a mi apartamento en Nueva York y allí había un negro enorme que, después de romper la ventana, se había llevado toda mi ropa y, armado, avanzaba amenazante. Yo había podido correr y gritar que había un ladrón en el edificio; varias personas habían aparecido en el pasillo, entre ellos un puertorriqueño con una escopeta de dos cañones, ante lo cual el negro se había tenido que dar a la fuga, dejando todas mis pertenencias, mientras yo salía ileso.

En una ocasión un delincuente con un paraguas, a quien yo le había preguntado la hora, me había contestado con una grosería. Creo que le dije varias cosas estúpidas y por último le di un empujón. El, que evidentemente estaba enfurecido, le quitó una tapa metálica que tenía en la punta su sombrilla y me fue arriba, arremetiéndome con un tremendo punzón, que era en lo que terminaba aquel paraguas. Me hizo varias heridas en la frente; me lanzaba golpes directos a los ojos; evidentemente, quería sacármelos, pero no lo logró. Bañado en sangre llegué a mi apartamento, pero a la semana ya estaba bien; mi ángel de la guarda otra vez me había acompañado.

Pero ahora, algo mucho más poderoso, más misterioso y siniestro que todo lo que anteriormente me había sucedido, parecía controlar la situación; había caído en la desgracia. El estallido del vaso era el símbolo de mi absoluta perdición. Perdición: así lo interpreté unas semanas más tarde y, al parecer, desafortunadamente, con toda razón.

Lázaro y yo estábamos en Puerto Rico en una playa solitaria. Lo había llevado allí porque me recordaba las playas de Cuba. El abría un libro y comenzaba a leer, cuando llegó una pandilla de asaltantes; eran más de seis. Uno de ellos nos apuntaba con una pistola que ocultaba ostensiblemente bajo un pañuelo. «Tírense al suelo y nos dan todo lo que tengan o los matamos aquí mismo», dijo uno. Yo fui a coger un palo y a arremeter contra alguno de entre ellos, pero Lázaro me dijo que no lo hiciera que era muy peligroso. Nos tiramos al suelo, ellos nos hicieron un registro y se llevaron lo poco que teníamos allí: unas patas de rana, una careta. Cuando se iban, yo les pedí que me devolvieran la careta; uno de los delincuentes no quería devolvérmela, pero otro dijo que me la dieran, que no podían hacer nada con ella. Pudieron habernos matado, pero mi ángel de la guarda nos protegió; el mismo que me hizo sobrevivir en el Morro, el que me avisó cuando estaba llegando a la base naval de Guantánamo que el terreno estaba minado. Otra vez nos había salvado.

Pero ahora, había estallado el vaso; ya no había salvación.

¿Qué era aquel vaso que había estallado? Era el dios que me protegía, era la diosa que siempre me había acompañado, era la misma luna, que era mi madre transformada en Luna.

¡Oh Luna! Siempre estuviste a mi lado, alumbrándome en los momentos más terribles; desde mi infancia fuiste el misterio que velaste por mi terror, fuiste el consuelo en las noches más desesperadas, fuiste mi propia madre, bañándome en un calor que ella tal vez nunca supo brindarme; en medio del bosque, en los lugares más tenebrosos, en el mar; allí estabas tú acompañándome; eras mi consuelo; siempre fuiste la que me orientaste en los momentos más difíciles. Mi gran diosa, mi verdadera diosa, que me has protegido de tantas calamidades; hacia ti en medio del mar; hacia ti junto a la costa; hacia ti entre las rocas de mi isla desolada, elevaba la mirada y te miraba; siempre la misma; en tu rostro veía una expresión de dolor, de amargura, de compasión hacia mí; tu hijo. Y ahora, súbitamente, Luna, estallas en pedazos delante de mi cama. Ya estoy solo. Es de noche.

Carta de despedida*

* Al morir Reinaldo Arenas dejó varias copias de esta carta destinada a algunos de sus amigos. *(N del E.)*

Queridos amigos: debido al estado precario de mi salud y a la terrible depresión sentimental que siento al no poder seguir escribiendo y luchando por la libertad de Cuba, pongo fin a mi vida. En los últimos años, aunque me sentía muy enfermo, he podido terminar mi obra literaria, en la cual he trabajado por casi treinta años. Les dejo pues como legado todos mis terrores, pero también la esperanza de que pronto Cuba será libre. Me siento satisfecho con haber podido contribuir aunque modestamente al triunfo de esa libertad. Pongo fin a mi vida voluntariamente porque no puedo seguir trabajando. Ninguna de las personas que me rodean están comprometidas en esta decisión. Sólo hay un responsable: Fidel Castro. Los sufrimientos del exilio, las penas del destierro, la soledad y las enfermedades que haya podido contraer en el destierro seguramente no las hubiera sufrido de haber vivido libre en mi país.

Al pueblo cubano tanto en el exilio como en la Isla los exhorto a que sigan luchando por la libertad. Mi mensaje no es un mensaje de derrota, sino de lucha y esperanza.

Cuba será libre. Yo ya lo soy.

Firmado,
Reinaldo Arenas

PARA SER PUBLICADA

Últimas biografías, autobiografías y memorias en Tusquets Editores

El furor y el delirio (Andanzas 363)
Itinerario de un hijo de la Revolución cubana
Memorias
    Jorge Masetti

Bogart (Andanzas 366)
Biografía
    A.M. Sperber y E. Lax

El contorno del abismo (Andanzas 371)
Vida y leyenda de L.M. Panero
Biografía
    J. Benito Fernández

El aire de Chanel (Fábula 125)
Biografía
    Paul Morand

Aquel domingo (Andanzas 387)
Memorias
    Jorge Semprún

Sin rumbo cierto (Tiempo de memoria 1)
Memorias conversadas con Fernando Valls
XII Premio Comillas
    Juan Luis Panero

La sonrisa de Maquiavelo (Tiempo de memoria 2)
Biografía
    Maurizio Viroli